互联网时代高校教育管理改革实践实验

朱晓阳　著

吉林文史出版社

图书在版编目（CIP）数据

互联网时代高校教育管理改革实践实验 / 朱晓阳著
. — 长春：吉林文史出版社，2024.3
ISBN 978-7-5752-0096-7

Ⅰ . ①互… Ⅱ . ①朱… Ⅲ . ①高等学校 - 教学管理 -
教育改革 - 研究 - 中国 Ⅳ . ① G649.21

中国国家版本馆 CIP 数据核字 (2024) 第 056454 号

互联网时代高校教育管理改革实践实验
HULIANWANG SHIDAI GAOXIAO JIAOYU GUANLI GAIGE SHIJIAN SHIYAN

著　　者：朱晓阳
责任编辑：戚　晔
出版发行：吉林文史出版社
电　　话：0431-81629369
地　　址：长春市福祉大路 5788 号
邮　　编：130117
网　　址：www.jlws.com.cn
印　　刷：河北万卷印刷有限公司
开　　本：710mm×1000mm 1/16
印　　张：14
字　　数：220 千字
版　　次：2024 年 3 月第 1 版
印　　次：2024 年 3 月第 1 次印刷
书　　号：ISBN 978-7-5752-0096-7
定　　价：88.00 元

前言

在这个日新月异的互联网时代，每个人似乎都已成为"数字原住民"。随着时代的进步，互联网不仅渗透到人们的日常生活，也深入教育领域，特别是高等教育的管理模式中。互联网这一强大的工具，正在为高校教育带来革命性的变革。公众的文化素养在持续提升，对教育的关注度也日渐增强。然而，如何借助互联网的力量，进一步优化和完善高校的教育管理模式，使之更具吸引力和效率，成为当前教育界面临的一大课题。为了能够更好地塑造和提升学生的核心素养，加强高校教育管理模式的创新变得尤为重要。

什么是"互联网+"时代呢？简单地说，它是利用互联网信息技术与传统行业的融合，构建一个更现代化、更具互联网思维的发展体系。在这个体系中，资源的共享、信息的传递都变得更为便捷、快速。特别是在教育领域，互联网为人们提供了一个广阔的平台，让知识不再受到时空的限制，更好地服务于每一个学生。利用互联网技术优化教育管理并不意味着一切都是完美的，互联网的普及虽然给高校带来了机遇，但也带来了挑战。网络中的信息是"双刃剑"，既有宝贵的知识资源，也有可能对学生造成不良的影响。因此，如何在积极创新发展管理工作的同时，避免其负面效应，是高校教育必须面对的问题。

在新的时代背景下，公众对文化、科技和教育的关注和期望越来越高。特别是教育这一领域，不仅关乎知识的传承，还直接影响到一个国家、一个民族的未来。与此同时，高校教育管理在某些方面仍然停留在传统的模式，与时代发展的步伐并不完全同步。因此，深入研究互联网如何与高校教育管理结合，如何实现创新，显得尤为重要。本书第一章即为读者呈现了互联网时代的基本概念。随着"互联网＋"战略的提出和实施，各行各业都正在经历一场前所未有的转型，不仅涉及技术层面的变革，还包括思维方式、管理模式、与用户的互动方式等多个方面的深刻改变。此背景之下，高校如何利用互联网的优势，应对其带来的挑战，进行有效的教育管理，成为我们亟待解答的问题。随后的章节则深入高校教育管理的各个层面，对传统的高校教育管理模式进行了深入的剖析，并结合互联网时代的特点，提出了一系列具有前瞻性的改革策略和建议。例如，如何更加有效地利用互联网资源优化教学方法、如何调整教育内容以适应现代学生的需求、如何培养学生的网络素养和批判性思维、如何利用互联网技术加强高校之间的交流与合作等等。

值得注意的是，尽管互联网为高校教育管理带来了前所未有的机遇，但同时也伴随着各种挑战。网络上的信息繁多，既有有益的学术资源，也存在误导学生的错误信息。如何引导学生正确地使用互联网，如何培养他们的信息筛选和辨别能力，如何确保网络教育的质量和效果，都是高校教育管理者需要面对的实际问题。

本书是笔者在长期参与高校教育管理工作经验的基础之上进行撰写的，具有一定的指导性与实用性，希望能对从事高校教育管理工作的人员提供实质性帮助。由于笔者精力有限，在撰写本书的过程之中难免存在不足，敬请各位读者批评指正！

目录

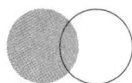

第一章　互联网时代概论 / 1

　　第一节　互联网时代的内涵及进程　/　1

　　第二节　互联网时代的特征　/　9

　　第三节　互联网时代的高校教育发展　/　17

第二章　高校教育管理基本理论 / 27

　　第一节　高校教育管理的基本内涵　/　28

　　第二节　高校教育管理的本质　/　36

　　第三节　当代高校教育管理的特点　/　45

　　第四节　高校教育管理的基本原则　/　49

第三章　互联网时代下的高校教育管理改革的分析 / 61

　　第一节　互联网时代下高校教育管理改革的必要性　/　61

　　第二节　互联网时代下高校教育管理改革的目标　/　71

　　第三节　互联网时代背景下高校教育管理改革的理念　/　84

第四章　互联网时代高校教育管理改革的途径 / 101

　　第一节　互联网时代高校管理层面的改革 / 101

　　第二节　互联网时代的大学生个人层面改变途径 / 112

　　第三节　互联网时期的高校教师层面转变途径 / 124

　　第四节　互联网视角下的高校教育管理环境层面改革 / 127

　　第五节　基于互联网的高校教育管理体制建设层面改革 / 136

第五章　互联网时代高校教育管理中的教学实践改革 / 145

　　第一节　互联网背景下高校教学方式的改革 / 145

　　第二节　互联网时代高校教学过程的重组 / 150

　　第三节　互联网时代下的高校教学空间重构 / 159

　　第四节　当今互联网时代下高校教学模式的创新构建 / 164

第六章　互联网时代下高校教育管理模式的实践应用 / 171

　　第一节　互联网教育资源在高校教育管理中的实践应用 / 171

　　第二节　网络教育平台在高校教育管理中的实践应用 / 174

　　第三节　互联网视域下社会教育在高校教育管理中的应用 / 179

第七章　当代高校教育管理互联网化的延伸实践 / 193

　　第一节　新媒体在当代高校教育中的应用 / 193

　　第二节　当代高校新媒体教学环境构建与管理 / 198

　　第三节　高校课外学分认证统计信息系统的设计 / 206

　　第四节　基于互联网时代下的高校课外学分实施 / 210

参考目录 / 217

第一章　互联网时代概论

自进入 21 世纪以来，我国社会经济蓬勃发展，科学技术和信息技术迅速普及。在十二届全国人大三次会议上，提出了"互联网+"行动计划，旨在深化对互联网技术优势的探索，将信息技术与经济发展、社会生活紧密融合，从而彻底颠覆传统的产业经营模式，为资源开发提供更为强大的推动力，更好地服务于人民。

第一节　互联网时代的内涵及进程

一、互联网时代下的技术背景

互联网是一种无声的技术，正在默默地融入人们的生活。而"互联网+"作为一种战略理念，正引领着技术与经济社会的深度融合，释放着前所未有的数据流动性。"互联网+"并不是简单的连接，而是一场涵盖了互联网、移动互联网、云计算、大数据、物联网等配套技术的综合变革。其英文名称"internet plus"并不是单纯的加法，而是更多的象征"化"的意味。通过连接，不同产业之间产生了反馈与互动，从而孕育出许多化学反应式的创新和融合。类似于过去的电力技术和蒸汽机技术对于经济社会的巨大影响，互联网的普及将同样在人类的经济与社会领域引发广泛而深远的影响。

"互联网+"构建的前提是互联网作为一种基础设施的广泛铺设，新技术的关键产业和基础设施在金融资本的推动下逐渐形成，但也会面临旧范式的抵抗和各种矛盾，同时呼唤着制度的变革。而展开期则将技术革命的潜力扩散到整个经济领域，为经济的持续发展带来助益。回顾"互联网+"行动计划的实施过程，其成效已逐渐显现。在这个数字化浪潮中，互联网技术已经成为推动创新的引擎。新兴产业如雨后春笋般涌现，创造了大量就业机会，也在催生着新的经济增长点。各行各业的信息化建设迅速推进，医疗、教育、金融等领域的现代化水平不断提升，为人们的日常生活带来极大便利。然而，"互联网+"的普及过程并非一帆风顺。技术革命带来的变革冲击往往伴随着社会结构的调整与重塑，新旧模式之间的博弈和融合是一个复杂而漫长的过程。政府、企业和社会各界需要共同努力，建立更加开放的创新生态，为技术发展提供有力支持，同时要重视随之而来的法律、道德、隐私等伦理问题。

二、互联网时代的基本内涵

（一）"互联网+"的基本定义

"互联网+"是创新2.0时代背景下，互联网与传统行业融合发展的新模式，也是知识社会创新2.0推动下，互联网形态的演进和由此催生的经济社会新格局的体现。此战略代表着一种新的经济形态，通过充分发挥互联网在生产要素配置中的优势和集成作用，将互联网的创新成果深度融入经济社会各个领域，从而提升实体经济的创新能力和生产力水平，形成以互联网为基础设施和实现工具的全新经济发展模式。"互联网+"行动计划的核心在于促进新一代信息技术（如云计算、物联网、大数据等）与现代制造业、生产性服务业的深度融合创新，将这些新技术与传统产业相结合，不仅能够培育发展新兴业态，还能够创造新的产业增长点。该计划还为广大创业者提供了更加有利的创业环境，激发了大众创新的活力。此种策略也为产业的智能化提供了坚实的支撑，进一步增强了新的经济发展动力，从而推动国民经济的质量提升、效率增加和升级换代。在实际实施中，"互联网+"的效应显而易见，催生了众多新兴产业，从智能制造到智慧医疗，从物联网应用到数字金融，各个领域都迎来了创新和变革。全面融合的发展也促使了传统产业的升级，它们不再是孤立的生态系统，而是在数字化、智能化的浪潮中相互交融，形成了更加紧密的关联。

（二）"互联网 +"的基本内涵

1.互联网的全方位应用

互联网作为一种工具，与之前的蒸汽机、电力等技术一样，自诞生之日起就被广泛应用于各个领域。然而，如果仅从互联网的应用角度来看待"互联网 +"这一概念，可能会引发一些疑问。人们可能会问，既然"互联网 +"是在市场经济体制下，各行各业为了在竞争中降低成本而选择应用互联网的理性决策，那么互联网的应用不是理所当然的吗？另外，为什么不同国家都将类似于"互联网 +"的概念（如美国的工业互联网）列为国家级战略布局呢？这些问题的答案关键在于，互联网与哪些产业相结合以及这种结合的方式。"互联网 +"的真正意义在于实现互联网与各个产业的深度融合，互联网不仅仅是一个独立的工具，更是一种可以渗透到所有领域的技术模式。将互联网与其他产业相融合，可以创造出新的商业模式、生产方式和服务体验。[①] 这便是"互联网 +"在不同国家都被认为是一项重要的战略布局的原因。其不仅仅是简单地将互联网作为降低成本的工具，更是在推动各个领域创新、提高效率、拓展市场的基础上，实现整个社会的经济转型和升级。

2."互联网 +"是产业应用与产业塑造

"互联网 +"是产业应用，更是产业重塑。近 20 年来，我国正在经历着从互联网商业向互联网工业的过渡时期。这一时期的发展变化，深刻地影响着我们的生产和生活。回顾互联网的短暂发展史明显可见，互联网与商业的结合已经在很大程度上改变了人们的日常生活方式，电子商务的蓬勃发展便是这一趋势的明证。然而，需要强调的是，"互联网 +"不仅仅是商业的应用，更是对整个产业格局的重塑和创新。互联网对商业领域的影响不容忽视，电子商务的兴起，通过降低市场的运营成本和弥补非市场缺陷，为市场注入了新的活力。尽管如此，商业的本质并未因此改变，它仍然解决的是生产与消费的低成本匹配问题。在这个意义上，基于互联网的零售新业态只是在零售环节上进行了优化，节省了交易成本。[②] 然而，历史研究表明，商业

---

① 刘鑫军，孙亚东.互联网时代高校教育管理模式改革与实践研究 [M].长春：吉林人民出版社，2021：3.

② 刘鑫军，孙亚东.互联网时代高校教育管理模式改革与实践研究 [M].长春：吉林人民出版社，2021：4.

时代并未显著提升社会的创新能力，这一时期的经济知识并没有迎来显著的提升。基于商业的互联网应用虽然在一定程度上改变了产业形态，却未能从根本上推动经济知识的创新和技术创新。

相比之下，互联网与工业的结合则在更深层次上改变了产业的生产方式、经济知识供给模式以及技术创新。与商业不同，工业互联网的发展不仅是对传统工业的有益补充，更是对其升级或替代。在这一领域，互联网不再仅仅是工具，而是一种重构生产和管理的力量。美国的互联网产业发展较早，市场规模较大，然而由于其线下商业体系相对发达，互联网商业并没有像中国那样爆发性地增长，说明互联网商业在本质上仍是传统商业的有益补充。然而，工业互联网在美国却被视为国家战略，这是因为在工业领域，互联网已经不仅仅是一种工具。基于互联网的工业不是传统工业的补充，而是对传统工业的深刻升级与变革。虽然发达国家的服务业已占据主导地位，但是他们仍然掌握着核心的工业技术，制造业发展依然对国家的创新体系产生着重要影响。

3. 传统产业在线化是"互联网+"的本质

"互联网+"的真正本质在于将互联网深入应用于传统产业的各个层面，同时在于通过互联网对传统产业进行改造和重塑，核心是实现传统产业与互联网的有机融合，从而推动经济社会的全面发展。互联网的应用在很大程度上弥补了传统市场机制存在的问题，以消除信息不对称、降低交易成本等方式，为市场运作提供了新的可能性。互联网的介入也为优化生产流程、提升企业竞争力带来了机会，我国在互联网商业领域的应用已经展现出世界领先的水平，但在互联网工业领域的应用相对滞后。由互联网商业向互联网工业的转变，实际上就是从简单的互联网应用到"互联网+"的过程，进而将互联网的作用从表面向进一步深入推动，为经济社会的持续发展创造更广阔的前景。

正是在互联网和信息化的推动下，新一轮科技革命正在崛起。我国目前正处于引领和抓住这场产业革命的最佳时机，这次机遇的重要性不容忽视，它将直接影响我国经济的长期发展和创新体制的建设。抓住这个机遇，我们有望在产业升级、创新驱动、技术创新等方面取得显著成就，为我国的未来打下坚实基础。在"互联网+"的引领下，传统产业将迎来一次深刻的变革，不仅是技术的革新，更是一种思维方式的更新。充分挖掘互联网的潜力，传统产业可以实现更高效、更智能的发展。而互联网的催生和发展，也将为传统产业带来新的创新动力和竞争优势。因此，在这个变革的浪潮中，抓住机遇，积极拥抱"互联网+"，对于我国经济的未来发展来说具有不可估量的意义。

（三）"互联网+"与信息化

"互联网+"不仅仅是一个口号，更蕴含了传统产业的深刻变革，代表了一种新的发展方向。本质上是将传统产业引入互联网时代，通过在线化和数据化的方式，实现全方位的提升和变革。互联网广告、网络零售、在线批发、跨境电商等诸多领域的发展都在不断努力实现交易的在线化，将商品、人和交易行为迁移到互联网平台上，从而促进交易的高效、便捷。在线化的趋势带来了更广泛的数据流动，为产业发展和创新提供了丰富的数据资源。在"互联网+"的框架下，在线化的数据流动性被赋予了重要意义，数据不再封闭于特定部门或企业内部，而是以最低的成本在产业上下游、各个协作主体之间流动和交换。开放性和流动性使得数据能够随时被调用和挖掘，实现数据的最大化价值。数据的价值在于其流动，只有数据在不同环节之间流动起来，才能产生更大的经济效益和社会效益。

与传统的信息化不同，"互联网+"重新定义了信息化的内涵。过去，信息化被理解为信息和通信技术的广泛应用和深化，但这种理解未必能够真正释放信息和数据的潜在价值。互联网的到来改变了这一局面，将信息和数据的流动、分享和使用作为核心，突破了传统的信息封闭局限。信息和数据的流动性是信息化的本质，体现了信息的边际收益递增性。只有在流动和分享中，信息和数据才能实现真正的价值。在此过程之中，信息技术在商业领域引发了巨大的变革，并且对传统工业产生了深远影响，不再是简单的技术应用，而是一场对产业生态的重构。结合在线化和数据化，传统产业可以实现更高效的生产方式、更精准的市场定位以及更优质的用户体验。还为创新提供了更丰富的数据支持，助力新技术、新产品不断涌现。互联网的发展已经迈入一个新阶段，推动着人们进入一个更加智能、高效的时代。[①]

组织和制度创新，在信息化发展的背景下，不仅是一种需求，更是一种必然结果。我国的制度体系很大程度建立在封闭的信息系统基础之上，这也成为信息化推进的一大障碍。以医疗信息化为例，电子病历作为病人的"就医全记录"，记录着基本信息、健康状况、问诊情况和用药信息等重要内容。虽然各地区和全国联网对提升诊疗水平和监督医疗行为具有重要意义，但联网的推进在各地却进展缓慢。其根本原因在于现有管理体系主要围绕"以医院为中心"的封闭系统构建，同时形成了一整套商业模式和利益链条。要实现真正的信息化，必须让医疗和就诊信息流动起来，实现广泛的分享。以医疗信息的例子来看，只有让各地区的医疗信息互通互联，才能更好地提高诊疗水平，实现对医疗行为的监督，而这又需要组织和制度的创新。当前医疗管理系统围绕"医院为中心"的封闭架构，限制了信息的自由流动。然而，正是信息的流动才能够在更大范围内传播、分享和创造性地使用。此种情况之下，真正的信息化不仅需要信息技术的广泛应用和信息基础设施的安装，更需要政策和制度层面的创新。只有如此，才能使各类信息和数据在社会中得以最大限度地传播、流动、分享和创造性地使用，从而提升整体经济社会的运行效率。

在当今互联网时代，信息化正在回归其本质，根本原因在于互联网的出现降低了信息的收集和处理成本。这种变革从《长尾理论》中所指出的观点得到印证，即技术革命最大的收益之一在于降低特定生产要素的成本。在工业革命中，机械动力的成本大幅下降，从而实现了全天候运转的工厂操作。而在当今的信息革命中，数据和信息的采集、传输、处理以及使用成本不断降低。互联网则成为人类所经历的信息处理成本最低的基础设施。作为信息基础设施，互联网具备全球化、开放性、分布式、交互性、去中心化、海量信息等特点，使得互联网能够释放出工业社会中被压抑的信息和数据潜能，成为当下生产力和社会财富增长的最有潜力的源泉。举例来说，以电子商务与企业资源规划系统的关系为例，最初企业资源规划系统的推出旨在协助企业实现供应链管理的目标。然而，受限于技术的发展，企业资源规划系统的应用难以突破不同企业之间的组织边界。那么不同企业之间难以通过信息有

[①] 张鸿涛.移动互联网[M].北京：北京邮电大学出版社，2018：6.

效沟通，进而无法在市场上迅速作出反应。因此，原本目标是实现供应链管理的企业资源规划系统最终只能退化为企业内部的管理系统，用于资金流、物流和信息流的内部整合管理。然而，随着互联网技术的持续发展和广泛应用，基于 Web 技术的企业资源规划系统不断升级，从而使企业有可能跨越组织边界和地域限制，降低信息系统的总体拥有成本，真正实现全流程供应链管理。所以数据的流动性得以释放，数据在不同企业之间得以流动，进而发挥了协同的信息传导作用。

　　互联网的崛起彻底改变了企业信息化的发展路径和产业组织方式，在过去，企业信息化通常是"由内而外"逐步发展的，首先是财务软件，然后是企业资源规划系统，最后才是供应链关系管理系统（SCM）、客户关系管理系统、订单系统等。然而，随着互联网的迅速发展，企业信息化逐渐呈现出"由外而内"的趋势。典型的互联网企业，如电商公司，直接从销售和订单系统开始，紧接着是客户关系管理系统和企业资源规划系统，发展路径的变化也凸显出互联网企业数据和信息互动的范围更加广泛、开放。互联网不仅改变了企业信息化的发展路径，还深刻影响着产业组织方式和结构。在传统的工业经济中，数据通常是结构化、集中式、数量有限、分散和独占的。当数据仅掌握在少数大型企业和知名品牌手中时，企业之间的协作关系呈现出单向、线性的模式，紧密耦合的控制与被控制关系在供应链中占主导地位。大公司和品牌商位于价值链核心，通过线性控制来主导供应链。然而，在互联网时代，数据变得分布式、碎片化、实时产生且海量存在，且在互联网上呈现出透明、公开和共享的特点，从而导致企业内部组织结构不得不进行调整和变革。在互联网的影响下，企业内部的协作和组织方式必须与互联网一样，呈现出网状、并发、实时协同的特点，促使企业不得不重新审视内部的运营流程、业务模式和组织结构。典型的案例就是在电子商务企业中，数据逐渐取代了传统的库存管理方式，企业开始从数据出发驱动运营流程，数据甚至开始塑造着企业的组织形态。由数据驱动的协同协作模式提升了企业的灵活性和反应速度，使得企业能够更好地适应市场的变化和用户的需求。

三、互联网时代下的进程

　　"互联网 +"不仅是信息技术的应用，更是传统产业转型升级的过程。在过去的十年中，这一过程呈现出"逆向"互联网化的特点，将互联网的影响从消费者端逐步扩展到企业价值链的各个环节以及不同产业领域。逆向互联网化的趋势在企业和产业层面均得以体现，形成了一个从 C 端到 B 端，从小 B 到大 B 的发展过程，而服务性产业如物流和金融业也在这一趋势下经历着互联网化的改变。此过程中，逐步互联网化的各个环节和产业呈现出递减的趋势。最早开始互联网化的是消费者端。几十年前，中国迎来了第一批互联网用户，初期的互联网应用主要集中在门户网站、论坛等领域。随着技术的发展，网络游戏、即时通信等应用逐渐出现，互联网广告和网络零售等领域的兴起则发生在 20 世纪 90 年代末期。"互联网 +"的逆向互联网化过程还在企业的价值链层面得到体现，从消费者端开始，互联网影响逐步扩展至广告营销、零售业，然后延伸至批发和分销，甚至追溯到生产制造环节，再往上游延伸至原材料和生产装备，形成一个个环节逐步互联网化的趋势。不同产业领域也在逆向互联网化的影响下发生了变化，从广告传媒业、零售业开始，逐渐扩展至批发市场、生产制造领域以及原材料供应链，表现出了不同产业的互联网化正在发生，并逐步深入各个环节。逆向互联网化的过程还体现在 B 端的发展上，从小 B 到大 B，不同规模的企业也在适应互联网化的浪潮。在过去，企业的信息化往往由内向外发展，但随着互联网的崛起，企业需要更快地响应市场变化，与客户互动，而这从 B 端向 C 端延伸的过程，正是"互联网 +"逆向互联网化的一部分。在这一过程中，产业互联网化的比重逐渐减小。消费者和企业价值链中的不同环节逐步融入互联网的影响，形成了从 C 端到 B 端、从小 B 到大 B 的动态发展模式，提升了企业的灵活性和反应速度，还促进了产业的创新和升级，推动了市场的竞争和发展。

广告营销是商业领域最早进行互联网化的环节之一，回顾中国商业互联网化的历程，第一个商业性网络广告于 1997 年 3 月问世，呈现形式为动画旗帜广告，为 468 像素 ×60 像素。当时，英特尔和 IBM 成为国内最早在互联网上投放广告的广告主。如今，利用互联网进行广告营销已经成为众多企业的常规选择。零售行业也在互联网化的浪潮中迅速发展，中国的网络零售起步于 20 世纪 90 年代末，尤其是自 2008 年以来，中国的网络零售行业经历了爆炸性的增长，其复合增长率超过 90%。随着时间的推移，越来越多的行业逐步融入互联网化的趋势，包括生鲜食品、百货商品、餐饮服务等。而汽车、房地产、古玩珠宝等领域的互联网化进程也在逐步展开，尽管目前还处于初级阶段。在批发和分销环节，互联网化同样引发了显著的变革。传统的 B2B 网站纷纷转型，从纯粹的信息平台转变为交易平台，从而催生了在线批发业务。越来越多的传统企业开始涉足网络分销业务，借助互联网的力量实现产品的推广和销售。近年来，国内的几个主要 B2B 平台纷纷大力发展在线交易，以互联网完成整个交易流程，从而推动着批发和分销领域的互联网化进程。在这一互联网化的趋势下，不同行业的企业正逐步适应并融入这一新的商业模式。[①] 从广告营销、零售、批发到分销，在逆向互联网化的推动下，企业将更加灵活地响应市场需求，并不断探索新的商业机会和创新领域。互联网化在很大程度上改变了传统商业的面貌，为产业创新和升级带来了更多的可能性。[②]

第二节　互联网时代的特征

"互联网 +"并不仅仅是将互联网与传统行业简单地相加，它还是通过信息通信技术和互联网平台，实现互联网与传统行业深度融合的一种发展模式，从而创造出全新的发展生态。这一概念代表着一种新的社会形态，借助互联网的优化和集成作用，在社会资源的分配中扮演着重要角色，将互联网的创新成果深入融合到经济和社会的各个领域，从而提升整个社会的创新能力和生产力水平，构建了一种基于互联网基础设施和工具的全新经济发展模式。近年来，"互联网 +"已经在多个领域产生了深远影响，诸如电子商务、互联网金融、在线旅游、在线影视、在线房产等领域，均为"互联网 +"战略的生动体现，并具有六大特征值得关注。

一、跨界融合特征

"+"符号本身就代表着一种跨界、变革、开放和融合，跨界融合正是创新的基础，是激发更坚实创新的关键要素。在不同领域的交汇中，创意

---

① 刘学忠，赵永涛．互联网 + 教育发展新范式 [M].银川：宁夏人民教育出版社，2020：15.
② 应可珍，姚建荣．互联网基础 [M].上海：上海交通大学出版社，2017：105.

的碰撞引发了新的想法和解决方案，进而推动了创新的发展。融合协同能促进群体智能得以释放，从研发到产业化的路径也变得更加垂直，对于全面提升创新的效率和质量至关重要。融合还表现为身份的融合，客户的消费逐渐转化为投资，伙伴们参与创新的积极性也在不断增强。融合能够提高开放度，促进资源的共享和交流，将互联网融入各行各业，加速信息的传递，有效促进跨界的合作创新，从而推动产业发展迈向更高层次。融合可以增强适应性，使传统行业更好地适应互联网时代的挑战和机遇。互联网的快速发展给各个领域带来了冲击，但通过融合，传统行业可以吸收互联网的优势，迅速调整自身结构和业务模式，适应市场的变化，实现可持续发展。将互联网融入每个行业，也能够促进创新的深入融合。就如同植物嫁接一样，融合会带来意想不到的变化，植物嫁接的成功与否取决于接穗和砧木的亲和力。双方的融合性、连接性、契合性、开放性和生态性，都会影响到融合的成败。只有双方真正具备高度的融合能力，才能在融合的过程中发挥最大的价值。

不可否认，互联网给其他产业带来了不可逆的冲击。然而，这种冲击并不是一种消极的破坏力量，而是一种积极的变革动力。互联网在各个领域的影响巨大，不仅改变了商业模式和流程，还重塑了人们的生活方式。只要人们以积极的心态对待互联网，其则能像过去的蒸汽机和电力一样，为人类的进步和发展服务。融合是一种展现气度的力量，是一种勇敢追求的表现。在这个变革的时代，融合能够让适者生存，也能够让企业更好地掌控市场竞争的能量。产业的冲击是不可避免的，但产业的颠覆相对较少，而产业的融合则成为当下的流行趋势。融合能使传统产业保持活力，并获得新的生机与可能性，为未来的发展创造更加广阔的空间。

二、创新驱动特征

如今，人们正身处在一个信息经济、数据经济的时代，甚至称之为"创客经济"和"连接经济"，这个时代的经济发展关键在于资源、客户和创新。回顾我国改革开放的前期，经济发展主要以资源驱动为主，客户驱动为辅，创新驱动不足。然而，粗放的资源驱动型经济增长方式已经不再适用，需要转变为创新驱动的发展模式，并且必须勇敢地打破垄断格局和束缚生产力发展的限制因素，为创新创造一个跨界、协作、融合的环境与条件。正是互联网的特质，催生了互联网思维，更能释放创新的力量。在国家的发展全局中，科技创新扮演着极其重要的角色。《中共中央 国务院关于深化体制机制改革加快实施创新驱动发展战略的若干意见》于2015年3月23日发布，明确将科技创新置于国家发展的核心位置，要求统筹推进科技体制改革和经济社会领域改革，促进科技、管理、品牌、组织、商业模式创新，推进军民融合创新以及引进来与走出去的合作创新，实现科技创新、制度创新和开放创新的有机统一和协同发展。

政府已经发出明确的信号，我国正处于向创新驱动发展转型的关键时期。未来，中国将发展为创意、创新、创业和创造驱动型的国家，发展的基础是打破制度的藩篱，依赖更多个人发挥创造精神，依赖协同创新、跨界创新和融合创新，是最不应被忽视的"新常态"。将增长动力从要素驱动真正转变为创新驱动，才能避免在过分依赖投入和规模扩张的老路上原地踏步。当今时代，应充分激发各类主体参与创新活动的积极性，建立以企业为主体的产学研用协同创新机制，让科技创新在市场的土壤中不断结出累累硕果。只有这样，中国经济发展才能够更具动力，实现行稳致远的目标。新时代背景之下，过去单一的资源驱动模式已经被淘汰，必须走向多元化的创新驱动路径，不断地寻求新的思路、新的技术，将互联网的思维融入各个领域中。正如"创客经济"和"连接经济"的命名所示，创新和连接是新时代经济发展的关键词。

互联网技术的快速发展使得信息和数据的流动变得更加便捷，为各个领域的创新提供了更大的空间。[1] 人们可以通过互联网实现不同领域的跨界合作，将不同的创新要素融合在一起，创造出更具竞争力的新产品、新服务和新模式。互联网创新的核心在于不断突破传统的边界，突破条条框框的束缚，要求人们要勇敢地尝试，不断地探索新的可能性。正如互联网本身的特点，是开放的、多元的，能够容纳各种不同的观点和创意。只有敢于跨界融合，敢于打破陈规旧约，才能真正发挥出创新的力量。

中国的发展正站在一个重要的历史节点上，需要用创新的思维和行动去引领未来。无论是政府还是企业，都应该在发展战略中高度重视创新，将其

---

① 刘学忠，赵永涛．互联网＋教育发展新范式 [M]．银川：宁夏人民教育出版社，2020：20.

摆在优先位置。只有通过不断的创新，才能够应对日益复杂的经济环境，实现可持续的发展。因此，不能忽视"新常态"的要求，要在融合中创新，应足在协同中创新，发挥出多方合力创新。互联网给人们提供了一个宝贵的机会，让不同领域的创新在连接中交汇，形成更大的创新生态。只有在这种创新驱动的环境中，中国经济才能不断壮大，行稳致远。

三、结构重塑特征

重塑结构已经在互联网时代的大潮中悄然展开。信息革命、全球化以及互联网的崛起，已经打破了原有的社会结构、经济结构、关系结构、地缘结构和文化结构，而结构的重塑也伴随着许多要素的转变，包括权力、关系、连接规则以及对话方式等。互联网的到来彻底改变了人们的关系结构，打破了固有的身份观念。在这个新时代，用户、伙伴、股东、服务者等角色可以在一定条件下自由地切换身份，使得传统的关系观念逐渐被颠覆，人们不再受限于旧有的身份束缚，而能够更加自由地参与各种社会活动。互联网也重写了地理边界，推翻了原本的游戏规则和管控模式。过去，地理距离限制了人们的交流和合作，而互联网将信息的流动性提升到了前所未有的程度，让地理距离不再成为限制。不仅如此，互联网还在重新塑造社会的面貌，尤其在弱关系社会中重新建立契约和信任关系。互联网连接的关系网络中涌现出了新的能力和人际关系，人们可以在虚拟的空间里建立联系，形成以合作和分享为基础的社交关系，使得社会的互动更加灵活和多元化。"互联网+"正是描述着一个智能社会的构想，在这个社会中，人们可以更加高效、节能、舒适地生存。随着技术的不断发展，智能化的应用正在渗透到各个领域，使得生活更加便捷。从智能家居到智能交通，从智能医疗到智能城市，互联网为人类社会带来了巨大的变革和福利。

互联网的涌现打破了旧有的界限，带来了前所未有的变革。在这个时代，信息不再受限于特定渠道，信息的民主化、参与的民主化以及创造的民主化成为主流，而个性化思维也日益盛行。互联网在社会结构、人际关系、经济模式等方面引发了深刻的变革，将社会带入了一个充满不确定性的时代。互联网时代，社会结构不再受制于传统边界。信息的自由传播打破了原有的信息不对称，让信息得以广泛流动。人们的参与变得更加平等，个人可以通过互联网平台表达意见、参与讨论，促使民众的声音得到更大的关注。同时，创造也不再受限于特定领域，互联网为人们提供了创新的空间，激发了更多个性化的创意和思维方式。

互联网的兴起引发了社会结构的重构。社交媒体等互联网平台促进了人们之间关系的重新定义，虚拟世界和现实世界的交汇带来了新的社会形态。自媒体、社交网络等的流行，让个体具备了自我表达和影响的平台，促使社会结构更加多元和开放。在互联网时代，组织、雇佣、合作等概念也发生了翻天覆地的变化。互联网身份标识号码成为个体追求的目标，个人身份在虚拟世界中得到显著强调。个人通过自我雇佣、动态自组织等方式参与各种活动，而传统的组织形式逐渐变得灵活起来。自媒体的崛起也让个体成为内容创造者和传播者，连接的协议由个人来定义，进一步推动了传统观念的转变。互联网还通过降低交易成本，提高社会运营效率，对整个社会产生了深远影响。以购票为例，传统方式需要前往售票点，而如今在移动互联网上，只需不到一分钟即可完成。移动互联网的普及让人们持续在线，移动终端成为智能化的工具。人们的需求也逐渐在移动互联网上得到满足，从通信、信息获取、娱乐到购物等方方面面。互联网赋予了用户更多的选择权和主动性。过去，用户面对信息不对称，缺乏选择的权利。而今，信息丰富，用户可以根据个人需求主动获取信息，实现个性化定制。互联网也引入了大众智慧的概念，用户可以参与设计、创新、传播等环节，进一步推动了社会的协作与创新。"互联网+"的崛起带来了全新的众经济模式，众包、众筹、众创、众挖成为新的商业格局，是社会的新结构，也是商业的新范式，通过协同创新、跨界合作等方式，形成了一个更加开放、灵活的商业生态。

四、尊重人性特征

人性的光辉是驱动着科技进步、经济增长、社会进步以及文化繁荣的核心力量。在这个蓬勃发展的时代，互联网的强大也正是源自于对人性的深刻理解和尊重。互联网的成功之处在于将人的体验放在至高的位置，对人性的敬畏、创造力的重视以及对人类需求的追求，都成为它的重要支撑。

人性即体验，人们对于一切体验的追求是推动互联网的动力。互联网的发展始终以用户体验为中心，通过不断改进、创新和调整，满足人们在信息获取、社交互动、购物消费等方面的需求。而这种体验的不断优化，反过来也推动了科技的不断进步，带来了经济的增长。人性即敬畏，互联网的发展过程中，始终将人的体验放在至高的位置，敬畏用户的需求和意愿。对人的需求敏感，对用户反馈的认真倾听，使得互联网服务能够持续优化，不断适应和满足人们不断变化的需求。互联网企业的成功之道正是在于将用户视为服务的中心，以敬畏之心满足用户的需求。人性即驱动，互联网的创新和进步源自于人的创造性和动力。人们的创新思维和积极性促使互联网技术不断革新，推出更加智能、高效的应用。从移动支付到智能家居，每一个创新的背后都有人性的驱动力，引领着科技的前进步伐。人性即方向，互联网服务的目标始终是满足人们的需求和期待。人们的日常生活、工作和娱乐等方方面面都在互联网的服务范围内，互联网为人们提供了更便捷、高效的解决方案，将人性的需求与科技的可能性紧密结合，引领着社会向更加智能化和便利化的方向发展。人性即市场，人们的需求和欲望构成了市场的基础。互联网通过丰富多样的服务和产品，满足了人们的多元化需求，也在满足人们需求的过程中不断拓展市场的边界。用户的选择和偏好驱动着市场的竞争和变革，互联网成为连接供需的桥梁。人性即合作，互联网时代催生了合作的新模式。从共享经济到众创空间，人们通过互联网平台实现了更多形式的合作与共享，以创造更大的社会价值。而合作是基于对彼此需求和互利关系的认知，进一步加强了人性在社会发展中的地位。人性即检验的标尺，企业和服务在面对人性的检验时得以成长和改进。尊重人性的企业能够在服务中体现出更高的价值，通过提供更加人性化的解决方案，为用户带来更好的体验。而在传统行业转型升级的过程中，以人性为本也能够为服务增色。

在当今的互联网时代，对人性的理解和尊重愈发重要。将人性视为创新和发展的核心，不仅是企业成功的关键，也是社会持续进步的动力。通过对人性的尊重、体验的提升、创造力的发挥，互联网正不断引领着我们走向一个更加智慧、便捷和多元的未来。

五、开放生态特征

倚仗创意和创新，同时跨界融合与协同，必须致力于优化生态。对企业和行业而言，内部生态的优化与外部生态的融合是不可或缺的。更为关键的是，建立创新生态，如技术与金融的融合，产业与研发的衔接。优秀的生态培养创造性思维，放大创意潜能，滋养创新灵感，推动创意转化，从而催生社会价值的创新。然而，恶劣的环境、滞后的规章制度以及生态的开放不足会阻碍创新的蓬勃发展。唯有精心构建和保护创新的生态环境，才能实现持续的创新壮大，推动社会不断进步。

（一）行业、企业的命运由开放度决定

未来商业界已无边界可言。基于这个前提，企业的跨界能力评估关键在于其开放性与生态性。如颠覆性创新仅限于封闭的体系内，创新难以实现。若不能以开放态度审视跨界策略，就难以构思新的商业模式。

唯有开放才能融合，这亦为跨界思维的核心。于开放生态系统内，跨界才能找到共通之处，从而为跨界合作规则的制定提供基础。未来跨界务须拓展企业内部生态系统，与外部生态系统协同互动，实现跨界合力以有效推动创新。

（二）创意、创新、创业，生态为上

在创意和创新受制于条件和环境时，创业的努力往往成为悲伤故事的注脚。创意和创新如同生态的要素，生态不仅需要种子，还需要土壤、空气和水分。国家积极鼓励大众创业、万众创新，旨在培育创新型小微企业，从中培养出引领未来经济的中坚力量，塑造新的产业格局和经济增长点。而要实现这一目标，创意、创新和创业的生态是至关重要的。构建生态既需要精心设计，也需要要素之间的连接性和活跃性，必须形成内外要素的有机信息交流，而非自我封闭。要素之间的互动、分享、融合和协作应自由自在地发生，还应保持各要素的独立个性。在"互联网＋"的理念下，生态扮演着极为重要的角色，而生态本身是开放的。推进"互联网＋"的一个关键方向是消除过去限制创新的障碍，将孤立的创新环节相连接，让市场推动研发，让创业者有机会实现其价值。

构建开放的生态，既需要消除抑制创新的因素，同时也需要以人为本，以市场为基础，确保创新与产业化、技术与资本化、知识产权与价值化相一致，符合创新中国的要求，符合发展的要求以及社会价值创新的要求。不仅

要去除创新道路上的障碍，还要在每一层面都尊重和充分发挥人性、市场的力量以及相应的资本和法规支持，使创新与经济生态相互促进，形成良性循环。创意和创新的灵感需要落地生根，而只有在开放的生态中，创意才能被孕育，创新才能被放大，创业才能被实践。国家和企业要共同构建这样的生态，以有利于创意、创新和创业的方式来塑造和影响经济发展。只有在这种开放的生态环境中，创新才能迸发出耀眼的光芒，为社会创造出持久的价值，引领经济的可持续增长。

六、连接一切

"互联网+"的关键在于构建一个无所不包的生态系统，展示互联网将如何影响社会和世界的未来。理解"互联网+"的核心，必须抓住其与"连接"的紧密联系。跨界合作需要连接，不同要素的融合需要连接，创新过程需要连接。连接不仅是一种对话方式，更是一种存在的形式，没有有效的连接，则无法实现真正的"互联网+"。连接的方式、效果、质量和机制都影响着连接的广度、深度和持久性。

连接具有层次性，可连接存在差异性。连接的价值因情况而异，然而其是"互联网+"追求的目标。从连接的不同层次来看，可以概括为"联系"、"交互"和"关系"，三个层次的连接方式、连接内容和连接质量各不相同。"联系"涵盖了众多机构和服务，可以在短时间内聚集大量的流量。"交互"至关重要，缺少有效的交互，难以实现资源的分流和引导，也难以建立起信任和依赖。"关系"是连接的终极目标，推动创新的动力，商业的核心。在已建立起的信任关系中，才能实现连接的最终目标，是商业的阶段性目标，也是社会创新的基础。"互联网+"的本质在于创造一种全新的连接模式，将不同层次的连接融合在一起，形成多层次、多维度的生态网络，超越传统行业和领域的边界，使各种资源、信息和能力得以交流和共享。从联系到交互再到建立关系，整个过程都是"互联网+"生态发展的必然过程。只有通过良好的连接和协作，各个要素才能发挥出最大的价值，从而实现经济增长、社会创新和商业发展的目标。在未来，"互联网+"将继续引领创新浪潮，通过更加紧密的连接，为社会带来更多可能性和机遇。

实现"连接一切"需要基本要素，其中包括技术（如云计算、物联网、大数据技术等）、场景、参与者（个人、物体、机构、平台、行业、系统）、协议与信任等。信任作为"连接一切"的重要组成部分，或许并不被所有人充分理解，但却是最为关键的因素之一。互联网降低了信息不对称性，提高了连接节点的替代可能性，而信任作为选择节点或连接的最佳判别因素，使得"+"成为可能。信任确保了连接的顺畅，避免了信息阻塞和屏蔽。在"互联网+"时代，建立信任关系至关重要，如鱼得水。那些忽视责任、生态和开放分享的个人、机构和平台将难以树立信任。信任是连接的前提，只有信任才能促使人们愿意进行连接。因此，失去信任几乎等同于"失去连接"。企业的未来生死、成长速度以及发展的持续性，在很大程度上取决于信任。因此，形成一种"互联网+"的倒逼机制，要求诚信和信任的重建，无疑证明了人性是推动社会进步的最有力的因素。

第三节　互联网时代的高校教育发展

随着互联网时代的到来，我国高校教育正面临一场深刻的变革。互联网对教育的深远影响不言而喻，而且这种影响将会持续存在。因此，我国高校教育必须紧跟发展潮流，抓住机遇，顺势而为，迅速推动教育的现代化进程。为了更好地满足"互联网+"时代人们与社会的不断发展需求，高校教育应着重从几个方面进行转变。

一、知识传递转向网络化与内需化

（一）获取知识的便捷性及直观性

现代信息技术的迅速发展极大地提升了人们的学习、工作和交流便利性，使信息传播、知识获取变得更加迅速广泛，并通过多元渠道连接了遥远地域和不同生活方式。这个时代是前所未有的，技术每隔十年便以数倍的速度发展，突破时空的限制，彻底改变了人们的交流、思考和学习方式，人们已逐渐习惯使用智能终端进行碎片化学习。"互联网+"时代的崭露头角，移动终端的普及，使知识获取变得更为便捷、直观。在此背景之下，高校作为培养专业人才的核心机构，需要充分利用网络传输的优势，扩展知识服务的范围和深度。高校的学生成长于信息时代，是目前高等教育的主要对象，也是微博、微信等应用的主要用户，能熟练使用各种应用程序获取知识。科技进步要求高校教学模式多样化，通过移动终端可以更便捷地获取更丰富的知识和信息。

高校在"互联网+"时代面临着诸多挑战和机遇。为适应这个新的学习环境，高校应当积极探索创新教育方式，借助信息技术提供更为多样化的学习资源，例如，在线课程、数字图书馆和虚拟实验室，以满足学生个性化的学习需求。高校还应充分利用社交媒体平台，与学生进行互动，促进学术交流和知识分享，增强学习的活跃性。[①]然而，随之而来的是需要高校教师拥有与时俱进的教学理念和技能。教师应不断更新自己的知识，掌握新的教学方法，以适应"互联网+"时代的学习需求，可以借助网络资源，进行教学内容的更新和创新，鼓励学生积极参与讨论和合作，培养学生的批判性思维和问题解决能力。

（二）获取知识的趋向按需分配

传统的信息技术在教学中主要采用以行为主义理论为基础的教学模式，将教师置于主导地位，而学生在这个过程中只是被动地接受知识的传授。这种模式偏向陈述性和程序性知识，忽略了学生的兴趣和动机，导致学习变得枯燥乏味，甚至挫伤了学生的创造力和思维灵活性。然而，随着"互联网+教育"的兴起，这种局面正得到改变。"互联网+教育"将学生置于教育过程的中心，强调个性化和按需学习，以学生的内在需求和兴趣为出发点，结合在线资源和课程，鼓励学生积极建构自己的知识体系。这一模式赋予了学生更多自主权，使学生可以灵活设定学习目标、制定学习计划，并在遇到问题时主动寻求解决方案。学生可以自发地组建学习社区，相互讨论、分享，从而促进彼此的学习和成长。在互联网背景下，知识获取的主导权转移到了学生手中，他们能够根据自己的需求和兴趣来选择学习内容，建立更有效的思维模型，促进更深入的经验反思。高校作为知识的传播者和智力的熔

---

① 韩永礼."互联网+"背景下的教育教学发展研究 [M]. 银川：宁夏人民教育出版社，2021：26.

炉，必须让学生充分发挥主动性和创造性。学生应该从被动的知识接受者变为积极的思考者和创新者，结合独立的思考和实践积累知识，培养批判性思维和问题解决能力。大学不仅是传授知识培养人才的场所，更是学生探索真理、发展自我意识的重要阶段。在这个过程中，学生应该保持积极的求知欲望，拥有主动选择的勇气，找到适合自己发展的方式，努力追求真理。只有这样，高校才能真正发挥其存在的意义，培养出富有创新力和社会责任感的优秀人才。

二、教学转向个性化与互动型

信息技术和知识经济的迅猛发展已经改变了知识获取和信息传递的方式，突破了传统课堂的束缚，使优质课程资源能够在全球范围内共享。随着全球化进程的加速，人们个体独特性的全面发展和创造力的最大释放成为核心议题，教育已经迫切需要以全体为导向，培养全方位的人才。基于此种环境下，要求高校教育必须从一成不变的教学模式转向个性化和互动式的教学模式，以更好地满足不同学生的学习需求。

（一）因材施教

因材施教是教育中的一项重要原则，教师需要深入研究学生的个体特点，根据教学目标，创造出适合学生的教学环境，从而使教学过程更加贴近学生的需求。在"互联网+"时代，因材施教原则变得尤为重要。个性化教育是建立在尊重学生个性差异的基础之上的，以提供多样化的教育资源和自主选择为手段，推动每个学生自由而充分地发展。

在现代教育中，教师不仅是知识的传递者，更是学生成长的引导者和启迪者。为了实现个性化教育，教师需要树立一种信仰，相信每个学生都有无限的潜能可以被发掘和实现。教育应该关注个体的内在灵性和成长，而不仅仅是为了实现功利目的。因此，教师在"互联网+"时代的教育实践中，首先需要站在生命的立场，将教育视为一种信仰，致力于唤醒每个学生的内在潜能，让他们成为真正的自己。多样化的教学策略是实现个性化教育的关键，每个学生都拥有独特的智能和学习风格，教师应根据学生的个体差异采取多元化的教学方法。以加德纳的多元智能理论为基础，教师可以通过不同的学习活动和组合方式来满足学生的多样化需求。交替使用不同的教学策略，鼓励学生从中发现自己的优势并克服自身的短板，促进学生之间的交流和合作，实现共同成长。"互联网+"时代赋予了教育更多的可能性，教师可以利用丰富的在线资源来构建多元化的课程。教师灵活引用各种材料，可以使课程更加贴近学生的生活实践，激发学生的兴趣和好奇心。教育不再局限于课堂，学生可以通过网络获取更广泛的知识，教师可帮助学生在信息爆炸的时代中获取、筛选和应用有用的知识，培养学生的信息素养和批判性思维。评价是个性化教育中至关重要的一环，教师的评价应该是全面、客观、多元的，不仅仅局限于分数。教师应该注重发现学生的潜在优势和激发学生的自信，在学生遇到困难时给予适当的指导和支持。并进行积极的反馈和引导，帮助学生不断进步，建立起学习的自信心和动力。

（二）教师角色转换

长久以来，教师一直被视为传递知识、引导学生的职业。在传统的高校教育中，教师扮演主体角色，知识的传递往往是单向的，师生关系呈现出传授和接受的模式。尽管多媒体技术的引入为教学带来了变化，但教师仍然处于中心地位，而学生则沿袭被动接受的角色，未能真正提升创造性和逻辑能力。然而，"互联网+教育"的浪潮带来了深刻的变革，知识从被动接受转变为激发主动探索，学生成为教育的中心。在这一新模式下，教师的角色也需要适应变化，从传统的一元化角色向多元化转变。多重角色的转变需要教师积极适应，同时学校也需提供支持和激励。

教师首先需要正确认知自己的角色，教师应通过案例分析或实验对比认识到传统角色的局限性，理解自己不再是唯一的知识权威，需要不断反思自己在教学中的作用是否能够满足学生的发展需求。实践表明，只有积极地转变角色，教师才能更好地适应教育的发展。学校应建立激励机制，为教师提供物质和精神上的奖励，以激发教师在信息化教育中的积极性。学校可以为教师提供良好的工作环境和发展机会，确保教师有充足的动力和热情去迎接新的角色挑战。学校还可以通过课程设计大赛等方式激发教师的创造性，课程设计大赛可以鼓励教师提供创新的教学方案，推动教育的多元化发展。[①]
竞赛机制可以使教师积极参与角色转变，不断提升自身的教学水平。而开展
信息技术校本培训可以帮助高校教师更好地适应新角色。校本培训旨在为教
师提供个性化的信息技术培训，根据学校的特点和需求设计培训课程，促进
教师在角色转变中更好地发挥作用。

三、人才培养转向自我实现与公民责任

（一）人人可以成才的自我超越或自我实现取向

自我超越不仅是一种自然倾向，更是人类成长的必然过程。个体通过
自我超越，可以不断突破自身的限制，激发内在的潜能，迎接新的挑战。此
过程要求个体有自我意识的基础，即对自己的认知和理解。自我意识是一种
自我发现和自我认同的能力，也是教育的核心之一。教育的目标之一就是引
导人在自我否定中不断创造新的自我，从而实现自我超越的过程。教育作为
一种引导和培养的过程，持续地激发个体的自我意识和自我超越。教育者致
力于引导学生深入思考"我可能是什么"，推动他们探索自己的潜能、兴趣
和价值观。多样的教育方式能促使学生逐渐认识到自己的独特之处，找到自
己的定位，进而朝着更高的目标前进。在教育中，自我超越不仅是个体的需
求，也是社会发展的驱动力。不断超越个人的局限，能进一步使人们为社会
创造更大的价值。教育不仅传授知识，更培养人们的创新能力、合作精神和
责任感，使受教育者能够积极参与社会事务，推动社会的进步。

在这个充斥着工具理性的时代，教育的本质意义似乎逐渐失落，忘却
了引导人们如何在自我超越中达到内心的升华。现代学校教育往往过于强调
知识的机械灌输和功利化的训练，而忽略了对个体内在自我超越的价值追求
的培养。此种状况能使人们认识到，教育，特别是高校教育，必须重新回归
其最初的本质，以实现人的真正自我超越。高校教育的首要使命是树立一种
"人人皆可成才"的理念，不仅为了达到教育的某个预设目标，而且鼓励每
个个体追求不断的成长和自我实现，以不断的超越来展现其内在潜能。人的

---

① 韩永礼."互联网＋"背景下的教育教学发展研究[M].银川：宁夏人民教育出版社，2021：30.

自我超越是一种内在动力，是迎接未知挑战的勇气。然而，当下教育系统中仍存在许多问题，妨碍了这一理念的实现。为了让高校教育更好地实现人的自我超越，需要采取一系列措施。高校应该重新审视其教育目标，将人的自我超越和内在价值放在核心地位，不再局限于狭隘的知识传递。教育者需要积极引导学生发展积极的自我意识，激发他们对成长和变化的渴望。教育者应该以启发式教学为基础，鼓励学生主动探索、思考和创新，培养他们在不断超越中获得满足感和成就感的能力。

（二）同理心驱动下的公民责任

"同理心"概念最早起源于希腊文，在情商（EQ）的构成中具有重要地位，涵盖了人际交往的能力，即敏感地察觉并准确理解他人的情绪、想法、立场和感受。同理心意味着能够设身处地为他人着想，以将心比心的态度去理解和关心他人，从而减少误解和冲突，增进认同感和包容心。同理心是一种固有的人类能力，而它在个体的发展过程中会不断变化。心理学发展研究认为，婴儿时期就具备了初步的同理心，但由于个体的成长和环境的影响，同理心会不断演变。如果父母和其他教育者引导孩子将注意力集中在他人受其行为影响的方面，孩子更可能培养出强烈的同理心。相反，如果关注的是行为本身的过失或不当，无论是批评还是惩罚，都可能导致孩子同理心的减弱。因此，唤醒同理心需要多关注他人的感受以及受到行为影响的情感和心理状态。持续的关注能够极大地丰富个体的情感和生活体验，使个体更加情感丰富并具备更强的包容心，因为他时刻关心和关注着他人的情感和需求。

在当今社会，同理心变得尤为重要。在充满多样性和复杂性的社会环境中，培养和强化同理心有助于缓解社会矛盾和冲突。同理心使人们能够更好地沟通，减少误解和偏见，建立起相互的信任和尊重。在互联网和社交媒体的时代，同理心也可以通过虚拟社区来实现，从而跨越地域和文化的界限，让人们更深刻地理解他人的观点和情感。要唤醒和培养同理心，不仅需要个体的自觉努力，也需要教育机构和社会的支持。教育者可以在教育中注重情感培养，适当开展情感教育课程和活动，引导学生学会关心、体验和理解他人的情感。社会应该鼓励和弘扬关爱、包容和尊重的价值观，为培育具有强烈同理心的公民创造良好的环境。

一个人的生活经历和人际关系的多样性，有助于更好地理解现实世界和人类生存的广阔背景。学生并非空洞的外壳，而是在进入学校之前已经拥有丰富经验的个体。教师的责任是引导学生分享这些真实的片段，将同理心融入每个人的内心，从而增进人际关系的亲密度。尽管在网络社会中，人们通过在线聊天、论坛交流等途径增加了互动，从某种程度上培养了同理心，然而网络世界的感知是有限的，真正的同理心需要实体感知和面对面的交流来培养。因此，在现实生活中，学校应该致力于创造融洽、温馨和友好的氛围，以唤醒学生的同理心。教育者需要了解学生的心理特点，引导他们积极成长，将同理心视为一种公民责任，确保高质量的人才培养，并建立紧密的人际关系，推动社会快速发展和全面进步，引领人们共同追求文明和谐的美好社会。在教育环境中，教师应该充当激发同理心的引导者，可以通过课堂教学、讨论、团队合作等方式，帮助学生理解他人的情感和立场。校园文化也应该营造一种包容和理解的氛围，让每个学生感受到被尊重和关心，从而培养他们的同理心。高校还可以组织社会实践、志愿活动等，让学生亲身参与社会问题，增强对他人需求的敏感性和关注度。

四、师生关系转向新型松散而持久的师徒制

高校师生关系是指在高等教育环境中，师生之间通过知识传递、信息交流和情感沟通等方式形成的一种互动关系，旨在促进学生的全面成长。良好的师生关系既有助于教育教学的有效开展，也能够丰富教师和学生的心灵世界，实现双方的精神互补。积极的师生关系能够激发双方积极向上的发展态度，使师生关系处于良性循环之中。传统的高校教育中，教师被视为知识的权威，而学生则被动地接受知识，使得教师和学生处于两极分化的状态，交往相对单向，师生关系的不平等和缺乏互动性成为其主要特点。然而，随着互联网的兴起，教学模式发生了深刻的变革。教师的地位不再是绝对主导，整个教育过程更加以学生为中心，学生能够根据兴趣选择课程，自主管理学习进度。在这一背景下，师生关系呈现出平等性和双向互动的特点，学生在学习中的积极性和主动性得到充分发挥，教学变成了一种双向的知识传递与交流。应对"互联网＋教育"带来的变革，高校师生关系也需要相应的调整和转变。在这种新型教育模式下，师生关系应朝着松散而持久的"师徒制"

方向发展，教师不再是纯粹的知识传授者，更要充当学生的导师和引路人，培养学生发现问题、解决问题的能力，培养他们的创新和批判性思维。教师还需理解学生的个体差异，关注他们的兴趣和需求，为学生提供有针对性的指导。

（一）一对一互动的师徒制

师徒制这一古老的教育模式，旨在通过一对一的指导和紧密的观摩，促进个体的全面发展。在古代中国，私塾教育和各种实用技艺的传承都依赖于师徒制，培养出了众多杰出的人才。同样地，师徒制模式在西方国家也有广泛的应用，古希腊和中世纪欧洲的师傅和学徒关系，以一对一的指导和合作为核心，传承着学识和技能。如今，借助互联网和信息资源的力量，高校教育也可以在师徒制的基础上进行创新，以更适应现代学生的需求和发展。随着互联网时代的到来，高校应当弃用传统的权威观念，更加注重个体化的学习和指导。借鉴师徒制的合作伙伴关系，高校可以建立一种新型的师徒制，更好地满足学生的需求，不再局限于时间和地点，而是可以利用网络平台，实现一对一指导的延伸，克服传统师徒制的空间和时间限制，还将教育引向更加多元化和灵活的方向。在这一新型师徒制下，教师不再是简单地传授知识，而更像是学生的伙伴和导师。教师可以根据每个学生的个体差异，提供有针对性的指导和支持。借助网络平台，教师和学生可以随时随地进行交流，共同探讨问题，解决困惑。一对一的互动方式能使教育变得更加个性化，有助于学生的深入理解和自主发展。新型的师徒制更加强调师生之间的平等和互动，教师不再是单方面的权威，而是和学生一同探索、交流，共同成长。师生之间的合作伙伴关系，使教育教学变得更加和谐，促进了对话和交流的发展。

（二）终身指导的导师制或亲友制

终身教育不仅是一个具体的实体，更是一种思想或原则的总称，代表了一个人一生的教育与社会全部教育的汇总，终身教育理念打破了传统学校教育的局限，架起了个人发展与社会进步之间的桥梁。随着时间的推移，终身学习的重要性也逐渐凸显出来。欧盟将终身学习定义为为了增进知识和技能、促进个人和社会发展而进行的学习，覆盖了生活中的各个方面。从日本到韩国、从英国到澳大利亚，许多国家都在积极构建自己的终身学习体系，致力于建设学习型社会。尽管我国在引入终身学习理念方面相对较晚，但从1979 年《学会生存：教育世界的今天和明天》问世，到 2009 年，我国已有超过 60 个城市提出建设"学习型社会"的目标，部分地区也出台相关政策并开始实际行动。例如，2009 年 4 月，上海市全面开通了终身学习网，为40 万人提供在线学习机会。

伴随着终身学习理念的深入，高校教师的职责也正在发生转变。如今，教师的责任不能仅限于学校教育的有限年限，而应延伸至终身。教师应成为终身指导者，指引学生在学习和生活中不断成长。师生关系也需逐步向终身指导或亲友制度演变，以更好地满足学生的学习需求，实现社会中人人皆学、时时能学的目标。在信息时代的背景下，未来的终身指导制度建立应从多个角度出发。终身学习理念应贯穿高校教育全过程，学校不仅是知识传承的场所，更是激发思考、传播先进理念的摇篮。只有将终身学习的观念融入学生内心，让他们认识到终身学习的重要性，才能保持积极向上的学习态度，持续不断地追求知识。教育信息平台应成为师生交流的载体，随着"互联网 +"技术的发展，为终身学习提供了便捷的机会。构建面向社会、广泛覆盖的信息平台，为每个人提供个性化的服务。借助这些平台，教师和学生可以随时交流，不受时间和地点的限制，使教学更加灵活高效，从而密切师生关系，使教师成为学生终身的指导者。

终身学习已成为个人发展和社会进步的必然趋势。在这样的趋势下，高校教育不仅要致力于传授知识，更应培养学生的终身学习能力和积极态度。教师也应不断更新自己的知识和教育理念，成为学生的终身导师。终身指导制度的建立和发展，将有助于学生不断追求进步，教师持续提升教育质量，推动整个社会走向更加开放、包容、进步的未来。

第二章　高校教育管理基本理论

21世纪以来，科学技术呈现出蓬勃发展的态势，国际竞争也日益激烈，全球化在社会各领域的影响日益显现。在高校领域，全球化的趋势愈发明显，特别是在高等教育改革尤其是高校教学改革中，教学管理工作的改革显得愈发重要，已成为提升教育质量的关键要素之一。《国家中长期教育改革和发展规划纲要（2010—2020年）》明确强调："严格教学管理。健全教学质量保障体系，改进高校教学评估。充分调动学生学习积极性和主动性，激励学生刻苦学习，增强诚信意识，养成良好学风。"高校必须全面提升教学质量，推动科学发展。然而，这不仅需要改善办学条件、教学设施等硬性要素，更需要强化教师队伍和管理人员队伍的专业素养，软性要素的建设同等重要。在当前的新形势下，作为管理工作的主体，教学管理队伍的素质、能力和管理水平直接影响高校教学工作的稳定、发展和提升，也直接影响高校的教学质量和未来的发展前景。因此，建设一支具备职业道德、专业思维、专业知识、专业能力和专业素质的成熟教学管理队伍对于高校的科学发展具有重大的价值和意义。

教学管理工作是高校管理的核心工作之一，是维护正常教学秩序、实现人才培养目标、提升教学质量的关键保障。而教学管理队伍则是这项工作的主体，承担着工作的具体执行任务，对于高校整体运作来说，其重要性不可低估。高素质、高水平的教学管理需要构建一个结构合理、队伍稳定、服务意识强、创新能力突出的专业化和职业化管理队伍，高素质的教学管理队伍能够有效推动高校教育质量的提升，突出培养优势和管理特色，保障高校未来的可持续发展。

第一节　高校教育管理的基本内涵

一、管理的内涵

管理是针对特定环境，对组织的资源进行有效策划、组织、领导和控制的过程，以实现既定的组织目标。管理行为是基于社会发展规律以及在具体历史条件下有意识地调整社会系统内外各种关系和资源的行为，旨在实现预定的系统目标。两种阐述并不矛盾，而是在表述方式上存在轻微差异。前者直截了当，简明扼要；后者则从更宏观的角度出发，考虑了整个社会系统，并探讨了在特定历史背景下的调整过程。

管理的含义具体包括下面三点：

其一，管理作为一种有意识、有目的的活动过程，旨在实现组织的预定目标，是一项在各种组织中不可或缺的关键活动，从不是孤立存在的。不论何时何地，只要有组织及其相关活动存在，就不可避免地涉及管理问题。然而，管理并非独立于活动的存在，而是与活动紧密相连。管理并不具备自身独立的目标，不以管理本身为目的，而是随着活动的展开而显现出来。在管理的范畴内，并不存在为了管理而进行管理的情况，所以，管理并非自我目标，而是服务于特定活动的过程。管理的目标与组织活动的目标密不可分，二者紧密交织。组织活动所追寻的目标即是管理的指向，管理行为的导向始终是为了实现这些目标。因此，管理不是一种孤立的行为，而是以组织活动为背景的有机组成部分，其目的在于更好地协调各种资源、运筹活动，并最终达到组织设定的目标，管理的价值在于为组织目标的实现提供有效的手段和方法。

其二，管理活动是通过有机关联的资源要素进行的，在实践管理中，不同的资源要素相互交织、相互影响，形成了一个协调运作的整体。管理工作的核心在于对这些资源要素进行综合运用，以实现组织既定目标。以精心策划、有效组织和恰当控制等手段，管理旨在确保资源得到最大限度的利用，使组织的各项活动能够有序进行。管理职能的基石在于资源要素的合理运用，资源要素包括人力、财力、物资等方面的资源，它们相互关联、相互依存，构成了组织的有机整体。在管理的过程中，对这些资源要素进行合理配置和调配，以支撑组织的各项活动，是管理工作的核心职责。通过计划，管理者可以提前规划资源的分配，确保每个环节都得到充分的准备。在组织环节，管理者协调各个资源要素的协同作用，使整个过程高效运转。在控制环节，管理者监测资源使用情况，及时调整，以保持活动在既定目标轨道上稳定前行。

其三，在管理活动中，必须充分理解管理的内在规律，同时要紧密结合具体的环境条件。管理不仅仅是一种抽象的理论体系，更是在特定的社会背景下实践的活动。管理者需要在现实环境中灵活运用管理原则，以达到组织目标为导向，创造出最有利于组织和社会的效果。管理活动是社会活动的一部分，受到外部环境的影响和制约。在不同的时期和地域，组织面临的环境因素都会有所不同。因此，管理者在制定管理策略和计划时，应充分考虑社会、经济、政治等多种因素的影响。只有将管理活动与特定环境相结合，才能真正做到因地制宜，确保管理活动的有效实施。

管理理论的发展在不同国家呈现出丰富多样的轨迹，其中最早的管理理论在法国萌发。当美国的泰勒和他的追随者们致力于研究和倡导生产作业现场的科学管理原则和方法时，法国则在大西洋彼岸催生了组织管理的理论，后来被称为"一般管理理论"或者"组织管理理论"，旨在从高层管理者的角度出发，研究组织管理的诸多问题，为现代管理理论的迅猛发展奠定了基础。从此之后，现代管理理论开始迅速演进，形成了许多经典的管理理论和体系。一般管理理论的涌现标志着管理领域开始从单一的生产作业层面升华为更加综合和复杂的组织管理领域，与泰勒注重基层作业管理不同，一般管理理论将焦点放在高层管理者的视角，探讨如何在组织层面进行有效的管理，以实现组织目标，为管理学的发展开启了全新的思路和方向，催生了众多经典管理理论。① 现代管理理论的研究日趋深入，其实质是解决管理者与被管理者之间的矛盾。管理过程是一个动态的博弈，涉及不同主体的利益、需求和目标。在此过程中，管理者需要灵活运用管理原则，协调各方利益，以达到最优的管理效果。

对于管理的分类，可以从多个维度进行划分。一种方式是从活动的规模来看，可以将管理分为宏观管理和微观管理。宏观管理关注整体组织运营，

---

① 李晓雯.高校教育管理的理论探索与探究 [M].长春：吉林人民出版社，2021：13.

而微观管理则关注具体活动的细节。另一种划分方式是从活动的内容出发，将管理分为综合管理和专项管理。综合管理涵盖广泛，专项管理则聚焦于特定领域。此外，管理的形式也可以根据紧密程度划分为紧密管理和松散管理。在管理的世界里，分类只是为了更好地理解和探讨管理的多个方面。无论是一般管理理论还是现代管理思想，都在为人们揭示如何在不同环境和情境下，有效地运用管理原则来达成组织的目标。管理作为一种复杂而多维的活动，在实践中不断演化，为组织和社会的持续发展注入不竭的动力。

二、管理的基本理论

随着现代社会的迅猛发展，管理理论正不断创新与演进。管理理论的多样性在一定程度上反映了社会活动的日益丰富和人们认识水平的不断提高。各种管理理论如系统管理、人本管理、目标管理、标准化管理、组织管理、模糊管理、混合管理等，构成了广泛的管理思想和方法的矩阵。

（一）系统管理理论

系统管理理论的核心观念是将管理视为整体的协调过程，以实现系统的动态平衡和最佳运行效果。在这一理论中，管理被看作是协调系统内各子系统和要素的活动，以维持系统的有序运转。这种方法将管理视为一个有机整体，其构成包括人、物、活动及其项目等系统要素。系统管理理论常被运用于大规模、复杂性高的领域。例如，大规模的军事战略制定和执行、庞大的建设工程项目、复杂的大型活动，这些需要在长时间、长周期内进行的项目都适用于系统管理理论。此种方法将管理视作协调系统内各要素相互关系，以使整体系统保持平衡与高效。虽然系统管理理论倾向应用于大型、复杂的项目，但这种区分也是相对而言的。无论是大规模还是小规模，管理的本质仍然是协调和优化资源以达到既定目标。

（二）人本管理理论

人本管理理论强调将人放在管理的核心地位，在管理过程中更加关注对个体的尊重、激励和发展。然而，人本管理实现起来并不容易，需要平衡各种权益和利益，确保管理的最佳效果。人本管理理论强调充分发挥人的潜能，既包括被管理者的潜能，也涵盖管理者自身的潜能。人本管理理论的核心目标是挖掘人的潜能，让每个个体都能实现最大的发展。潜能的释放不仅适用于被管理者，同样适用于管理者自身。管理者的潜能体现在积极的工作态度和高效的工作效率上，而被管理者的潜能则反映在管理者的引导和决策中。只有将这两者的潜能充分结合，管理才能取得最佳效果。实际应用中人本管理理论并不普遍，这或许源于传统的人本管理理论过于理想化，过分强调个体的素质。事实上，有效的人本管理需要建立在良好的制度基础上，让管理理念和制度相结合。现代人本管理理论引入了制度管理的概念，强调管理不仅仅是关于人，还包括制度的建立和执行。综合的人本管理理论更加符合现实，使管理者在管理过程中不仅要关注个体的发展，还要设计和维护有利于整体发展的制度。

（三）目标管理理论

目标管理理论是一种紧密与利益相联系的管理模式，其核心在于设定明确的价值目标，并通过刚性的管理方法来实现这些目标。与此理论紧密相连的是价值观念，实际上，目标管理理论以价值观为基础，旨在以这些价值观为导向开展管理活动。然而，要实施目标管理理论，首要前提是组织成员对所设定的价值目标的认同。认同感不仅是价值目标实现的前提，也是达成这些目标的关键因素。目标管理理论所关注的并非仅仅是结果，而是强调价值目标的全程管理。目标管理理论不仅要求早期价值目标的设定，也要对实施过程进行严格监督，确保管理活动始终朝着既定目标前进。实现以价值目标为中心的目标管理活动需要管理者和被管理者共同合作，逐步靠近既定目标，这不仅是一项刚性的量化管理，也是一种对执行力的挑战。目标管理理论并非缺乏弹性，在其最新版本中，除了强调价值目标的确定和完成检验，还特别关注管理过程的监督。目标管理理论的本质并非在于终极成果，而在于通过刚性执行，引导和推动组织成员逐步接近预期目标。在实际应用中，目标管理理论也面临公平性的挑战。由于其强调刚性执行和量化结果，可能会忽视个体差异和特殊情况。因此，在应用目标管理理论时，需要确保管理过程的公平性和灵活性，以适应不同情况的出现。

（四）标准化管理理论

标准化管理理论是基于专业化管理的基础上发展起来的，由管理者与专家合作制定一系列管理标准，然后通过法律程序进行确定。标准化管理思想本质上是基于一个朴素的道理："没有规矩不成方圆"。标准化管理强调明确的规范和标准是确保组织有效运转的重要手段，虽然标准化管理的制定由组织和专家完成，但标准并不是主观随意的，而是需要具备权威性、社会基础和广泛群众支持，并通过科学过程来确立的。标准化管理涵盖两个关键环节，即标准的制定和标准的执行。其中，标准的执行是整个标准化管理的核心，有时候甚至成为管理成功的关键。在管理实践中，即使拥有了合理的标准，如果无法妥善执行，或者执行过程中出现偏差，都有可能导致标准化管理的失败。然而，这并非标准化管理本身的问题，而是与实际执行相关的问题。标准化管理理论的核心价值在于其强调的规范性和统一性，制定明确的管理标准，可以确保组织内部的活动和流程按照一定的规则进行，从而提高效率、降低风险。标准化管理理论的重点在于确保每个环节都按照既定标准运作，从而达到整体的协调和优化。

（五）组织管理理论

组织管理理论的实质在于通过最高决策层设立各级管理组织，规定其职能，并运用领导核心、组织授权以及实施等方式来进行有效的管理。其核心概念是将组织的各个层级有序地连接起来，使其协同工作，达到协调统一的管理效果。组织管理理论着重关注的是组织结构的构建和组织职能的授权，其核心在于创造紧密且有序的组织架构，充分发挥组织的功能。组织管理理论要求建立严密的组织结构，确保每个组织单元都有明确的职责和功能。同时必须明确组织的目标和使命，以便在整个管理过程中保持方向一致性。然而，单纯的组织结构和目标设定并不足以确保管理的成功，还需要一套高效的组织运作机制，包括领导和协调流程、信息传递、决策制定和资源分配等方面协同工作。

（六）模糊管理理论

模糊管理理论作为现代管理的一种新思想和方法，运用模糊数学的思维和技术，旨在解决复杂管理环境下的问题。与传统管理方法不同，模糊管理理论注重在高层管理层中应用，属于一种软性管理范畴。模糊管理理论的运用并非普遍适用，而是更适用于那些具有高度复杂性、庞大规模、中长期周期以及需要高智商决策的管理活动。模糊管理理论的核心在于应用模糊数学的原理来处理现实管理中难以准确定义和测量的情况，在复杂的管理环境中，信息常常不完整、模糊不清，则需要一种更灵活的管理方法来处理这些模糊性。模糊管理的重点是在不确定和模糊的情境下做出合理决策，使管理者能够更好地应对复杂的挑战。

（七）混合管理理论

混合管理理论的核心在于根据实际情况，灵活运用不同的管理思想和方法。可以根据具体的管理任务，针对不同的活动项目采用最适合的管理方式，使得组织能够更好地应对不同的挑战，充分发挥不同管理模式的优势。特别是在大型组织中，管理的内容和范围往往较为复杂，不同部门之间存在较大的差异。混合管理理论的优势在于能够根据不同部门的需求和特点，选择合适的管理方法，从而达到更好的管理效果。这种管理模式可以令每个部门都能够充分发挥自身的优势，同时也能够在整体上保持一定的协调性和一致性。

三、高校教育管理

高校教育管理是基于高校教育的使命和发展规律，对教育资源进行调配，协调内外关系，实施计划、组织、领导和控制等活动，以达成既定的教育目标的过程。

从教育管理的角度看，高校教育位于中等教育基础之上，因此特指高等教育层面的管理。

从管理的分类来看，高校教育管理可以划分为宏观和微观两个层面。

从管理的内容来看，高校教育管理可以分成战略规划管理、宏观调控管理以及教育活动管理。

（一）当代高校教育管理的依据

高校教育管理的概念明确地揭示了其活动的基础，即高校教育的使命和发展规律。高校教育的根本目的在于为社会培养各级各类高级专门人才，涵盖了多个维度，包括普通高校教育、成人高校教育，公办高校教育、民办高校教育以及专科教育、本科教育、研究生教育等。不同类型的教育都以培养全面发展的个体为目标，通过德育、智育、体育、美育等过程，塑造未来社会所需的复合型人才。高校教育管理必须在深刻理解不同类型教育的客观规律基础上进行，从国家政策的制定到具体的培养过程，都需要遵循高校教育的宗旨和客观规律。高校教育的发展受到社会经济、政治、文化等多方面的制约，并为社会的进步提供服务。社会的生产力水平、科技发展水平以及社会制度和文化传统，都在不同程度上影响着高校教育的实施。因此，高校教育管理不仅需要关注内部教育要素，还需要考虑外部社会环境，以确保教育活动与社会需求相契合。高校教育管理的核心在于实现高校教育的目标，管理者应当了解教育活动的多样性和复杂性，根据不同类型的教育制定相应的管理策略。[①] 例如，在制定国家宏观政策时，应考虑各类高等教育的差异，以支持不同类型高校的特点和优势。而在高校内部，管理者需要建立完善的组织结构，确保教学质量，培养学生全面素质。高校教育管理还需要强调教育的国际化，以适应全球化发展趋势。

（二）高校教育管理的任务

高校教育管理的概念不仅仅界定了其任务，更明确了高校教育管理的使命。其核心在于有意识地调整高校教育系统内外的多种关系，有效配置高校教育资源，以适应高校教育发展的客观规律。在一个国家或地区的社会系统中，高校教育系统是一个重要的子系统；而从高校内部组织角度看，高校本身也是一个相对独立的子系统，系统之间的内外复杂关系带来了多样的矛盾，因此，高校教育管理的核心任务就是协调并解决这些矛盾。高校教育管理需要运用系统论的思想，将整个高校教育体系视为一个动态复杂的系统，

---

① 李晓雯.高校教育管理的理论探索与探究[M].长春：吉林人民出版社，2021：26.

从而在设计中考虑系统内外各要素之间的相互影响关系。[①] 所以，需要在整体中考虑各个部分的协调，将教育系统内部不同要素之间、子系统之间，甚至学校系统与外部环境之间的关系纳入管理范畴，此种全局观念有助于实现整个教育体系的优化和协调。

高校教育管理者需要认识到，矛盾在教育体系中是普遍存在的，例如，资源配置与需求之间的矛盾，学术自由与社会责任之间的矛盾等。管理的目标不是简单地消除矛盾，而是通过合理的管理方法来协调和引导矛盾，使其在一定程度上推动教育体系的发展。高校教育管理还需要在处理内外关系时保持平衡，确保高校内部各部门之间的协作，同时与社会、产业界等外部环境保持紧密互动，以便更好地适应时代的发展趋势。从综合管理的角度看，高校教育管理的任务不仅涉及教学活动，还包括人才培养、科学研究、社会服务等多个领域。高校教育管理需要综合考虑这些方面的发展，从而确保高校不仅在学术领域取得优异成绩，还能够为社会作出积极贡献。

（三）高校教育管理的目的

高校教育管理的核心理念不仅界定了其职能，更深刻地阐明了其使命，即持续推动高校教育系统的目标实现。高校教育体系以培养人才为中心目标，所有工作包括管理工作，都必须紧密围绕这一核心目标展开。高校教育管理的主要任务在于协调高校教育系统中各种关系和资源，以实现高校教育的根本目的。因此，高校教育管理本质上是一种手段，是为达成教育目标而采取的一系列有效方法的总称。高校教育体系的核心目标是培养人才，这是高校存在的最重要使命。管理者需要根据高校教育的发展规律和客观需要，合理规划资源分配，设计适应性的管理策略，以确保学生在德、智、体、美等各个方面得到全面培养。教育体系内部的各种关系，如师生关系、学科交叉关系、校内外合作关系等，都需要在管理中得到平衡和协调，以促进目标的达成。

---

① 林群，赵为 . 高校学生教育管理研究 [M]. 沈阳：辽宁大学出版社，2007：23.

第二节　高校教育管理的本质

一、高校教育管理的行为

（一）管理的行为

管理行为在管理过程中具有重要的特殊表现，是管理活动的具体体现，反映管理活动的基本特征。为了深入理解管理的过程和效果，人们必须对管理行为进行深入分析，探究这些行为与管理效果之间的内在联系。在这方面，管理方格理论为人们提供了一个极具启发性的框架。该理论由罗伯特和穆登提出，以满足人们对于主管人员的特殊要求，即既关心生产效率，又关心员工的情感和需求。为了生动地展示这种"关心"，他们设计了方格图作为工具，以明确不同领导方式的组合。该方格图有两个维度，横向维度代表了"对生产的关心"，而纵向维度则代表了"对人的关心"。"对生产的关心"通常指的是管理者对工作任务和生产效率的态度，涉及诸如工作过程、研发创新、服务质量、工作效率以及产品质量等方面。与此相对应，纵向维度中的"对人的关心"包括许多关键要素，如对员工责任的承担、维护员工的尊严、建立信任而不是单纯服从的职场关系、创造积极的工作环境以及建立良好的人际关系等。

管理方格理论为人们提供了一种有益的框架，用以分析和评估不同类型的领导方式以及这些方式如何与管理效果相关联。该理论提供四种典型的领导方式，并强调这些方式与管理效果之间的紧密联系。深入理解这些领导方式可以使人们更好地把握管理行为与结果之间的关系，从而更有效地实施管理活动。贫乏的管理方式被描述为主管人员仅以最低限度的努力来完成工作，对员工和生产的关心不足。贫乏的管理方式很少见，因为在实际情境中，管理者通常会有更高的责任感和使命感，而不仅仅满足于完成最基本的任务。权威与服从管理方式以高效率为导向，忽视员工的情感因素。在这种情况下，管理者主要关注生产任务的完成和效率的提高，而不太考虑员工的情感和需求。尽管这种方式可能在短期内带来一定的生产效果，但它可能导致员工不满意、士气下降，甚至对组织的长期稳定性造成影响。乡村俱乐部管理方式强调领导者关心员工的需求，创造良好的工作氛围和人际关系。乡村俱乐部管理方式认为员工的心情和满意度与生产效率密切相关，因此，通过建立友好的组织氛围来提高工作效率。然而，过于强调员工的需求可能会导致效率下降，因为太过关注员工的满意度可能会使领导者在权衡生产和人际关系时产生困惑。协作管理方式是一种灵活性较强的模式，强调双方的依赖、信任和协作，领导者委任员工完成工作，双方合作以实现共同的组织目标。协作管理方式注重合作和共同利益，但也需要双方具备高度的责任感和自主性，以确保任务的完成和目标的达成。① 然而，需要注意的是，管理方格理论并未明确解释为什么主管人员会处于某一特定的领导方式之中，每个领导者的背景、性格、组织文化等都会影响其选择的领导方式。因此，虽然理论中提供了"最好的"方式，但在实际情境中，领导者需要根据不同的因素进行权衡和选择，以适应组织的具体情况。

（二）行为的类型

在教育行政管理领域，管理内容涵盖两个关键方面，分别是创建组织机构和体贴关心下属，这种分类体系在西方教育行政管理中享有显赫的声誉。一方面，创建组织机构的行为涉及领导者在组织中建立清晰的结构、设立信息传递渠道以及在实施过程中的相关举措。这类行为主要涵盖了领导者与下属之间为达成组织目标所进行的相互作用，包括明确传达意图和态度，共同试验和实施新想法和计划，指派下属完成特定任务，履行工作检查和评价职责，制定和推行标准、规章和规范以及促进下属之间的协作等。另一方面，体贴关心下属的行为体现了领导者在与下属互动中表达友情、信任、尊重、支持、温情和合作的情感。这种行为包括向下属表达理解和支持的态度，愿意聆听下属的意见，关心下属的个人利益，积极让下属参与组织计划，平等公正地对待所有下属，持开放的改革态度以及及时采纳下属的建议等。

---

① 林群，赵为．高校学生教育管理研究 [M].沈阳：辽宁大学出版社，2007：30.

（三）领导的行为

高校教育管理领域的领导行为可以被划分为两大类，即创建组织机构的行为和体贴关心下属的行为。高校作为一个特殊的社会系统，其组织结构、目标以及成员之间的人际关系都赋予了高校教育管理领导行为以独特的内容和意义。高校作为一个知识传承和创新的中心，其组织结构需要合理安排，以促进教学和科研任务的有序推进。领导者需要明确界定各个层次的职责，确保信息的流通畅通，为实现教学和科研目标提供合适的支持。特别是在高校的背景下，领导者要全面关注教学和科研任务，还需要协调后勤等支持工作，以提供一个优质的教育和研究环境。这需要领导者在创建组织机构的过程中，灵活调整和平衡各个方面的要求，以推动高校整体发展。高校教育的核心是人才培养，而领导者在与下属的互动中需要表现出友好、支持、尊重和关怀的态度。这种关心不仅有助于构建融洽的人际关系，提升团队合作氛围，还能激发下属的积极性和创造力。在高校教育管理中，领导者需具备倾听能力，愿意接受下属的建议和意见，为其提供所需的支持和帮助，以促进整体工作效率的提升。体贴关心下属的行为不仅有助于高校教育目标的实现，还能构建一个积极向上的管理氛围。具体而言，在完成高校教育目标的过程中，为了实现目标而履行领导职责的时候，应关注的领导行为有以下几方面：

1.行政领导者行为

行政领导者的行为是负责人在行使领导职责时所表现出的特定方式和态度，其职责是推动集体活动以实现或改变目标，需要在激励、协调和指导等方面发挥积极作用。如果行政领导者无法履行有关职责，将会失去对领导责任的实际履行。在高校教育管理中，这种行为对高校的发展产生了无形影响，高校教育管理中的行政领导者需要在多个方面展现领导行为，他们应该具备激励能力，能够激发教职员工的积极性和创造力，以推动他们全身心地投入教学、科研和管理等工作中。领导者以奖励、表彰和晋升等积极的激励手段，可以鼓励员工为高校的发展作出更大的贡献。高校作为一个复杂的组织系统，涉及各个部门、学院和专业的协同合作。领导者需要在不同部门之间建立有效的沟通渠道和合作机制，解决可能出现的冲突，以确保高校的各项活动能够协调一致地推进。行政领导者需要向下属提供明确的方向和指导，确保下属员工能够清楚任务目标，了解实现方法，并且知道如何具体操作。良好的指导能够帮助员工更好地理解领导的意图，提高工作效率和质量。高校教育管理中，每个高校都有其独特的特点和发展方向，因此，行政领导者的行为在不同高校之间也会有所不同。不同学校的教师、学生以及校园文化都存在差异，这对于行政领导者来说是需要考虑的因素。他们需要根据具体的环境和条件，灵活地调整领导行为，以适应不同的情况和任务。

2.组织集体中的领导行为

高校教育系统内，各级领导者的角色至关重要，他们需要为实现组织目标创造一系列的条件。领导者的行为对于组织目标的达成具有直接和间接的作用，这些作用既包括直接参与具体工作，也包括对工作的影响和指导。领导者的直接作用体现在多个方面。需要建立适当的组织机构和工作程序，以确保高校教育系统内各个部门的协调运作。领导者将工作与职责明确分工，能够优化资源配置，提高工作效率。领导者负责指定合适的人员来承担特定任务，确保每项工作都有专业人士来负责，从而提升整体工作质量。领导者还需定期检查和督促下属的工作，确保任务按时完成，保证高校的教育活动正常运行。还可以聘请专家，为高校的发展提供专业支持和意见。[①]

而领导者的间接作用则体现在影响和引导方面，可以倡导特定的领导风格，例如，积极的鼓励和支持以及适时的奖惩措施，从而影响员工的积极性和工作态度。领导者制定的晋升标准和奖励政策，也会潜移默化地影响员工的行为和动力。间接的影响将会影响整个教育系统的运作，从而影响组织目标的达成。在实际情况中，领导行为既可能产生积极作用，也可能带来干扰。领导行为具有权威性，因此，必须分层、适度、有效地运用。分层的领导行为意味着不同级别的领导应有不同的职责和作用，以避免越级行为和混乱。领导行为的积极性要确保对组织产生正面效果，避免产生负面影响，以免干扰教育系统的运作。适度的领导行为是指行为的力度和频率要在合适范围内，避免过度干预或干预不足。有效的领导行为是与管理活动的结果相一致的，通过管理活动的结果来验证领导行为的效果。

① 卢新吾.当代高校教育教学管理科学研究 [M].长春：吉林大学出版社，2010：33.

二、高校教育管理的目标与方式

高校教育系统在整个社会系统中拥有其独特的活动主体和目标，这使得高校教育管理与其他社会系统的管理存在差异，呈现出独特性。高校教育的总体目标是培养高级专门人才、推动科学技术发展，并与社会经济的需求相契合。高校教育管理的任务在于，在这一总体目标的引导下，通过协调战略规划和资源分配的制度与机制，实现高校教育系统的协调发展。因此，高校教育管理的实质是解决有限资源投入与实现高校教育总目标之间的高效率矛盾。高校教育系统无论如何分解成子系统，都要求各个子系统在目标上达到协调一致。意味着每个子系统的目标与整体目标要一致，并要求每个子系统的目标与内部组织成员的个体目标相协调。更为关键的是，每个子系统的目标与实现这些目标的条件之间必须相互协调。从而使得管理活动具有整体性和普遍性，即每个子系统都需要协调。高校教育系统内部的层次性特征导致高校教育管理也呈现出层次性，形成了一个多层次、多级别的专门管理系统，即高校教育的管理体系。协调贯穿于各个子系统之间，在进行目标设计、资源分配以及分析活动信息时都需要协调，主要是通过制定政策、制度以及运用一些技术手段来实现的，旨在协调系统内成员的活动，以达到系统所设定的目标。而这些管理人员，也称为管理者，从事这些专门活动所构建的有机整体即为管理体系。

规模较大的集体协作劳动需要有指挥，以协调个体活动并执行生产总体运动产生的各项职能。在一个组织中，当多个个体协同工作时，需要有协调者来指导、调度和监督各项活动，以确保整体目标的达成，从而体现管理的协调功能，通过协调各种活动，使整个系统协同运作，达到更大的效益。管理不仅仅是一种活动，还需要有特定的管理者。管理者负责领导和指导组织的运作，确保各个部门之间的协调和合作。管理者的角色是重要的，他们需要具备领导能力、沟通能力和协调能力，以推动整个组织朝着共同目标前进。管理是执行生产总体运动所产生的各项职能，管理活动涵盖组织内各种职能和活动的协调与指导。管理者需要在保持整体目标的前提下，合理分配资源、制定计划并监督实施，确保各项职能相互配合，实现高效的生产和运作。管理者不仅要指挥和协调他人的活动，同时也要将自身置于管理活动之中，以取得最终成效。这就要求管理者具备全局观念，能够有效地平衡自身的工作和协调他人的需求，以达到整体目标。且管理的目的是取得比各个独立活动之和更大的效益，管理者的使命是通过协调和引导，使各项活动相互促进，从而达到整体效益的最大化。[①] 管理活动的核心在于优化资源配置，促进合作，实现整体目标。

从国家或地区的角度来看，高校教育在整个社会背景中具有重要地位。政府在高校教育中的协调作用，旨在实现高校教育在层次、规模、结构、水平、质量和效益等方面的协调发展，使其与社会的政治、经济和文化发展相适应。如果高校教育与社会发展不协调，就需要进行调整和协调。考虑到高校教育的组织——学校，不同地区、体制、机制和管理者的差异，导致不同类型的学校存在。诸多差异带来了各种矛盾，如总体目标与部分目标的矛盾、长期规划与近期打算的矛盾、整体利益与部门利益的矛盾、组织利益与个人利益的矛盾等。如果这些矛盾不能协调解决，将影响高校教育系统的正常运行和健康发展以及高校教育效益的最优化。高校教育的协调任务与高校教育管理的本质要求是相互契合的，涉及各层次、各类型高校之间的协同合作，以确保整体高校教育系统的协调性和一致性发展。在此过程中，高校教育管理者起着关键作用。2018 年修订的《中华人民共和国高等教育法》明确规定了高校组织和活动的范围，为高校管理提供了法律依据。因此，高校管理者需要通过权威性和艺术性的领导方式，来调动和协调组织内部的各种资源，实现高效的管理。

深刻理解管理活动中冲突的本质，才能有针对性地进行协调。冲突作为一种社会心理现象，源自于工作群体或个人在追求自身需求时，对其他群体或个人造成挫折的过程。冲突的表现形式是双方的观点、需求、欲望、利益或要求不协调，进而引发激烈的竞争和斗争。冲突作为人类社会的常见现象，具备积极和消极两种影响。从积极角度看，冲突的妥善解决能够推动组织发展，激发工作动力，形成一种促进力量。冲突也能促进信息交流，激发创新意识。然而，从消极角度看，冲突也可能导致情绪压力，影响个体身心健康，尤其激烈的冲突可能造成资源浪费和破坏，未及时解决的冲突则会影响组织正常运转，影响组织目标的实现。因此，应深入挖掘冲突产生的根

---

① 王宝堂.当代高等教育管理与实践路径研究 [M].青岛：中国海洋大学出版社，2018：42.

源，积极寻找解决冲突的途径和方法，以实现有效协调。在协调冲突时，先要深入了解冲突的起因。冲突可能来自不同个体之间的差异、资源分配的不均衡、角色冲突、利益冲突等。了解冲突的本质和根源，有助于明确解决问题的方向。再运用有效的解决方法来协调冲突，一种常见的方法是通过沟通与交流来解决冲突，使各方能够理解对方的观点和需求，从而达成共识。另外，可以通过制定明确的规则和制度，来避免潜在的冲突，通过制定公平的资源分配机制来减少利益冲突。管理者还可以采用协商、调解等方式，寻求双赢的解决方案，从而达到有效的冲突协调。

在集体组织中，成员之间的差异是常见的现象，而成员之间的差异有时候可能升级为矛盾，甚至会演化成各种程度的冲突。冲突可分为不同类型：认知性冲突。源于信息、知识和价值观等方面的差异，认知性冲突在双方逐渐达成一致的情况下会逐渐减轻。感情性冲突。由情感因素引起，常常是非理性因素支配下的结果，也可能由认知因素引发，最终由情感因素支配。个性的抵触是导致这类冲突的常见因素，这种冲突持续时间较长，具有较大的破坏性。利益性冲突。由于个体或群体在问题处理时所追求的利益不同所引发，个人和群体的利益关切不同，以本位出发可能引发矛盾和冲突，但随着利益再分配，这类冲突是可以克服的。

潜在的冲突因素在日常社会活动中无处不在，一旦出现刺激因素，那么则有可能升级为实际的冲突。因此，管理者需要具备识别、预防和解决冲突的能力。有时候，冲突源自于信息不准确、知识的差异或价值观的碰撞。在这种情况下，通过沟通和交流可以消除误解，使双方更加了解对方的观点和立场，从而减轻认知性冲突。而在情感性冲突的情况下，情感管理和人际关系的修复至关重要，管理者应该引导成员以理智和冷静的态度看待问题，避免情感的高度参与导致冲突加剧。至于利益性冲突，合理的资源分配和协调方案可以降低冲突的可能性，同时需要建立公平的机制来平衡各方的利益，避免出现利益的不均衡。产生冲突的一般原因如图 2-1 所示。

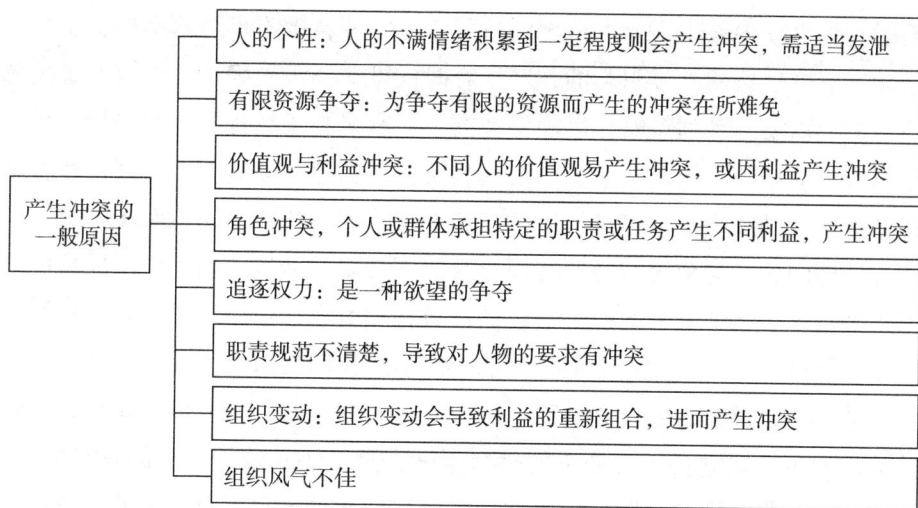

图 2-1　产生冲突的一般原因

冲突的结果通常可以归结为三种情况：一方胜利，一方失败；双方都受损；双方都获得胜利。前两种结果都不理想，因为它们可能埋下更大冲突的种子，需要在管理过程中尽量避免。最好的结果是双方都感到满意，这种解决方案在有效协调下实现，强调协调的目标和意义。

有效协调并解决冲突的方式如下：

在高校教育管理中，冲突的一种常见类型是认知性冲突，在宏观层面体现为高校教育如何与国家政治、经济、文化的发展相协调，如何规划不同发展时期以及高校教育的科类层次结构等问题。而在微观层面，冲突可能涉及学校的定位、资源运用、培养目标、课程内容、教学与科研等具体方面。解决认知性冲突的关键在于增加交流与协商的机会，消除误会和信息不全所导致的认识差异。领导者在这一过程中发挥着重要作用，需要同时具备权威和协调能力。为实现认知统一，领导者应促进学习和研究，开展对高校的教育思想、教育观念的广泛讨论。此种方式可以缓解认知性冲突，使各方在方向上达成一致，提高整体认知水平。提供公开的交流平台和场所也是解决冲突的有效方法，结合开放的讨论和交流，消除可能导致冲突的因素，促使组织成员和冲突各方在认知上趋于一致，不仅有助于消除矛盾，还能增进组织成员之间的合作和理解。

在高校教育管理中，感情性冲突作为一种非理性的冲突，主要在微观层面的具体事项中显现出个人情感的色彩，可能源自微不足道的小事，也可能是冲突双方性格的差异引起的，甚至有时候可能找不到确切的原因。解决感情性冲突需要一系列策略，以确保冲突不会影响高校教育的顺利进行。提升组织成员的心理素质至关重要，使其具备应对情感冲突的能力。高校教育管理者应该鼓励组织成员培养情感调控和冲突管理的技能，使他们能够更好地处理情感问题，避免因情感冲突而导致的不必要的麻烦。提高组织成员的认识水平是解决感情性冲突的关键，结合教育和引导，让组织成员意识到冲突往往源自微不足道的问题，但它可能会产生严重的后果。帮助他们理解冲突背后的影响以及为了整体利益而放下个人情感的重要性，有助于减少感情性冲突的发生。建立合理且公正的奖惩制度也是解决感情性冲突的途径之一，在管理中，坚持规章制度的原则性，对因感情冲动导致不良后果的组织成员进行适当的处理。以公正的奖惩机制有效地约束个人的情感用事行为，维护组织的稳定和秩序。采取感情牵引的策略也有助于解决感情性冲突，引导组织成员的情感，将其集中于实现共同目标上，从而转移注意力。完善目标管理制度，确保每个成员都专注于实现高校教育的使命和目标，可以在一定程度上减少因个人情感而产生的冲突。

在高校教育管理中，利益性冲突作为一种常见类型的冲突，经常涉及各方追求最大利益的需求。利益冲突的协调方法至关重要，以确保组织的凝聚力和目标的达成，同时避免过大的破坏。利益冲突的处理涉及一个平衡的过程，如果利益的消长或损益幅度处于某一可接受的程度范围内，这种冲突对集体凝聚力和组织目标可能不会造成过大影响。然而，一旦超出这个程度，就可能威胁到整个组织或系统的稳定。因此，需要着重解决并能够解决的利益冲突基本上是处于这两个极端之间的情况。利益冲突的本质是各方在追求最大利益的过程中产生的，冲突的焦点通常是利益，但在每个个体的视角中，利益的理解是不同的。高校教育管理中，当冲突出现时，往往涉及无数个个体利益或多个不同规模的共同利益。然而，尽管存在多种利益，最大的共同利益却是唯一的。

在高校教育系统中，各个子系统以及更小的群体和个人，都追求着各自的切身利益。举例来说，高校教师在履行教学和科研任务的同时，也在追求着个人的职务晋升和自我价值的实现。个体利益的存在往往引发了矛盾和冲突，如何妥善处理这些冲突，成为高校教育管理中的一项重要任务。职务晋升是可能引起冲突的一个核心因素，教师们渴望通过职务的提升获得更多的权利和回报，然而，晋升的机会和标准往往在不同学校或部门之间存在差异，这就可能引发教师之间的竞争和矛盾。因此，制定公平合理的晋升方案显得尤为重要，一个明确、透明的晋升机制可以有效地减少利益冲突，为教师们提供一个公正的竞争环境。高校教育系统中还存在许多其他方面的利益冲突，如人事任免、经费分配、改革方案实施等。在这些领域，不同部门和个体往往对资源的分配和政策的制定存在不同的期望和诉求。如果这些矛盾和冲突被忽视，将可能影响到整个教育系统的稳定和发展，也会削弱教职工的积极性和创造力。解决利益冲突的方法可以从两个方面入手，一是通过政策法规来进行约束和引导，明确各种利益关系，确保整体利益与局部利益之间、不同个体之间的关系是公平合理的。政策法规的制定和执行，可以为教育管理提供一个统一的规则框架，从而减少不必要的争议和冲突。二是以思想政治工作解决利益冲突，将物质奖励和精神鼓励相结合，使个体能够在追求个人利益的同时，也能够认识到国家、集体、个人之间的关系。加强教职工的集体意识和团队合作精神，从而在矛盾和冲突出现时能够更好地处理。

第三节　当代高校教育管理的特点

事物之间的区别在于其各具一定特点，了解了高校教育管理的特点，才能够遵循其本质规律，并有针对性地解决管理活动中存在的各种矛盾，清楚地进行各种管理活动。

一、高校教育管理目标的特殊性

高校教育体系所追求的独特目标，直接影响高校教育管理的特殊性。高校教育的目标是根据其独特职能而设定的，因此，管理活动在功能和目标上也提出了特定的要求。高校教育管理的使命在于通过计划、组织、协调和控制等手段，使高校教育更好地适应社会发展需求和生产力的变革。此种需求不仅反映在教育层次、结构、规模和质量上，也要求在教育管理中充分体现。在微观层面上，高校教育管理旨在确保组织内每个成员遵循高校教育规律，更好地实现既定目标，而目标是基于高校教育规律和社会需求的考量而制定的。因此，高校教育管理的协调活动必须以高校教育的本质为指引，而不能简单地借用企业管理的方式和方法。高校教育的微观管理活动的根本目标是致力于更好地培养人才，提升人才素质。与企业管理强调经济效益不同，高校教育管理以知识的传授、人才的培养为核心，着眼于社会和国家的长远发展。

在市场经济体制下，关于高校教育是否应该考虑经济效益的问题一直备受争议。政府行政管理部门往往避而不谈这个问题，似乎讨论经济效益会导致教育方向的偏移，而不谈经济效益则可能使教育陷入困境。在这个市场经济体制下，几乎没有组织可以忽略经济效益，也没有管理活动可以不考虑经济效益。与行政管理、企业管理等其他形式的管理有所不同，高校教育管理面临的挑战在于如何在社会效益和经济效益之间找到平衡点，将二者有机地结合起来。这是高校教育管理工作者需要研究的问题之一，也体现了高校教育管理目标的独特性。

高校教育管理具备两个关键的目标功能，其致力于将系统内的各种关系和资源融合，从而构建一个紧密的整体，是所谓的管理的"维系"功能。高校教育管理以整体目标为中心，充分激发要素的主动性和积极性，以更好地实现整体目标，即是管理的"结合"或"放大"功能。两种功能的协同作用可使高校教育管理在保持内部协调的同时，推动整体目标的顺利达成。

二、高校教育管理资源的特殊性

高校教育管理资源的特殊性具体体现在以下几个方面：

其一，高校教育管理的独特性根植于其特殊的组织成员。高校作为一个特殊的社会群体，由一部分高级知识分子和青年学生构成，而这一特殊性决定了高校教育管理资源的特殊性。其中，教师作为高校教育系统的核心成员，是知识的创造者和传播者。因此，教师的管理应该考虑到他们在知识领域的专业特长和创造性，以便更好地激发他们的教育热情与创新精神。学生作为另一个主要组成部分，正处于青春期的身心发展阶段，需要关注他们独特的成长需求。因此，高校教育管理应根据学生的发展特点，提供适当的指导与支持。在高校教育管理中，强调一种自我管理。自我管理在任何管理中都是存在的，但在高校教育管理中，其重要性更加凸显。高校管理对象需要培养自我组织和自我发展的能力，促进他们主动参与学习和发展。这种自我管理不仅有助于学生的综合素质提升，也能激发教师更深层次的教育责任感。高校教育管理的目标之一就是培养学生的自我管理意识，使他们能够在学习和生活中更好地应对各种挑战。高校教育管理在理念上也有独特之处，高校教育系统的主体成员不仅需要获得专业知识，还需要培养综合素质和创新能力。因此，高校教育管理强调的是以人为本，注重个体发展和人格塑造，而不仅仅是知识传授，并要求教师具备更广泛的教育视野和教育方法，以满足不同学生的需求。

其二，高校教育管理中面临着教育经费的特殊性。教育经费的管理是一项错综复杂的任务，因为经费的用途多种多样，有时难以通过绝对的数量来衡量。与企业管理、行政管理等领域不同，教育经费的投入不一定能够立即见到明显的成效，经济回报率相对较低。高校教育管理者在管理教育经费时需要综合考虑长远效益以及资源分配的合理性，要求管理者具备深刻的理解和灵活的决策能力，以便有效地支持高校的教育发展。

其三，高校教育管理中还涉及教学与科研物资的管理，且同样具有特殊性。这些物资并非纯粹的生产性资源，而是基于教学和科研功能构建起来的，用于支持教育、实验、实习和科学研究等活动。并非仅仅是设备的集合，而是构成教学实验和科研的基础平台。因此，它们的管理需要更多考虑到资源的特定用途以及如何使其在教学和研究中发挥最大价值。

高校教育管理的特殊性在于其所涉及的教育资源的特殊性，高校教育资源涵盖了社会在人力、物力和财力方面用于教育领域的总和，资源的特殊性不仅仅在于其投入，还体现在其分配、利用和回报的过程中。可有效利用的高校教育资源主要表现在经费的投资方面，高校教育的主办者必须合理配置经费，以确保教育的质量和效益。[①]与企业的资金管理有所不同，因为高校教育不仅仅是为了盈利，更是为了培养人才、传承知识和推动社会进步。因此，高校教育资源的投入和使用需要更多考虑社会效益，而非仅仅追求经济回报。高校教育资源与社会的区域发展、政府投资密切相关，教育资源的分

---

① 卢新吾.当代高校教育教学管理科学研究[M].长春：吉林大学出版社，2010：52.

配会受到政府政策、区域发展需求的影响。要求高校教育管理者不仅要关注本校的资源情况，还要了解政策环境和社会需求，以便更好地进行资源的合理配置和利用。高校教育资源的特殊性还在于其有限性，虽然高校教育的投入来自多个方面，包括政府、学生家长、学校自身和社会的多方融资，但是高校教育资源相对有限。从而使得高校教育管理者需要在资源有限的情况下，更加巧妙地进行资源分配，以满足教学、研究和社会需求。① 高校教育的特殊性还在于其回报的对象和范围，相比公共事业的普及，高校教育的对象相对有限，因为并不是所有人都能够接受高等教育。促使高校教育的回报相对集中，但也意味着高校教育必须在有限的范围内取得最大社会效益。

进行教育活动是社会中的一个重要方面，需要从社会的总劳动力中划拨出一部分劳动力，包括教育者和受教育者，需要投入学习资源、生活资源，同时需要具备基本的物质条件，如教学场所、图书、设备等。高校教育的财力资源并非像自然资源一样可以通过简单的生产方式获得，而是需要经过长时间的培养和建设，逐步形成。随着社会的发展和需求的不断变化，高校教育资源逐渐构建起来。然而，一旦满足现有的再生产需求，社会可用于教育的资源就会受到限制，难以满足不断增长的社会和个人对教育的需求。进一步引发了教育管理中的一个特殊矛盾：如何在有限的资源下，实现更多的教育目标。这也是社会和教育领域共同关心的问题。在此背景之下，教育资源的获取和有效利用变得至关重要。高校教育管理者需要思考如何获得更多的教育资源，以满足日益增长的教育需求，可通过政府投资、社会捐赠等方式，不断扩大教育资源的来源。

三、高校教育管理活动的特殊性

高校教育管理无论是在宏观层面还是微观层面，都呈现出特殊性，需要针对性的策略与方法。从宏观角度来看，高校教育事业的管理具有战略性和前瞻性。整个高校教育体系的发展涉及长远的规划和多领域的专业知识，所以高校教育管理不仅需要高效的管理者，还需要涵盖民族文化、区域经济、科技水平等多个方面的专家，共同参与规划与决策。高校教育的发展需要与

---

① 王宝堂. 当代高等教育管理与实践路径研究 [M]. 青岛：中国海洋大学出版社，2018：33.

社会需求紧密相连，因此，宏观管理层面的任务就是在多重利益交织中找到平衡点，推动教育事业的可持续发展。而从微观角度看，高校教育管理的特殊性主要体现在协调学术目标与其他目标之间的矛盾。高校的学术目标是教学与研究的双轮驱动，是高智力劳动的追求，要求高校教育管理者不仅要管理日常的行政事务，更需要理解、尊重并保障学术自由。学术目标涉及学术水平和应用价值的衡量，使得管理方法不宜简单套用行政性管理，而需以学术性管理为主要途径。因此，高校教育管理必须重视学术目标，确保教学与研究的有效展开，为师生提供合适的学术平台，促进他们的共同成长。

在高校教育组织中，教师与学生共同构成一个特殊的群体，其双边互动关系决定了教育管理的复杂性。教师在实现教学目标的同时，也参与到教育管理中，与学生一起协同完成学术使命。为了保障这种双边关系的有效性，管理者需营造一种教学民主的环境。教职工在高校教育体系中具有重要作用，他们是知识的源泉和推动者，因此，在管理过程中应该倡导学术自由。学术自由不仅是教师的权益，更是激发教职工创新活力、发挥才华的重要途径。教师可以通过学术自由，在信任和理解中积极贡献，为高校的管理与发展贡献智慧与力量。

第四节　高校教育管理的基本原则

高校教育管理原则是基于一般管理学原理的提出，同时针对高校教育领域的特点进行了调整，必须准确地反映高校教育管理的本质、特点和规律，理论上要完善，实际操作中要切实可行，以全面覆盖高校教育管理的各个领域，有效指导实际操作。高校教育管理的特殊性要求这些原则在高校环境中得到恰当的应用，保障高校教育目标的实现。旨在协调学术与管理目标，平衡资源的有限性，尊重学术自由，推动教学与研究的双向发展，并保障师生权益。将这些原则融入实际管理实践，可以确保高校教育管理活动的有效性和适用性，推动高校教育的持续进步与发展。

一、方向性原则

管理活动具有明确的目的性，其成效取决于所选择的方向是否正确。管理工作需要有明确的目标来指导，而目标代表着管理的方向。在教育领域，作为一种社会性活动，教育必须与社会政治、经济的发展相一致，并为社会服务。教育的核心问题是"培养何种人才"，直接体现了教育管理的方向。在我国新时期，教育方针明确提出教育必须为社会主义现代化建设服务，同时强调培养全面发展的社会主义建设者和接班人。反映了教育的政治方向，还强调教育与生产劳动、社会实践的结合。教育目标的确立是高校教育管理的核心，在很大程度上决定了高校教育的方向和发展路径。高校教育的目标既包括个体发展，也服务于社会的整体需要。培养德智体美劳全面发展的人才，不仅要求学生在知识上有所突破，还需要注重其道德、身体、美感等多方面的发展。意味着高校教育管理需要更加注重学生全面素质的培养及其在社会中的责任和担当。

（一）坚持社会主义的政治方向

无论何种社会制度，教育都具有塑造意识形态和影响学生的重要作用。在高校教育管理中，受到国家的政治经济制度和社会生产关系的制约是不可避免的。我国作为社会主义国家，高校教育被要求具备社会主义意识形态，培养具有坚定政治方向的建设者和接班人。因此，明确高校教育的社会主义性质以及其为社会主义事业服务的定位，是确立正确办学方向的基础。在高校教育管理中，坚持社会主义的政治方向不仅是理论要求，更是现实需要。随着信息技术的飞速发展，发达国家利用其技术优势成为全球信息输出的主导者，控制着全球信息与通信的要害。面对这种局势，必须坚定地坚持高校教育管理的社会主义政治方向。在高校教育管理中，强调社会主义的政治方向具有现实的针对性。人们必须认识到，信息传播在全球范围内具有深远的影响力。发达国家通过掌握信息技术主导着全球舆论的走向，从而影响国家间的关系和国际局势。因此，坚持社会主义的政治方向，对于维护国家主权、提高国际地位以及捍卫国家利益具有重要的意义。

（二）坚持为社会主义经济建设服务

2021 年修订的《中华人民共和国教育法》明确指出，"教育必须为社会主义现代化建设服务"。这里的"服务"包含多个层面，既包括为社会主义政治建设提供支持，也涵盖为社会主义经济和文化建设贡献力量。在社会主义现代化建设过程中，经济建设一直被确立为核心。高校教育的首要任务是培养人才，而其为社会主义现代化建设服务的关键在于培养满足社会主义经济建设需求的各类人才。高校教育的服务定位必须紧密结合国家的发展战略，紧跟社会主义经济建设的步伐。高校所培养的各类人才，特别是应用型人才，应当紧密契合社会主义市场经济的需求，掌握先进的科学技术和管理知识，具备适应快速变化的市场环境的能力。所以，高校教育管理必须具有前瞻性，不仅要关注当前的社会发展需求，还需要预测未来的趋势和需求，以便合理调整教育方向和内容，使之与国家的经济建设紧密相连。高校教育服务于社会主义经济建设的核心在于培养具备创新精神和实践能力的人才，创新是经济发展的重要引擎，而高校应当培养具有创新思维和实践能力的人才，为社会主义经济建设注入新的活力。高校教育管理者应当关注培养学生的实际动手能力，引导他们在学术研究、科技创新和创业实践中积极投身，从而使他们能够为社会主义经济建设作出实质性的贡献。

高校教育在确立办学方向时，必须紧密结合社会主义政治方向与经济建设的服务定位，同时主动适应不断变化的经济和社会需求。高校教育的办学方向既体现其社会性质，也彰显其工作任务和目标，这两个方向相互补充、相互促进，不存在矛盾。政治方向决定高校教育的社会主义属性，而服务方向则体现坚定地践行社会主义政治方向的实质内容。因此，高校教育的方向并不仅仅局限于政治方向，而是涵盖更多的内涵，是一种更为全面的视角，社会主义高校教育的办学方向就是紧密服务于社会主义现代化建设的。

二、高效性原则

任何管理活动都追求提高组织效率和效益，管理的成败与管理目标的设定息息相关，当目标明确，效率便得以提升，效益也会水涨船高。高校教育管理的高效性原则在于将高校教育的本质与特点具体体现，要求通过适当的资源投入，培养更多高级专业人才和高水平的研究成果。高校教育所带来的效益涵盖多个层面，不仅促进生产力的进步，更是塑造精神文明、维系社会延续和发展的不可或缺的手段。其主要体现在提升劳动者素质，培养人才的数量和质量方面。高校教育也在推动科学、文化和技术的发展方面扮演着关键角色。然而，高校教育作为一项需要巨大投入的事业，其发展受到资源的制约。资源投入受到社会经济水平的限制，且受到政治制度、管理体制以及人们教育观念的影响。因此，高校教育管理的核心是在维持经济效益与社会效益之间寻求平衡。经济效益追求以较少的资源投入培养更多的人才，强调在教育过程中合理节省人力、物力和财力。而社会效益强调在办学过程中始终坚持正确的政治方向，全面提升高校教育的质量。两者并非矛盾，而是相互促进的关系。高校教育管理的高效性要求管理员在资源有限的前提下，善于运用各项资源，提高教育的投入产出比，需要制定合理的预算，科学规划资源分配，确保每一笔投入都能够创造最大的价值。高校管理者还需关注教育的社会影响，通过推动学术研究、培养高素质人才等方面的工作，实现社会效益的最大化。高校教育管理的高效性也要求管理者密切关注教育的内在质量，优质的教育不仅能够满足社会的需求，还能够吸引更多的学生，提升学校的声誉。为此，高校管理者需要持续改进教学方法，优化课程设置，提升师资队伍的水平，不断提高教育的质量和效益。

三、整体性原则

高校教育管理的整体性原则是一个基于高校教育系统的特点，并以培养高级专门人才为目标的指导原则，要求将各项工作有效协调，同时充分考虑社会环境的影响。高校教育的核心任务在于培养人才，这不仅需要合理组织教学，还必须包括思想教育、师资培养、科研工作以及后勤管理等多个方面的协调。除了人才培养，高校还承担着开展科学研究和为社会提供服务的使命。因此，高校教育管理的目标不限于教育教学活动的管理，还包括教育、科研和社会服务等综合活动的全面管理。无论是人才培养、科学研究，还是社会服务，都与社会系统密切相关，且必须与社会的经济、政治、科技文化等因素相协调。因此，将高校教育管理放置于整个社会环境中进行考量是至关重要的。高校教育管理的整体性体现在协调各项工作的同时，将社会因素纳入考虑。高校作为社会的重要组成部分，其活动必须与社会环境相一致。

管理者需要在制定教育、科研和社会服务等方面的计划时，深入分析社会的需求和趋势。综合性管理需要具备系统性的思维，并且应时刻保持对社会动态的敏感性。

高校教育管理的核心原则是将培养人才置于首要位置，所有活动都应围绕这一任务展开。在政府对高校教育的宏观管理层面，重要的是做好培养人才的决策和整体控制，包括对人才培养需求的预测和规划，确定培养规模、发展速度、结构布局等，同时通过法规、拨款、组织、计划、协调和评估等手段来确保人才培养的质量和数量。高校内部的管理也应如此，各部门的工作都应以学生为中心。教学和思想教育工作应遵循培养人才的成长规律，科研和生产工作应与教学相结合，后勤工作则应为教学和科研提供支持，避免各自为政，而是协同合作。

高校教育管理需要巧妙地平衡教学和科研的关系，使这两者相互交融、相辅相成。教学作为高校培养人才的主要方式，绝非仅限于课堂授课。教学包括引导学生获取间接知识，培养他们的学习方法和思想品德。教学活动旨在传递知识、培养智力、发展能力以及塑造良好的品德，而科学研究则是培养人才的重要途径之一，将科研融入教学过程是高校独特之处，为学生提供全面成长的环境和机会。学生通过参与科学研究能够更加有目标地学习，主动掌握研究任务所需的理论知识，培养积极思考和创新能力。科研能够塑造学生严谨治学态度、踏实工作作风以及团结合作的精神，有助于促进师生之间的信息交流，让教师更深入地了解学生，实施个性化教学，激发学生的潜能和主动性。科研也提升了高校教师的学术水平，充实了教学内容，改进了教学方法，持续提升教学质量。高校教育管理中，不应将教学和科研视为对立，而应将其融合为一个有机整体。教学和科研相辅相成，互相促进。教师在科研中积累的新知识、新方法，可以直接运用于教学过程，提升课程的深度和实用性。相反，教学中的问题和需求也能够激发科研的创新方向，使科研更紧密地服务于教学目标。在这种互动中，高校教育的质量和水平会得到全面提升。

科学研究在已有知识基础上寻找新知，加深对客观世界规律的理解，是认识活动的延伸。科学研究可以将生产实践和科学实验成果归纳为理论体系，还能不断补充人们的知识和能力，从而支撑各学科的教学。在这个意义上，科学研究是知识的"源泉"，而教学则是这源泉的"流"，科研始终领先于教学。尽管教学中所传递的理论知识并不要求每位教师都在自己的研究中得以验证和积累，但现代科技的迅速进步使高校教师必须进行科学研究，及时了解和掌握本学科及相关领域的最新进展和发展方向。仅仅依赖传统的教材知识，而不持续关注科技的最新动态，难以提升高校教育的质量，也无法培养适应现代科技迅速发展和现代化建设需要的合格人才。科学研究是推动教学不断发展的动力，通过创造新知识、解决实际问题、提出创新观点，为教师赋予了更深入的学科理解和思维方式。新颖的想法和发现能够融入教学内容，使教学更具活力和现实意义，能够使教师传达更加前沿和实用的知识，激发学生的思考和创新能力。

高校肩负着促进科学文化发展的重要使命，现代科学技术的飞速进步，高科技与生产力的融合加速，高新技术产业在经济中的份额不断扩大，科技在经济发展中的作用日益显著。21世纪成为高新技术迅猛发展的时代，我国正处在改革开放和现代化建设的关键时刻，科技的进步对国家的经济建设和社会发展愈发至关重要。基于此种背景下，高校特别是优势高校的科研工作显得尤为紧迫。

现代高校肩负着多重社会职能，其中直接为社会服务是不可忽视的一环。高校的职能包括培养人才、开展科学研究和为社会服务，这三者相互交织、相互促进。高校根据各种形式的社会服务，能够更好地联系社会，使学生更深入地了解社会需求，增强学生主动适应经济和社会发展的能力。同时有助于高校教学更好地融入实际，培养学生解决实际问题的能力，提升教学质量，激发教职工的积极性。然而，在直接为社会服务的过程中，高校必须牢记培养人才是其根本任务。评价高校工作的核心指标是人才的质量和数量，而非仅仅经济收益的多少。为了避免只追求短期经济效益，高校需要平衡好培养人才与直接为社会服务之间的关系。高校应加强内部管理，合理分配社会服务收益，以确保教学质量和学术水平不被疏忽。只有在综合考虑的基础上，高校才能在培养人才和为社会服务之间取得平衡，调动各方积极性，特别是教学一线教师的积极性。

四、民主性原则

高校教育作为一个开放的系统，必须与社会发展相适应，这是其发展的内在规律。历史已经充分证明，高校教育的使命在于追求科学与民主。科学的追求保障了高校教学和科研的蓬勃发展，而民主的发扬则是实现科学追求的关键。高校教育管理中的民主性原则，源于高校教育的封闭性与开放性相互融合的规律。要在这样既封闭又开放的环境中有效经营高校，激发师生员工的积极性和创造性，发扬民主精神成为必然之举。

高校教育管理的民主性原则可以被概括为：以广大教职工和学生为基础，实行民主治理，鼓励社会参与高校教育管理。高校教育领域聚集着各方面的人才，充满着学术思想的活力，因此，高校管理必须充分尊重并体现学术自由的核心特征。教学与科研在高校的本质上都是学术活动，均需要充分的思想自由和民主制度的支持。因此，高校教育的民主管理原则具有特殊而重要的意义。从管理对象的角度来看，教师和学生在高校中既是被管理的对象，又是管理的主体。教师和学生都共同参与学术性极强的教学、研究和学习活动，是知识创造的重要推动者。他们倚重内在驱动力，通过积极性和主动性来实现管理目标。教师负责执行学校的培养目标、教学计划和教学大纲，同时在教学内容和方法的改革中起着关键作用。学生则是学校教育的受益者，通过自主学习来积极参与知识的探索。教师和学生的积极性被调动，可以增加内部的凝聚力，且利于他们对管理者的理解和信任。不仅如此，对管理措施的改进和管理效果的提高，积极性的调动也有着积极的作用。高校的管理并非一种单向的控制，而是一种协同互动的过程。高校的管理者应当以教师为主导，激发其积极性和创造力，并在决策过程中广泛听取学生的意见。教师作为知识的传播者和创造者，是高校管理的重要力量，其专业见解和经验将为高校管理提供宝贵的建议。学生则能够提供消费者的角度，为教学和管理提供宝贵的反馈。通过教师和学生的共同参与，高校管理可以更好地适应不断变化的教育需求，使决策更加准确和贴近实际。

高校作为知识的殿堂，涵盖众多专业课程，承担着教学、科研、生产、思想教育、后勤以及校内外关系等多方面的任务，伴随着众多工作人员的辛勤付出，使得高校的管理任务显得极为复杂。高校管理的广泛性和多样性使其成为一门复杂的学问，每一所高校的管理者都无法全面掌握各个专业、课程和领域的细节。在这个意义上，凝聚广大教师职工的积极性，广泛征集智慧，实行协同治理，才能够切实将学校管理好。尤其在涉及教学、科研和学科发展的重大决策中，更需要尊重和充分听取教师们的意见，因为他们在各自的专业领域内是权威专家，从中汲取智慧将有助于保障决策的准确性。高校管理的复杂性在于其内部涵盖众多学科领域，从文科到理工科，从人文关怀到实践应用，无一不需要专业知识的支持。在教学环节，教师需将理论和实践相结合，传授知识的同时引导学生培养创新能力。科研则是高校不可或缺的一部分，各个学科的发展需要教师进行前沿研究，为学科的进步贡献力量。而学科建设更是与高校的声誉息息相关，需要深入思考和有效决策。在这一系列的复杂任务中，教师是不可或缺的关键力量。他们具备丰富的学科知识和专业经验，是学术领域的专家。因此，在高校管理中，必须尊重教师的专业意见，广泛听取他们的看法。特别是在涉及重大教学改革、科研方向规划等决策时，教师能够提供宝贵的建议，从而保证决策的合理性和有效性。

针对政府对高校的管理，高校教育呈现出学术性强、学科门类多等特点。在这个背景下，主管部门的职责在于尊重专家学者的建议，赋予高校学术自由和适度的办学自主权，以避免过多的行政干预。高校作为知识的殿堂，其独特性需要得到保护，以保障学术活动的自由发展。政府在管理中应坚守尊重和引导的原则，给予高校更大的灵活性。高校的多样性也是其一大特点，因为社会对高校教育的需求是多元化的。基于此种情况，高校需要发展出自己的特色，以满足社会的不同需求。政府在这一过程中的作用在于提供宏观控制和协调，为高校创造良好的运作环境和条件。以财政支持、政策引导以及法规约束，政府可以引导高校主动适应社会的变化，实现自身的优势特色，并且在满足多样化需求的同时保持教育质量。在高校教育管理中，民主性原则是至关重要的。制定决策的民主化、执行决策的民主化以及评定决策执行结果的民主化，构成了高校管理的核心。决策的制定应该广泛听取专家、教师和学生的意见，以集思广益，确保决策的科学性和可行性。而在决策的执行过程中，也需要广泛征求相关人员的意见，以保证决策能够顺利实施。对决策执行结果的评定也应该民主化，充分了解实施效果，进一步优化管理策略。高校教育管理的民主性原则不仅体现对专家、教师和学生的尊重，更是推动高校向更高水平发展的重要手段。民主决策的过程能够融汇各方智慧，凝聚共识，从而增强管理措施的有效性和广泛性。因此，政府应该倡导和推动高校内部的民主参与，为高校创造开放的环境，促进管理的民主化和科学化。

五、动态性原则

一切事物都处于不断变化之中，管理也不例外。管理是一个动态发展的过程，需要根据管理对象和内部要素的变化做出相应调整，以实现整体目标。管理对象与系统内部要素的不断发展变化，外部环境的变化，都影响着管理的实质。因此，管理过程需要持续适应和应对这些变化，确保管理的有效性和适应性。在这个不断变化的背景下，管理者需要灵活运用策略和手段，以确保管理目标的达成，并在不断变化的环境中保持稳定和可持续的发展。

我国正处于社会转型期，社会各个方面都在不断变化，高校教育也必须紧密适应并推动社会经济、文化、科技等领域的变革。高校教育作为社会技术系统，与外部环境互动，形成不断变化的关系。管理活动与管理对象、环境之间存在本质联系。高校教育管理需要同时考虑两方面的动态特征。一方面，高校教育活动必须遵循基本原理和规则，保持相对稳定和秩序；另一方面，管理的对象、内容、方式、手段都在不断演变，要求在运用管理原则时保持灵活性。在高校教育管理过程中，需要在相对稳定的基础上灵活应对变化，任务的完成、组织结构、技术应用和参与人员都处于动态状态。高校教育的基本原则应该为教育活动提供基准，保持秩序和稳定。管理的对象和环境的变化要求管理者具备灵活性，随时调整策略和方法，以确保高校教育适应社会的发展趋势。动态管理的方式能够使高校教育真正与社会变革相契合，保持活力。在社会转型背景下，高校教育管理者需要保持开放的思维，密切关注社会变化，及时调整管理策略。高校教育管理灵活应对变化可以更好地适应新的挑战和机遇，为培养适应未来社会需求的人才提供更加有针对性的教育。

高校教育管理的动态性显而易见。随着现代科技的迅速发展，社会对高校教育的需求不断演变，对高校提出的条件也在变化。为了与社会保持良好互动，高校教育必须积极提升适应社会发展需求的能力，持续进行改革和创新，高校教育体制改革的目标是构建能够主动适应国民经济和社会发展需求的有效机制。高校作为一个学习与教育的场所，每年都有新生加入，同时也有毕业生离校。教师队伍也需要根据需求进行适时调整和补充，教学和科研设备也在持续更新。在经济、政治和科技等领域深化改革的背景下，高校也面临着新的挑战。所以，高校管理必须持续变革以适应变化的环境，管理者需要灵活地应对学校内外的各种变化，确保高校教育的质量和效益。高校教育不仅要满足传统学科的需求，还需要紧跟社会的创新趋势，培养符合时代发展需要的人才，高校应在教育内容、教学方法以及培养目标等方面不断创新。高校教育应该成为引领社会变革的力量，为社会提供具有创新精神和实践能力的人才。

高校教育管理的动态性原则在于通过持续的改革来积极适应经济和社会的发展需求，应以发展的战略视野审视问题，认识到事物都在不断变化，唯有通过改革才能推动教育的进步。只有持续的改革，高校教育才能保持生气和活力。还需要妥善处理好变革与稳定之间的关系。一方面，不能僵化地坚持旧有的体制，保持现状，而应不断推进改革以适应新的情况；另一方面，也不能一味否定过去的经验，应充分挖掘和继承有益的成果。在此过程中要保持稳定性，避免盲目追求变革而导致不必要的混乱。高校教育管理的动态性原则还要避免急功近利，防止朝令夕改的情况出现。尤其在高校教育改革方面，需要审慎对待，充分权衡利弊，确保每一项改革都有充分的准备和论证。

高校教育管理的动态性源于高校教育必须与社会政治、经济、科技、文化的需求相契合，社会不断变化，高校教育必须紧跟政治、经济、科技的进展，不断进行改革，以适应社会的要求。管理的对象和外部条件的变化，以及新情况的不断出现，需要管理者不断总结新经验，解决新问题，从而确保高校教育保持活力，与时俱进。高校教育管理的动态性，实质上是高校教育在变化的社会背景下不断调整自身，以更好地满足社会和个体的需求。

以上所述的五条原则构成了高校教育管理的基本框架，具有普适性。方向性原则阐明了高校教育的社会主义本质和发展方向，为培养目标的确立提供了根本指引。高效性原则则强调管理的效率与效益，突出管理工作的核心要求。整体性原则强调高校教育的综合性，促使各项工作紧密配合，协同运作。民主性原则贯穿于整个管理过程，为积极开展管理活动创造了良好的环境，使管理者和被管理者都能积极参与决策。动态性原则则强调高校教育管理必须不断调整，以适应不断变化的外部和内部环境。这五条原则相互交织、相辅相成，共同构成了高校教育管理的完整框架。它们并非孤立的，而是相互制约、相互促进，为高校教育管理提供清晰的指引。在实际工作中，这些原则能够为管理者提供明确的方向，帮助他们在复杂多变的情境中作出决策。以上原则也为高校教育的稳定发展和不断创新提供了支持，管理者可以根据这些原则的指引，灵活运用各种管理方法，使高校教育管理不断优化和完善。

第三章 互联网时代下的高校教育管理改革的分析

第一节 互联网时代下高校教育管理改革的必要性

一、互联网对高校环境产生的影响

高校教育管理领域面临着互联网发展所带来的双重影响。一方面，互联网的广泛普及为高校教育管理带来了难得的发展机遇。高校可以通过互联网技术，更高效地管理信息流动，实现数据共享，提升管理效率。互联网还为教育管理提供了创新空间，例如，在线教学平台、学生信息管理系统等的引入，极大地拓展了教育管理的边界。而另一方面，互联网的普及也带来了新的问题，给教育管理工作带来了巨大的挑战。数据安全、隐私保护等问题在互联网环境下变得尤为重要，高校需要采取措施来保障学生和教师信息的安全。互联网的发展也加剧了信息不对称的现象，使得虚假信息传播等问题愈发严重，需要高校在信息监管和教育引导方面投入更多精力。

（一）互联网为高校教育管理工作创造了新机遇

当前，我国高等教育领域存在着一系列问题，如高等教育大众化、个性化、终身化和实用化等，而正是互联网的广泛普及，为这些问题的解决提供了新的契机。互联网在教育中的应用可以激发学生的学习兴趣和好奇心，增强他们的学习主动性。学生可以通过多样化的在线学习资源和互动平台，更加自主地掌握知识，培养自学、自教、自用的能力。教师也能够更加及时地更新教学内容，提升自身教学水平，因此"教与学"的效果能够得到有效提升。网络高等教育的推广突破了传统教育的时间和空间限制，使高等教育真正实现了大众化和终身化。学生不再受地理位置和时间限制，可以根据个人的情况和需要选择合适的学习时机和方式，使得教育真正走向"随时随地"。互联网的发展使得个性化教育和按需学习成为可能，教育平台可以根据学生的兴趣、能力和学习进度，为他们量身定制教学内容和学习路径，从而实现更加精准和针对性的教育。互联网应用也将改变传统的教学模式，学生将从被动的接受者转变为积极的参与者，从"教师'教'，学生'学'"的模式演变为"学生'自学、自教、互教'，教师引导为主，教授为辅"的模式。① 将会促进学生思维的开放性和创新性，培养他们的合作精神和团队合作能力。

应用互联网进行教育管理工作相对传统方式而言，为教育管理带来了广泛的发展空间。互联网为教育管理工作提供了更广泛、更丰富的内容，在线平台和数字化资源能使教育管理跳脱传统的限制，提供更多元化的信息和学习资源，满足不同学生的需求，丰富教育管理的内涵。互联网促使教育管理工作的方式和方法发生转变，传统的教育管理可能更加倾向于单向的信息传递，而互联网则鼓励交互、合作和创新。在线学习、虚拟课堂等方式的引入，使教学变得更加活跃和互动。互联网开创了新的教育管理途径，在线学生信息管理、成绩跟踪、课程安排等工作可以更加高效地进行，学生和教师之间的沟通也得以便捷实现，为教育管理带来了更便利的方式。互联网创造了全新的高校教育管理环境，虚拟的学习空间、在线学习社区等构建了一个更加开放和多元的教育生态，激发了学生的创造力和参与度，同时促进了教师的专业成长。明显可见，应用互联网进行教育管理工作不仅是社会发展的需要，也是教育管理自身特点的延伸。这种变革为教育管理提供了更多的可能性，为实现高质量的教育提供了新的平台。

---

① 尹新，杨平展．融合与创新 高校教育信息化探索与实践 [M]．长沙：湖南科学技术出版社，2018：60．

（二）网络环境下对高校教育管理工作创新与发展的思考

作为高等院校，对于网络信息技术革命所带来的发展机遇感到欣喜，但也深切感受到信息社会对人才的高标准要求所带来的挑战。互联网已经在教学、科研和管理等领域发挥着重要作用，特别是作为学生管理工作的一部分，我们需要科学地利用网络信息，以应对机遇和挑战，开创新时代高校教育管理的新局面。

1. 网络文化下高校教育管理工作的创新思路

高校教育管理工作正处于一个充满开放性、迅捷性、多元性、竞争性和变动性的环境中。近 20 年来，计算机信息技术和通信技术的迅猛发展，使得网络以惊人的速度渗透到全球各个角落。网络所催生的文化不仅影响着人们的物质生活，更深刻地塑造着精神世界，尤其是大学校园内的在校学生受到了最为显著的影响，网络的崛起为高校教育管理工作带来新的挑战和机遇。

网络的普及对高校教育管理带来了深远的影响，互联网平台上充斥着大量丰富的信息，这不仅实现了资源的共享，也打破了时空的限制，因此深受学生欢迎。网络的特点，如综合性、全球性、互动性、开放性、隐私性、虚拟性、即时性、间接性、平等性和易检索性，使得学生能够在平等自由的网络环境中丰富自己的知识，开阔视野，提高实践能力。网络为学生展现个性提供了舞台，培养了自主学习和创新的意识。教育者借助信息技术，结合多媒体手段进行教育，增强了教育管理工作的效果和效率，实现了学校教育、家庭教育和社会教育的有机融合。学校在校园网络上建立教学平台，鼓励教师上传课件、教案、自主开发的课程资料等，让学生在校园网络中获得专业知识学习的资源，平台的设立和维护由教育管理者和学生共同完成。将此作为媒介，教师和学生可以进行网上竞赛、交流、信息发布和意见征集，还能建立完整的网络评价体系，让学生进行自我约束和自我评价。然而，虽然网络上信息丰富，也有许多虚假信息和不良内容。为此，高校应该采取措施，建立更加安全和可信的网络环境，保护学生的健康成长。教育管理者应该引导学生正确使用网络，教育他们如何从海量信息中辨别真伪，培养他们的信息素养和批判思维能力。

在网络环境下，对学生的教育管理工作必须建立一个完善且有效的体制。虽然网络为教育管理提供了新的工具和途径，但并不意味着其完全取代了现实中的教育。在这一点上，教育管理者应当明确现实环境与网络环境的关系，而不是将其划分为两种截然不同的教育形式。因此，在教育管理方面，既要加强现实教育，也要重视网络教育，二者并重，以达到更好的教育效果。教育管理者应当始终坚持学生为中心的原则，将素质教育作为根本目标。为了实现这一目标，需要建立一套行之有效的教育管理体制。以常规的教育管理方式，如早操、晚自习、宿舍内务、出勤率、到课率等，对学生进行日常性教育管理。这日常性的管理措施能够帮助学生养成健康的学习、生活和工作习惯，塑造积极健康的生活理念，学生将逐渐形成自律、自主的学习态度，有助于培养他们全面发展的素质。教育管理者也需要充分认识到网络的吸引力，鼓励学生积极参与校园活动。组织丰富多彩的校园文化活动，满足学生在精神层面的需求，减少他们沉迷网络所带来的负面影响。在这个过程中，学生将会逐渐体验到现实中的社交与活动的愉悦，从而有效减少网络的过度依赖。

校园文化，以学生为中心，以校风为核心，涵盖第二课堂、社团活动、课外文体、实践教育等方面，是高校教育管理的重要组成部分。然而，在信息技术迅速发展的影响下，网络的普及对在校大学生产生了广泛影响，包括正面和负面两方面。传统的教育管理在其独特魅力的基础上，需要借助校园文化的活动，来减少网络带来的负面影响，让学生在丰富多彩的校园文化生活中，得以全面展现和提升自我。信息技术的迅猛发展，使得网络在社会中发挥着强大的推动力，影响着在校大学生。然而，不能因此而忽视传统的教育管理所带来的独特优势。在网络时代，教育管理者有责任在信息技术的引导下，保持并丰富校园文化的内涵，以减少网络对大学生的负面危害。传统的教育管理模式与校园文化活动相结合，可以为学生提供一个健康且有意义的成长环境。校园文化生活应当多样化，通过文化学习、体育竞赛、知识竞赛、艺术熏陶等方式，鼓励学生积极参与。此类活动不仅可以丰富学生的精神生活，还能够培养他们的领导力、协作能力和创新能力。丰富多彩的活动可以促使学生在现实世界中展现自我，不断提升个人素质，从而树立积极向上的人生目标。在校园文化活动中，教育管理者扮演着重要的角色。他们应当在传统教育管理的基础上，鼓励学生参与校园文化活动，激发他们的创造力和想象力。教育管理者需要成为学生值得信赖的导师和朋友，给予他们合理的引导和支持。合理规划和开展校园文化活动，使学生可以在现实的舞台上展现才华，提升自我。① 如此一来，他们不会脱离现实，而是在信息技术的引导下，将现实生活的精彩与网络世界的神秘有机地结合起来。教育管理者应当创造积极的学习和生活环境，使学生感受到校园文化的魅力，从而最大程度地拓展他们的发展空间。

2. 网络文化下高校教育管理工作的有效措施

中国的传统文化在网络迅猛发展的背景下面临着新的挑战和冲击，特别是在大学校园中，网络的条件、发展和状态已经成为加强大学思想文化建设的新议题。网络文化不仅改变了社会物质生活和人际交往方式，更深刻地影响了人们的价值观和生存意义。高校网络文化以数字化信息的传输与接收为特点，以大学生为主要受众，具有一定虚拟性质。学生正处于成长的关键阶段，其知识结构也在逐步形成，使得高校的网络文化影响在深度、持久性和复杂性上超越了以往的传统媒体。在这一背景下，高校思想文化建设面临着更高的挑战，需要借助网络文化的发展，引导学生树立正确的价值观，培养他们全面发展的素质。在大学校园中，学校网站不仅是信息传播的平台，更是传播先进文化的关键阵地。校园网站可以使学校传递积极向上的价值观，引导学生形成正确的人生观和价值观。在网络文化建设中，要注重创造性地设计内容，使其更能吸引大学生的注意力，从而在网络世界中传播正能量。

（1）树立高校教育管理工作的新理念。当前，大学生的上网人数和平均上网时间持续增加，网络对大学生思想的影响呈现多样化的趋势。对于学生频繁接触的网络环境，为了帮助他们在互联网上获得益处并避免危害，需要迅速建立适应发展的教育意识和教育理念。应深入挖掘网络信息，了解学生心理变化，引导主流校园网络文化。更要树立"全面育人"的理念，将网络教育融入日常教育的核心组成部分，从而帮助培养大学生在网络时代的积极价值观和正确行为准则。

（2）构建和谐的高校网络文化氛围。加强校园网络文化建设是当前重要任务，要高度重视校园网络文化，转变传统的文化建设方式，还要坚持正

---

① 王炳堃.高校大学生管理教育与校园文化建设 [M].长春：吉林出版集团股份有限公司，2021：67.

面引导，打造网络教育阵地，管理和服务学生。帮助引导学生正确使用网络资源，培养积极的网络行为。与此同时，应借助先进技术手段，加强网络管理和监控，确保网络环境的健康和秩序。最后，要始终以人为本，为大学生提供高质量的网络文化服务。将人的需求和发展置于优先位置，以大学生的成长和成才为校园网络文化建设的价值准则和最终目标。结合有关举措，能够在不断变化的网络环境中培养出积极向上、有道德素养的新时代大学生。

3. 加快高校教育管理工作的信息化建设

信息化建设已经迫在眉睫，各级部门都应将推进信息化作为关系未来发展的重要事项来紧密推进。在此背景下，教育管理工作也必须适应信息化要求，为学生管理创造适宜的信息化发展环境。积极创造各种条件，使学生工作管理手段得以现代化，以满足日益增长的信息化需求。

（1）领导加强重视度，管理人员转变观念。主管学生工作的校领导在实施学生管理工作信息化方面具有关键性作用，并不要求校领导必须精通计算机编程，而是强调校领导要明确计算机作为提高生产效率的工具以及资源共享的代表地位。这一理念不仅体现在计算机的操作，更是一种对信息化建设的高度重视。校领导应该有提升教育管理水平和应用现代管理科学的愿景，统一协调各职能部门，有系统地规划和有步骤地推进教育管理工作的信息化建设。受传统观念的影响，一些管理人员对学生工作信息化的必要性认识尚不充分，信息管理意识有待加强。为改变这一现状，需要加大对信息化建设的宣传力度，普及计算机信息技术知识。更重要的是，校领导应深刻理解信息化在国民经济和社会发展中的战略地位和作用，自觉学习计算机信息技术知识，主动适应信息技术的发展趋势。将所学应用于日常管理工作中，推动教育管理工作的信息化建设取得实质进展。对于校领导而言，信息化建设的价值不仅在于技术层面，更体现在对教育理念的引领和管理思维的创新。校领导应在信息化建设方面担任积极的推动者，引导全体管理人员深入理解信息化的内涵，认识到信息化是提高工作效率和管理质量的重要手段。而校领导在此过程之中需要发挥决策者的作用，确保信息化建设与学校整体发展战略相一致，做到合理分配资源，提供必要的支持。最终，校领导的领导力、战略眼光以及对信息化的深刻理解，将决定学生管理工作信息化建设的成败。积极的态度、深入的思考和适应新技术的能力，将使校领导更好地引领学校朝着信息化方向发展，为学生提供更优质的教育管理服务。在不断变化的时代，校领导的决策和行动将直接塑造学校的未来。

（2）全面加强规划，推进宏观调控与综合协调。管理软件的开发过程需要经历一个较长的周期，为避免资源的巨大浪费，初期就必须对单位的需求进行全面的分析和设计。在设计过程中，不仅要考虑当前的需求，还要充分考虑学校未来的发展趋势，对各种系统进行咨询和考察，选择与学校条件相适应的结构体系、设备和软件系统。在软件开发过程中，适用性是至关重要的。学校可以采用统一的管理软件方案，从而解决操作问题。但是，制定的规范必须保证结构体系的先进性和开放性，数据结构的完备性和可扩展性。只有这样，规范才能真正具备实用性和长期生命力。为确保网络系统的安全，可以采取一系列措施。在内部系统与因特网的连接处加装防火墙和隔离设备，可以有效地保障网络的安全。对于重要信息的传输，加密技术是一种有效的手段。除了技术手段外，加强网络安全知识的宣传普及同样至关重要，提高信息安全意识和信息法治意识，可以有效减少信息泄露和网络攻击的风险。

（3）体现以人为本思想，加强管理人员队伍的培训工作。要实现高等学校教育管理的信息化，必须着力提升管理人员的素质，而加强管理人员的培训则是最为基本和重要的途径。在这个信息时代，计算机信息技术已成为教育管理的重要工具，因此，需要加强对各级管理人员的培训，使他们能够适应信息化的需求。培训可以通过多种途径进行，如各类教育培训、组织学术交流等，进而普及信息技术教育，扩大培训的规模，让更多的管理人员掌握学生工作信息化的基本知识和技能。提高管理人员运用计算机信息技术进行教育管理的水平，促进教育管理信息化的快速发展，提升管理层次和水平。与此同时，也需要着眼于提升人才培养的质量，加强管理人员的培训，可以培养更多具备信息化背景的管理人才，为高等学校的教育管理工作注入新的活力；有助于适应信息化的需求，为实现中华民族的伟大复兴奠定基础。

（4）建立完善的高校网络工作体系。构建健全的高校网络工作体系涉及多个关键因素。首先，提高校领导的网络意识，他们应认识到网络在学校管理和教育中的重要性，从而为网络工作体系的建设提供关键支持。其次，硬件建设是确保网络工作体系稳固的基础。投资于网络基础设施的发展，如网络设备、服务器等，能够为高校网络的稳定运行提供保障。构建高校网络工作体系还需要注重网络工作队伍的建设，队伍的专业素质和扎实技能是网络工作体系的重要核心。最后，随着技术的不断进步，校园网络的功能也应不断扩展，以满足学校不断变化的需求，这将为网络工作体系带来持久的生命力。通过这些方面的综合努力，高校网络工作体系将得到更好的建设和发展。

4. 基于网络文化的高校教育管理工作新思考

高校学生的思想活动正逐渐呈现出独立性、选择性和差异性的特点，要有效地进行教育管理，就必须深入了解学生的特点以及所处的环境。在"第四媒体"广泛影响学生的时代，教育管理者必须高度重视网络环境下学生的教育管理工作。要求教育工作者迅速改变观念，树立正确的网络意识，充分认识到网络带来的机遇和挑战。并加强对网络和"网民"的深入研究，积极建立教育管理工作的调研网络和信息网络，使网络成为有效的教育管理工具。基于此，高校的教育管理工作需要以改革创新的精神为指导，积极探索新的途径、方法和手段。特别是在教育管理工作文化素质和校园网站等方面进行建设，以满足学生多样化的需求。教育管理者要始终关注学生的成长和发展，为其提供更加丰富的校园文化和活动，以培养学生积极向上的价值观和行为习惯。高校教育管理工作不仅需要关注学生的学业表现，还应该关注其思想认知和道德素养。在网络时代，信息的碎片化和多样性使学生更容易受到各种观点和信息的影响，需要教育管理者加强引导，提供正确的价值观念，引导学生形成健康的思维模式。

二、网络环境对当代高校大学生的影响

（一）互联网时代背景对大学生产生的影响

1. 丰富知识，拓宽视野

互联网如同一个交互式的庞大数据库，汇集了世界各地的新闻、最新理论成果等内容，将它们融合在一起，为人们呈现了一个开放而全面的世界，互联网本身的开放性和便利性使得大学生能够通过浏览网页获取最新的时事信息和知识。作为第四代媒体，互联网承载着丰富多彩的信息，将全球连接在同一个网络中，不仅具有巨大的信息储备和传播能力，还为大学生提供了

崭新的信息获取途径。在互联网时代，大学生不再受限于传统的信息来源，而是可以从互联网上获取海量的信息资源。他们可以通过搜索引擎、社交媒体、在线学术资源等途径，轻松地探索各个领域的知识，自主选择感兴趣的内容，深入研究，拓宽视野，培养终身学习的习惯。

2.重塑创造性思维

创造性思维是一种独具独创性和发散性特征的思维方式，具备这种思维方式的个体不仅仅局限于现有的传统模式，而是寻求全新的创新路径。在这个背景下，互联网的广袤空间和开放性为大学生提供了一个广阔的创新天地。拥有创造性思维的人不受束缚于常规，而是能够在互联网的海洋中寻找与众不同的新思路。互联网的广度与开放性为学生提供了接触新鲜事物的宝贵机会，从而在丰富多彩的信息中汲取灵感，激发创造力。在这个数字化时代，大学生可以根据个人兴趣和愿望，自由地探索互联网所带来的乐趣和知识。他们可以通过在线平台、社交媒体、网络课程等途径，自主学习、交流，丰富自己的视野，开放性的学习环境有助于培养大学生的创新意识和创造性思维。互联网时代，传统的学习和思维方式正在被重新定义，创新的观念和实践正成为大学生日常生活的一部分。互联网不仅拓展了大学生的知识广度，更是为他们的创新和创造提供了前所未有的平台。大学生可以通过互联网触及各行各业的前沿信息，深入了解全球发展趋势，从而在思想和实践中不断拓展创新思维。

3.扩大交友范围

在日常生活中，大学生常常受限于环境、个性、习惯等因素，导致他们的社交圈子和交往对象相对有限。然而，互联网的开放性和自由性却打破了这种限制，为大学生提供了一个全新的社交空间。互联网的出现赋予了大学生以更大的自主权，他们能够根据个人兴趣和偏好来开展社交活动。在这个数字化时代，互联网的存在消除了传统社交的点对点局限，使得大学生能够更加自由地与他人交流。在互联网时代，大学生的社交范围不再受到地理位置的限制。结合各种社交平台、应用和网络社区，他们可以结识来自世界各地的朋友，共同分享兴趣和经验。互联网为大学生提供了一个展示自己、了解他人的平台，让他们能够更全面地认识自己和他人。社交的多样性也促进了大学生对于多元文化和不同观点的接触和理解，培养了他们的跨文化交流能力。

（二）对高校教育管理工作者的影响

1.管理模式的影响

如今，电视、电台、网络等媒体广泛地影响着学生的生活，从而在无形之中改变了他们的认知方式和价值观取向。信息的多元化和价值观的多元化正在日益显现，而这些变化也对辅导员的工作产生了深远的影响。传统管理教学模式面临被颠覆的可能性，因为学生可以更加快速地获取各种信息。然而，这些信息的品质良莠不齐，学生在辨识能力上存在不足，这使得辅导员的工作更加具有挑战性。媒体的崛起改变了原有的教学管理模式，辅导员需要在新的环境下寻找适应的方法。随着学生对网络的熟练应用，他们的自主性逐渐增强，因此，辅导员应该积极利用网络这个工具，为学生树立正确的思想品德提供支持。辅导员需要更新自己的知识和技能，掌握网络工具的应用，以便更好地履行教育使命。面对新的挑战，辅导员需要调整自己的角色和姿态，应当更加开放，尊重学生的思想和价值观，促进与学生的良好沟通，倾听他们的声音。辅导员还应该在网络平台上主动参与，与学生互动，以实现更有意义的教育。[1]结合丰富多样的信息传递和交流，辅导员能够更好地引导学生树立正确的"三观"，培养他们的道德情操和社会责任感。

2.教育管理工作主体地位受到威胁

大学生的上网时间不断增加，网络已融入他们的日常生活。网络影响逐渐深远，特别是随着网络的迅速普及。尽管网络为学生提供了浩瀚的信息资料，拓展了他们的视野，但也存在信息质量参差不齐的问题，甚至有不健康信息的传播。面对这一情况，教师应积极参与网络管理工作，确保学生在网络环境中能够获得正面、健康的信息。

四、网络环境对管理工作者素质的影响

网络已成为人们工作、学习和生活中不可或缺的一部分，在当前复杂的国际政治局势和迅速发展的网络科技面前，高校学生管理工作者的政治素质和电脑技能正面临着严峻的考验。管理者需要紧跟时代步伐，及时了解并分辨网络上的各种思想信息，以便辨别真假，有针对性地开展教育工作。如果

---

[1] 梁丽肖.教育信息化背景下高校管理机制探究[M].长春：吉林人民出版社，2021：86.

知识贫乏，难以捕捉到丰富的网络信息，将导致教育管理效果大打折扣。熟练掌握电脑技能是必要的，借助最新的软件工具，才能满足大学生对思想政治教育的需求。作为服务学生健康成长的导师，思想政治教育工作者不仅是学生学习的榜样，还需要应对素质和能力的挑战，不断学习、提升自身的认知和能力。在信息爆炸的时代，持续提升政治素质和掌握先进的电脑技术已经成为应对挑战的重要手段。只有不断地自我更新，不断提高自己的综合素质，才能够担当教育工作的使命。为了更好地引导大学生，在日益复杂的网络信息环境中，思想政治教育工作者需要具备广泛的知识储备，同时要具备辨别信息真伪的能力。只有通过不断学习和拓展自己的知识领域，才能更好地引导学生健康地成长。与此同时，掌握电脑技术和网络应用能力，使教育工作者能够更加高效地进行教育管理工作，为学生提供多元化、贴近实际的思想政治教育。

第二节　互联网时代下高校教育管理改革的目标

一、高校教育管理模式改革的价值定位

在互联网信息时代的背景下，特别是在新一轮科技革命和产业变革的浪潮中，我国的教育变革势在必行。国家的富强和民族的振兴成为人们追求幸福的基石，只有实现国家的富强和民族的振兴，才能为每个人的幸福创造有力的基础，才能促进每个人的全面自由发展。因此，国家的繁荣昌盛不仅是国家的责任，也是每个人幸福的保障。正如"每个人的自由发展是一切人自由发展的条件"所指出的，个体的发展也是国家兴旺和民族复兴的必要条件。在教育变革中，教育目标呈现出个人本位论与社会本位论的双重性。双重性不是对立的，而是相互协调的统一体现。个体的全面发展为国家的繁荣作出了积极贡献，而国家的繁荣也为个体的发展提供了坚实基础。鉴于此，教育变革需要关注个人的成长与社会的繁荣的有机结合。教育目标的设定应既注重培养每个人的创造力、自主性和创新能力，也要服务于国家的发展需求，为国家的富强提供源源不断的人才支持。个体的自由发展和国家的繁荣

是相辅相成的关系，二者之间的协调统一是教育变革过程中的重要方向。

（一）培养个性化人才，实现人的自由与全面发展

人的发展是一个多维度的概念，涵盖智力、体质、情感、社会劳动和人际交往等各个方面的成长。教育的根本目标在于实现人的全面、自由、和谐、充分的发展，这是无论在互联网教育领域还是其他领域都应该持续追求的价值。在互联网教育的内在和外在价值中，都必须以"人的发展"作为最基本的评判标准，而互联网教育的目标最终也应该落实到人的全面发展上。否则，所谓的功能和价值就可能沦为虚假的表象。教育技术应当追求的目标是通过开发和利用各种学习资源、不同学习方式以及创新的教学方法，促进人的全面发展，培养新时代的合格人才。实现人的自由全面发展需要从批判的角度审视现有教育状况，剖析其中不利于人发展的弊端，不满足于现状，呼唤教育的深刻变革。当谈到互联网教育时，人的发展依然是核心价值。互联网技术的应用为教育提供了新的可能性，但教育本身的价值不应该被技术所淡化。互联网教育的目标应当是为学生提供更丰富多样的学习机会，帮助他们在各个领域获得综合性的成长。然而，在实现这一目标的过程中，也需要保障信息的真实性和优质性，避免不良信息对学生产生负面影响。

除此之外，价值理性还具备一种建构性的特点。对现实世界进行审视和批判，价值理性旨在创造一个理想、与人的天性相契合、具有目标和发展性的美好世界。互联网等信息技术的应用也带有这种价值理性，为互联网教育的研究和实践提供理想的引导，人们运用价值理性能够构建一个真正引领教育变革的互联网教育体系。

教育的目标必须始终以培养"人"为核心。当今，急需解决一个根本性的问题，即将受教育者视为真正的"人"，培养其全面自由发展的个体，而非仅仅视其为被灌输知识的"工具"。在过去的实践中，常常忽视教育目标与手段之间的关联，导致二者分离。结果，尽管巨额投入互联网和信息技术建设，但在教育教学方面收效甚微。多项研究表明，使用与不使用互联网信息技术在教育教学上并没有显著差异。问题的根本在于，过去过于偏重工具和"器"本位，未能从人的角度审视教育。无法真正理解教育对互联网信息技术的现实需求和未来发展方向，过于简化了在教育教学领域内应用互联网

等技术的过程，忽视了这些技术背后错综复杂的社会历史文化背景，未能充分把握教育信息化与教育现代化之间的关系以及教育系统与外部环境之间的互动。

在这个时代，教育信息化不仅是技术的问题，更是涉及教育的本质和价值的问题。所以需要深刻理解教育信息化在教育内部、外部以及不同层次之间的关系，教育信息化的顶层设计必须与区域教育规划相协调，以便在不同层次之间实现统一与协调。同时需要在教育信息化建设中继承过去的经验，同时勇于创新，使历史、现实和未来之间形成有机的衔接。因此，教育信息化不能仅仅局限于技术，而是要从教育的本质出发，关注个体的全面发展，追求教育的真正价值。从"人"的角度重新审视教育信息化，将其纳入教育目标体系中，以人的发展为导向，真正实现教育的现代化与变革。

（二）培养创新型人才，推进社会创新发展

教育作为民族振兴和社会进步的基石，在外在层面的价值体现在为社会培养多样化的人才，促进社会的持续进步和发展。事实上，教育既是培养人才的源泉，也是推动科技进步和社会繁荣的关键。随着我国经济的转型和发展，正处于"增长速度换挡期"和"结构调整阵痛期"，而其中的核心是从粗放型经济模式向生态和谐、绿色低碳、可持续发展的新路径转变，从而改变生产和生活方式，步入以数字化制造、新能源、新材料应用以及计算机网络为代表的第三次工业革命的时代。教育的外在价值恰逢我国社会发展的需要，随着经济结构的调整，应重点培养适应新型产业和生产方式的人才。这些人才不仅需要具备创新思维和实践能力，还要具备熟练的数字化制造和计算机网络应用技能。教育不仅是将知识传授给学生，更要培养他们的创新能力和解决实际问题的能力，以适应新时代的挑战。

互联网教育具备融合多个特点的特质，其中包括规模化与个性化、规范性与开放性、预设性与生成性，共同构成了一种新型的教育活动形态。在全球范围内，新一代的受教育者从出生起就生活在信息技术迅速发展的时代和社会中。他们的信息获取主要依赖于现代信息技术，因此，教育必须适应这种背景，按照他们的方式进行重新塑造和重构。互联网教育的规模化与个性化相结合，可以满足不同学生的需求。教育资源可以借助网络平台迅速传

播到全球范围，实现规模效应。个性化的教学也得以实现，因为互联网教育可以根据学生的兴趣、学习习惯和水平提供个性化的学习内容和路径。规范性与开放性的特点使得互联网教育具备多样性和灵活性，教育内容可以在一定的规范框架内进行设计，保证教育的质量和一致性。互联网教育的开放性使得学生可以根据自己的兴趣和需求选择适合的课程，实现自主学习。预设性与生成性的特点使得互联网教育更具创新性和前瞻性，教育资源可以提前制定，形成一定的课程体系和教学模式。然而，互联网教育也允许学习者在学习过程中创造性地产生新知识，实现知识的生成和应用。因此，互联网教育作为新时代的教育形式，必须与时俱进，适应新一代受教育者的需求和特点。不仅需要在规模化和个性化之间寻找平衡，还需要在规范性和开放性、预设性和生成性之间找到合适的结合点。互联网教育应当被看作是一种推动教育创新、提高教育质量、适应社会发展的重要手段，为未来教育的发展指明了新的方向。

国家对互联网教育的发展高度重视，发布了一系列规划文件以引领未来教育发展。《国家中长期教育改革和发展规划纲要（2010—2020 年）》明确指出，信息技术将对教育产生革命性影响，必须予以充分的关注。互联网教育所引发的教育变革已经成为普遍认知，推进互联网教育已成为建设新型教育体系不可逆转的全球趋势。在充满活力的信息化潮流中，我国作为一个走在赶超型、后发型的国家，势必要积极 embrace 信息化，实现技术的跨越式发展。互联网教育时代的教育变革具有明显的外在价值，即培养适应信息时代社会主义发展的创新型人才。特别是培养一大批具备信息素养的高素质劳动者、具有创造力的研发专家、能够管理生态环境的领军者以及优秀的服务人员，适应了信息技术快速发展的趋势，也符合国家建设现代化经济体系和实现社会全面进步的战略目标。因此，国家的重视和支持为互联网教育的蓬勃发展提供了坚实的基础。互联网教育不仅是一种教育方式的转变，更是教育理念的更新，将激发创新精神、培养人才，促进社会的可持续发展。在未来，随着科技的不断演进，互联网教育将继续引领教育变革的潮流，为国家的繁荣进步提供强大支撑。只有不断加强对互联网教育的投入与探索，才能更好地应对未来的挑战，培育更多适应时代需求的优秀人才，推动教育事业迈向更加美好的前景。

二、互联网时代背景下的教育管理目标变革

教育的内在价值侧重于从个体本性和内在需求出发，认为教育的目标应促进个体的全面发展，强调教育应当关注每个人的独特性和潜能，致力于培养个体的智力、情感、社交等多方面的素质，以实现个体的自我完善和充分发展。与此不同，教育的外在价值强调教育的目标是由社会需求决定的。按照这个观点，教育的主要目标是培养满足社会需要的人才，以适应社会的要求和发展，将教育视为社会的工具，强调教育应当按照社会的规范和标准来设计，以满足社会的需求。

（一）教育应回归人的本真存在

教育的内在价值和本真目的在于追求人的全面自由发展，强调个体的自我完善，而非仅仅追求利益和效益，核心在于回归人的本质，不被功利主义所左右。教育不应被单纯的功利和效率所扭曲，而是应该使学习者能够通过内心的力量、天赋和理性的直觉去追求真、善、美的境界。在当今社会，教育往往受到种种外在因素的影响，可能偏离了其本真目的。社会竞争的压力、就业的压力等因素常常导致教育变得功利化，关注狭隘的技能培训，而忽视了个体内在素质的培养。然而，真正的教育应该是一种引导，让学习者在自由的环境中去追求真正的自我，培养他们的创造力、思辨能力以及对美好事物的敏感。回归教育的本真目的意味着重新审视教育的价值观，不让功利主义左右教育的方向。教育应该以人为本，关注学习者的内心需求，引导他们走向全面发展和自我完善的道路。教育者需要意识到教育的使命在于培养更有创造力、责任感和社会担当的个体，从而创造更美好、更有意义的世界。

回归到人的本真存在的教育应该将人性、人的价值和尊严放在核心位置，教育的任务不仅是培养理性因素，也要关注发展人的非理性因素。两者共同构成人的全面发展所必需的"双翼"，彼此相互关联、相互影响。教育的意义不仅仅在于传递知识，更在于传播和孕育思想的过程。教育旨在激发人内在的本质，充分挖掘每个个体的潜能，培养理性和非理性的因素，以实现全面自由的发展，同时也推动社会的创新和进步。这才是真正关乎灵魂的

教育，其目标在于启迪和激发学习者内在的力量，引导他们去发现和发展自己的独特价值和潜质。教育的过程实际上是一种以心养心的互动。教育者的影响不仅仅是知识的传递，更是对学生思想、情感和人格的深刻触发，是一种灵魂的交流，是生命对生命的启迪。在这个过程中，教育者需要倾听学生的声音，理解他们的需求，引导他们发展内在的品质和素养，培养他们积极的思维方式和价值观。

（二）教育应承担引领社会创新发展的使命

教育的外在价值在于其作为社会工具的价值，承担着培养和选拔社会所需人才的重要使命。如今的社会正处在信息化浪潮的席卷下，第三次工业革命正以惊人的速度改变着人们的生活。3D打印技术已经能够将创意从计算机软件中的虚拟建模转化为实际的物体，智能制造和绿色制造也正在崭露头角。与此同时，个性化、分散化和协作化的社会模式正在逐步兴起。随着人工智能的不断进步，未来机器人的功能将越来越强大，人们正迈向一个智能化的时代。在这个迅速变革的社会中必须认识到，新技术带来的变革也带来了对人才的新需求。面对这个因技术革新而演进的社会，需要培养哪种类型的人才？现代教育应如何塑造社会所需的人才？教育的使命在于推动社会的进步和发展，意味着需要培养大量能够适应时代需求的创新型人才。第三次工业革命所带来的数字化制造、新能源、新材料应用以及计算机网络等领域，都需要高素质的劳动者和高端的创新型人才。这些人才不仅需要扎实的专业知识，还需要具备创新思维、跨学科的能力以及适应多变环境的能力。

（三）教育应构建具备全球视野的新人文教育观

教育目标的界定需紧密结合互联网信息时代和全球视角，历史变迁对人才培养的新要求一直是推动教育变革的核心驱动力。现有的教育体系根植于三百年的工业社会，为工业时代提供了大量劳动力，为经济社会进步作出了巨大贡献。然而，传统教育培养出的人才大多只适应流水线上的机械化劳动，而随着全球走向信息化时代，传统的培养目标已不再适用。中国学生发展核心素养在文化基础、自主发展、社会参与等三个维度进行了界定。文化基础不仅包括人文底蕴，还强调科学精神的培养。自主发展则强调学会学习和健康生活，鼓励个体全面发展。而社会参与更强调责任担当和实践创新，以适应现代社会的需求。这一核心素养的提出代表着对人才培养目标的重新思考，是基于学生个体的全面发展和社会创新发展的双重维度，展望未来的教育目标。在互联网信息时代，教育不再是简单地传授知识，而是更强调个体的全面成长。新人文教育是一种新的教育目标观，强调以人为本，注重培养学生的创造力、创新力和实践能力。互联网的普及使得知识获取变得更加便捷，传统的教育体系面临挑战和机遇，需要调整以适应新时代的需求。新人文教育不仅关注学生的学术成就，更关注他们的综合素质和个性发展。学生需要具备批判性思维、团队协作和解决问题的能力，以应对日益复杂的社会挑战。互联网也为学生提供了丰富的学习资源和广阔的交流平台，培养跨文化沟通和国际合作的能力。

在这个新时代，教育需要重新审视其目标和价值，以更好地适应快速变化的社会环境和人才需求。新人文教育的核心理念是以人为本，注重人的全面发展。教育应当更加关注学生的情感培养和人格塑造，培养健康、坚韧、有自信的个体。个性发展在新人文教育中占据重要位置，学生应被鼓励展示自身特点，培养创新思维和解决问题的能力。新人文教育强调全球视野和国际意识的培养，现代公民应具备广阔的全球观，同时保持对本国文化的理解和尊重。科学精神的培养也不可忽视，学生需要具备批判性思维、技能掌握和未来适应能力，以应对复杂多变的社会挑战。教育中的师生关系同样值得关注，师生平等、合作共享，个体差异的因材施教原则也应得以落实。文化的多元性和丰富性是新人文教育不可或缺的一部分，教育需要既尊重差异又提供多样性的选择，以营造和谐共生的学习环境。新人文教育不仅融合本土传统，还开放创新，勇于探索新的教育模式和方法。终身教育和终身学习的理念也在其中扮演着重要角色，因为知识和技能的更新迭代速度日益加快，个体需要具备持续学习的能力。绿色生态和环境教育也是新人文教育中的一项重要内容，学生需要培养同理心，关注环境保护，以创造更加可持续的社会生态。

在当今全球化的背景下，新人文教育的观念逐渐崭露头角，旨在满足信息时代对人才的更高要求。新人文教育的观念强调全球视野，培养拥有"中国心"和正义感的现代公民。全球化不仅让国际联系日益紧密，也要求教育目标从个体的视野拓展到全球的范畴。新人文教育要求学生具备关注全球事务的意识，培养跨文化交流能力，以及以积极、公正的态度参与国际社会。另外，新人文教育强调终身学习的重要性，强调不断完善和自我发展。随着科技进步的速度日新月异，学习已经成为一个不可避免的需求。新人文教育要求个体具备适应变革的能力，持续不断地追求知识和技能的更新，以应对未来社会的挑战。在全球气候变化的背景下，培养具有环保意识的公民变得尤为重要。新人文教育强调个体与环境的协作，注重培养同理心，使学生更加关注环境保护和可持续发展。信息时代的教育目标的变革需要体现个体、社会和时代的担当。[①] 在个人层面，教育要以人为本，关注个性发展和人格培养，助力每个学生实现全面自由的发展。在社会层面，教育要融合优良传统，培养具有全球视野和中国情怀的公民，让他们能够承担社会责任，为社会的发展贡献力量。在时代层面，教育要站在历史发展的高度，以全球意识审视和拓展教育目标，关注环境问题、文化多样性等，以更加开放的态度应对未来的挑战。

三、互联网教育与高等教育人才培养

（一）基于个人本位论视角——互联网教育与个性全面发展人才的培养

个人担当在教育目标中涉及个体的本质成长与发展，个性化教育在此背景下显得尤为重要，它不仅将教育重新聚焦于个体，更是追求人的全面自由发展。个性化教育强调教育的主体是学生本人，以学生的个性需求为导向，倡导通过教与学的互动式教学，使人才在实践中逐步成长。个性化教育模式将每个学生视为独特的个体，从而实现个性发展的最佳效果。互联网教育作为一种新型教育方式，具有开放、平等、自由、共享等本质特点。不仅可以改变传统的教育形式和模式，更能够培养适应信息时代的个性化人才。互联网教育为学生提供了更自由的学习环境，他们可以根据自己的兴趣和节奏进行学习，实现更为个性化的学习路径。互联网教育还促进了知识的共享与传播，让更多人有机会获取高质量的教育资源。

---

① 刘鑫军，孙亚东．互联网时代高校教育管理模式改革与实践研究 [M]．长春：吉林人民出版社，2021：60．

1.互联网教育背景下注重人才的差异化培养

互联网教育的兴起，引领了教学模式的转变，如翻转式课堂、分散合作互动式学习、扁平化学习和即时性学习、游戏化学习等，诸多变革为我国当前集中式、标准化、批量式的学习方式提供了可喜的改进思路。在互联网教育的时代背景下，教育不再局限于传统的知识传递，而是更加注重释放学生的天性，激发个体的潜能，实现每位学生的个性化、全面化发展。翻转式课堂打破了传统的教师主导教学模式，让学生在课堂上成为更积极的参与者和主动者。分散合作互动式学习强调合作与互动，促使学生在共同合作中分享知识，从而更好地理解和掌握所学内容。扁平化学习和即时性学习则强调学习的个性化和及时性，允许学生按照自己的节奏学习，克服了传统教育中的"一刀切"问题。游戏化学习将学习与游戏相结合，激发了学生的兴趣和动力，让他们在愉悦的氛围中获得知识。新的教育模式下，教学的功能得到了更丰富、多样的展现。教师不再仅仅是知识的传递者，更是引导者和激励者，引导学生主动参与学习过程，培养他们的探究创新精神。教育不仅关注知识的获取，更注重培养学生积极的情感态度和价值观。互联网教育的新模式为教育带来了更大的可能性，使教育更加与时俱进，更加贴近学生的需求，让每个学生都能够实现全面的个性化发展。

2.互联网教育背景下更加注重个性化培养

传统学校教育在培养方面往往注重规模化的知识传授，但在个性化培养方面存在一定的不足。然而，在互联网教育的背景下，学生可以在个性化的时间和环境中，根据社会和个人需求，自主选择学习内容，实现更加个性化的学习方式。互联网教育不再是传统的"一刀切"，而是借助技术手段提供了更加多元、个性化的学习选择。其中，数据分析和云计算技术发挥了重要作用。通过收集和整理教学过程、学习过程以及学生的个人特点等各个方面的数据，数据分析和云计算技术能够对这些数据进行深入的挖掘和分析，从海量数据中提取有价值的信息，为个性化的教育提供依据。例如，它可以根据学生的学习习惯和兴趣，推荐适合不同学生的学习内容和学习方式，从而更好地满足每个学生的需求。

3.互联网教育利于培养学生综合能力

互联网教育为学生提供了广泛的资源获取、收集、处理和利用的机会，从而有效解决问题，拓宽知识面，培养独立思考能力和创造性思维能力。在这一新兴教育模式下，学生不再被局限于课本知识，而是通过网络平台获得了更多的学习资源，这促进了他们的学习方式和思维方式的创新。在互联网教育中，学生学会了从海量信息中筛选出优质的教育资源，这是他们创新学习的关键一步。优质的教育资源的应用成为学习方式创新的基石。互动式教学使师生之间的互动变得更加广泛多样，学生可以借助各种新型的个性化学习工具，享受开放而平等的学习环境。虽然学校教育中的教育资源应用受国家政策的影响，但在互联网便利的背景下，学生可以自主选择高质量的资源，从而更好地满足自身需求。这种优质资源的应用不仅是教育内容的变革，更是学生自主学习态度的培养。学生在使用优质资源时逐渐养成积极主动学习的习惯，能够主动提出问题、进行探究性学习，激发了学生的学习兴趣，改变了他们的学习方式，使他们更具有创新精神和适应新时代社会发展的能力。

（二）基于社会本位论视角——互联网教育与创新型人才培养

教育目标的确立应紧密围绕国家和社会的实际需求，教育是特定历史时期的产物，必须紧密契合国家和社会的发展趋势。其社会功能显然不可小觑，这是教育的本质特征之一。教育的影响深远，能够对社会产生多层次的推动作用。教育有助于促进社会的生产力，稳固经济基础，还能够成为社会政治议程的核心，对民主法治建设产生积极影响。教育还扮演着保存、传承和创造人类文化的重要角色。从以上角度来看，教育的社会功能呈现出多样性和多层次性。因此，教育的目标设定必须体现其多方面的社会功能，不仅仅是知识的传递，更是为社会发展培养人才，推动社会的进步。教育的目标应当能够满足国家在经济、政治、文化等领域的需要，为社会提供各个层面的人才支持。这样的教育目标才能够真正地服务于国家和社会的发展，发挥教育的最大效益。

互联网时代的特征之一是万物互联，无处不在的连接为未来的发展带来了广阔的可能性。在这个背景下，国家的智力资本显得尤为关键。智力资本是国家人力资源、关系资本和结构资本的综合体现，是软实力和硬实力、当前和长远发展的重要组成部分，国家智力资本的强弱直接关系到竞争优势的形成和稳固。在这个信息时代，面对全球科技的飞速发展，培育民族的创新精神，培养具有家国情怀、社会责任感和历史使命感的创新型人才，成为增强国家智力资本的关键途径，也是连接世界的核心能力。当今社会，人才培养的重点依然倾向于专业和技能的培养，然而，缺乏互联网时代所需的创新能力的培养。在信息时代，高新技术人才和创新型人才成为推动社会发展的主力军。实现伟大中国梦的过程需要推动高素质创新型人才的培养，加速我国的发展进程。传统教育的普及虽然为工业社会输送了大量人才，但这些人才往往只是学历层面的劳动者，缺乏真正的创造力。然而，随着智能机器人逐渐取代传统劳动，创新和智慧成为更为关键的能力。人类需要不断进化，走向更高层次的创新，从传统的知识传授向创造力和创新能力的培养转变。互联网信息时代，人才的培养要更加注重培养学生的创新思维、解决问题的能力、团队协作和跨学科知识的应用能力。开展创新性的教育活动，引导学生从被动的知识接受者转变为主动的问题解决者和创新者。

未来教育的核心在于创新，而培养创新型人才成为教育的首要目标。在互联网教育的推动下，教育信息化得以深入，肩负起培养创新型人才的重要使命。因此，教育变革应以"创新人才"培养为中心，致力于培养具备创造性思维和个性化思维、具有开拓创新精神的人才。在全球范围内，创新正在呈现多元化的趋势。创新不再局限于高科技巨头，也不再只涉及高科技人才。在信息时代和智慧时代，创新型人才显得尤为重要。创新已经成为引领社会进步的主要动力，因此，教育必须将培养创新型人才视为共识。为了建立创新的竞争优势，必须加强创新人才的培养。教育要促使学生培养自主探索、批判思维和解决问题的能力，以及勇于追求不同、勇于冒险的创新精神。

创新型人才的培养需要从教育的方方面面着手。首先，课程设置需要更加注重激发学生的创新思维，鼓励他们在知识的基础上培养独立思考和解决问题的能力。其次，教学方法要更加灵活，引导学生进行探究性学习、实践性学习，培养他们的动手能力和团队协作能力。教育还应注重培养学生的人际交往和沟通能力，这对于创新过程中的合作至关重要。未来教育的成功取决于创新型人才的培养。创新型人才不仅要具备学科知识，更要有创新思维，能够在复杂多变的社会环境中灵活应对。在这个过程中，学校应该从多个维度着手，为学生提供更加开放、灵活的学习环境，激发他们的创新潜能。

（三）基于新人文教育观视角——互联网教育与家国情怀人才的培养

培养具备家国情怀、社会责任感和历史使命感的创新型人才，是教育的社会担当和时代担当。新人文教育观在全球化的背景下，以更广阔的视野重新界定了教育的目标，以人为核心，构建了一个和谐共生的新教育体系。新人文教育是一种基于全球视野、全球意识和全球观念的教育理念，在互联网的时代背景下，信息的开放性、共享性、连接性以及交互性，让人们的思维和视野变得更加博大。新人文教育观站在更高的视角，关注全球视野，通过全球意识和人类整体意识的理念，超越狭隘的国界，呼唤着人类的共同价值和命运。新人文教育观在跨越国界的同时，注重融入中华文化的价值，实现中西合璧的文化传承。家国情怀、社会责任感和历史使命感是新人文教育目标的核心要素。在互联网时代，人们的关注不再局限于个人，更应该涵盖整个社会和国家。培养具有这些品质的人才，不仅有助于国家的繁荣，更能够引领社会朝着更加公平、和谐的方向发展。新人文教育观强调个体与整体的关系，让个人的发展不仅是个人的需求，更是社会和国家的需要。

新人文教育观巧妙地融合了个人价值和社会价值，以及创新精神和人文精神，强调个性的培养和全面自由发展，也呼唤着个体在社会中的责任与价值。新人文教育观体现了对个人特质的尊重，鼓励每个人在实现自身价值的同时，积极承担社会责任，推动社会的进步和繁荣。在互联网时代，创新精神成为前进的引擎。新人文教育观紧密融合了创新和人文的核心，强调培养创新能力的同时，也注重人与人之间的情感联系、社会责任和道德伦理。这种综合性的教育理念，为培养适应快速变革的时代的创新型人才提供了全面的支持。

信息化和经济全球化的浪潮相互交织，促进了互联网在社会中的普及。数字时代所带来的变革已深入生产、生活的各个领域，推动人类社会的进步。然而，这一切的变革都离不开人作为互联网连接的核心要素。人不仅是信息传递的终点，更是创新的源泉。当今世界正面临激烈的竞争，其中科技竞争更显突出。创新作为推动国家竞争力的重要引擎，并成为每个个体所需具备的基本素养。在互联网时代，创新不再仅仅局限于某一领域，而是贯穿于生产、学习、社交等各个方面，需要敢于思考，不断尝试和突破，以不断适应和引领社会的变革。随着时代的发展，人们不能感受到全球共同体、地球村的逐渐形成。互联网已将世界连接成一个紧密相连的整体，使信息、资源和观念得以自由流动。开放和共享的模式为全球化的合作与交流提供了前所未有的机遇，在这个共同体中，不同文化、价值观的融合与共存成为趋势，而人类也面临着共同的挑战和机遇。

互联网教育时代所迎来的变革，使得教育目标需要在新人文教育观的指导下重新定位，意味着教育的理念和目标将得到全面的审视，更为了适应信息时代和智慧时代的需求，将教育的个人价值、社会价值和时代价值相融合，实现多方面价值取向的有机统一。教育目标的个人担当体现了对学生本真存在的重视，互联网教育应该更加注重个体的独特性，以学生为中心，尊重他们的个性差异，从而实现个性化的培养。个性化教育旨在激发学生的内在潜能，鼓励他们勇敢探索，培养自主学习和创新能力。而社会担当则着眼于社会需求，教育要以国家和社会的发展需要为导向，培养具有家国情怀和社会责任感的创新型人才。此种人才应能够在创新中服务社会、解决问题，为国家的繁荣和进步作出贡献。教育目标的时代担当呼唤着新人文精神的培养，在信息爆炸和全球交流日益频繁的时代，具备全球视野和人类整体意识的人才变得尤为重要。互联网教育要培养学生的创新精神、合作能力、跨文化交流能力等，互联网教育的核心是个性化、社会担当和时代担当的有机结合，创新的教育模式，可以使教育更好地引导学生充分发展个性，满足社会的多样需求，面向未来发展，形成具有家国情怀、国际视野和人类情怀的创新型人才。

第三节　互联网时代背景下高校教育管理改革的理念

一、融入开放性思想

目前，我国高等教育管理理念已趋向成熟，政治辅导员和班主任的首要任务是引导学生如何正确地应对激烈竞争、就业挑战和心理压力，以德育为核心，全面指导学生规划未来，塑造宽广胸怀和健全人格。在学生成才和就业过程中，将德育与职业发展有机融合，主动参与学生成长的全程管理。高效管理和提高工作水平，是创造更优育人环境和氛围的关键，从而确保学生在不同领域发展的同时，德性与人格也得到全面提升。

（一）创建优秀的管理团队与制度

适应时代要求，培养社会所需的人才一直是学生管理工作者关注的重要议题，还对学生管理领导者提出了更高的要求，这需要加强人才队伍的建设。学校领导层应深刻认识学生管理工作的重要性，选派具有高素质思想和工作能力，拥有丰富学生管理经验的人员，担任学生管理领导职务。还需要定期举办各级别的学生管理领导干部培训，提升他们的专业素质。学校领导开展专业培训，可以帮助学生管理干部增强工作能力，提高教育管理水平。不同分校、教学点之间的学生管理工作也需要开展交流与合作，以定期的交流活动促进经验的共享，从其他地区的成功实践中获取灵感，不断优化和改进学生管理工作的方法和策略。对于学生管理突出的管理者，可以邀请他们进行经验分享和演讲。而向其他学校学习先进的管理经验，促进经验的交流，激发学生管理者的创新思维，有助于推动学生管理工作的不断创新与发展。学生管理工作还需要注重理论研究和实践结合，关注经验分享，还需要深入研究学生管理领域的最新理论与发展趋势。将理论与实践相结合，可以更好地引导学生管理工作的实施，确保管理策略与时代需求相契合。

学校在培养导学教师方面应构建一整套完善的引进、培训、考核和交流制度，引进程序应严格规范，确保只有具备足够能力和强烈责任心的导学教师被引进。设立严格的选拔流程，确保导学教师队伍的质量和素养。建立全面严格的导学教师培训和考核制度，导学教师应该掌握现代计算机网络为主的多媒体远程教育技术，熟练运用各种媒体技术获取教学资源，协助辅导教师整合教学资源，组织指导学员进行在线答疑、论坛讨论、双向视频等网络教学活动，还应利用QQ群、电子邮件等方式与学员进行日常沟通，确保导学教师具备多样化的教学技能和沟通能力。与此同时，导学教师的流动计划也需要进一步完善。以往的封闭式体系应被打破，用人机制需要得到激活，导学教师的流动路径应更为畅通。可以通过为导学教师提供更广泛的晋升通道和交流机会来实现，从而解决导学教师的后顾之忧。

为了应对导学教师流动性较强、流失率较高的问题，学校必须着力加强导学教师的专业化建设。基于此，观念的更新尤为重要，特别是领导层的观念更新，同时需要全面提升导学教师的综合素质。导学教师在工作一段时间后，会积累宝贵的经验，也能逐渐认识到自身的不足。如果学校能够制定完善的培训机制，为他们提供更多的培训和学习机会，不仅有益于学校的发展，也将对导学教师本人产生积极的影响。加强导学教师之间的沟通和交流，建立交流平台，例如，定期举办研讨会、讲座或论坛等，导学教师之间可以互相分享经验、交流教学方法，从而提升他们的业务能力，有助于导学教师个体的成长以及整个导学教师队伍的共同进步。对导学教师的专业化培养和交流有助于确保他们在工作中发挥应有的作用，他们是开放教育的关键一环，直接影响着学生的培养质量。学校提供更多的培训机会、建立交流平台，增强导学教师的自信心和专业素养，使他们能够更好地适应教育的不断变化，同时提升整体的教育水平。

（二）强化优秀学生干部的培养

学生干部在学校中具有重要的影响力，应当真正发挥先锋模范作用，成为整个学生群体中的战斗堡垒。为了实现这一目标，学校需要健全团支部和学生会组织，将学生会组织打造成学校与学生、教师与学生之间沟通的桥梁。学校可以通过民主推荐和个人竞选的方式产生学生干部队伍，确保他们的产生过程公平和透明。学校还应当协助广大学生树立和培养学习的自信心，肯定学生在过去的学习和工作中所取得的成绩和努力，使他们能够充分认识到自己的优点和能力。采用循序渐进的方法，进行一对一的辅导，总结和归纳学生在当前环境中所遇到的问题，并提供相关经验反馈。在交流沟通的过程中，学校需要特别注意交流的态度，务必避免以任何方式挫伤学生的学习积极性。积极的沟通态度能够鼓励学生敞开心扉地表达自己的想法和问题，从而更好地帮助他们解决困惑和难题。

为确保成人学生的教育效果，教育者应当充分尊重学生，尤其要注意尊重其自尊心，因为成人学生的自尊心通常更为强烈，也更容易受到伤害。在与成人学生的互动中，教育者应不断改进教育手段，积极与学生磨合，减少代沟的出现。为实现这一目标，在沟通的过程中，教育者可以采用开放性的态度，倾听学生的意见和建议，使他们感受到被尊重和重视。与此同时，鼓励成人学生在学习之后在自己原有的领域中寻求创新和进步，对于他们的职业规划和人生规划提供支持和帮助，激发学生的学习动力，使他们在学习中保持积极的态度和热情。在进行思想教育的过程中，应避免使用说教的方式。成人学生已经具备一定的思维能力，过度的说教可能引起他们的抗拒心理。相反，应采用启发式的教育方法，通过引导学生自己思考和发现问题，使他们更加深入地理解教育内容。针对个别学生，应进行个性化的关注和辅导。根据不同学生的情况，采取因材施教的方法，明察暗访，找出学生学习欠缺的根源和影响因素。与周围的同学和同事合作，努力解决问题，最大限度地激发学生的学习动力。个性化的关注和辅导可以帮助学生克服学习难题，提升学习效果。

（三）强化校园文化氛围，引导学生学习与发展

开放教育的学生主要通过参与远程教育学习来获取知识，然而，他们同样渴望拥有丰富的校园生活，愿意积极参与交流与互动，与众多同学建立深厚的友谊与支持网络。为满足学生的这些需求，学校在开放教育中应积极提供情感交流、兴趣培养和求助平台，以促进学生之间的交流和沟通。学校应设立多样化的平台，为学生创造交流的机会，传递友情和支持。平台能够帮助学生分享成长经验，解决学习中的疑惑，促使智慧思想的碰撞，传达情感的关怀。培养同学之间的友谊，减轻学习的孤独感，增强学生对开放大学的认同感和凝聚力，营造积极向上的校园文化氛围，推动学生的学习、管理和发展。为促进同学之间的友谊，学校可以经常性地开展校区、班级之间的各

种比赛活动，增进学生之间的交流，通过友好竞争的形式激发同学的参与热情，推动他们共同进步。另外，根据学生原来所从事的不同行业，学校可以有针对性地聘请相关领域的专家学者举办讲座，吸引学生积极参与讨论和交流，从而拓宽他们的知识视野。在激发学生学习积极性方面，导学教师应合理引导学生，帮助他们树立明确的学习目标。与学生深入沟通，了解他们的兴趣和需求，导学教师可以根据个体差异提供有针对性的建议。导学教师还应协助学生自我检测和反馈，帮助他们形成自我评价的能力，从而更好地规划和管理自己的学习进程。

二、突出以人为本的理念

随着现代教育的蓬勃发展和教育改革的不断深化，以个体为中心的学生管理逐渐取代传统的学生管理方式，这是学生管理领域改革和发展的不可逆转的趋势。人作为管理过程中的核心要素，提升个体素质、激发积极性以及促进全面发展，已成为提高管理效能的关键策略。科学发展观所强调的核心理念即是以人为核心，而这一理念不仅在人类思想史上具备重要意义，更应在当今高校教育中成为新的办学理念。在这一新理念的指引下，高校逐渐认识到学生的个体差异，注重满足每位学生的需求，促使其全面发展。以人为本的管理方式，强调教育要从学生的需求、兴趣和特点出发，为学生提供个性化的支持与引导，助力他们在学习、成长和发展中取得优异的成果。

（一）以人为本管理的理念

以人为本的管理模式将人作为核心，侧重确立学生的主体地位，旨在激发学生的积极性、主动性和创造性，已成为高校学生管理的必然趋势。以人为本管理理念将学生视为最重要的资源，强调学生的自主性和个性，引导管理活动的开展，管理模式的发展不仅是高校的需求，更是时代的要求。以人为本的学生管理工作理念，着眼于尊重每个学生作为独立个体的价值和尊严，充分关注他们的人格、兴趣、需求、知识追求以及爱好。在此基础上，致力于推动学生全面的发展与健康成长，同时注重可持续性发展。这意味着从以往单纯将投资看作"经济性投资"的角度，转向更加全面的"发展性投资"理念，关注学生的身心健康、综合素质提升和个人成长。以人为本管理模式强调高校要重视培养学生的综合素质，推动学生在知识、技能、情感和价值观等方面全面发展。该模式能激发学生的热情和探索欲望，为他们提供自主发展的平台，更好地满足学生多元化的需求，帮助他们实现个人价值和成就。

以人为本的管理模式强调人与组织之间的紧密联系，旨在将人的自我发展与组织目标相结合，从而创造积极的工作环境。高校学生管理中的以人为本，不是否定组织目标，而是将个体的成长和完善作为实现组织目标的重要一环。管理者需将学生的个人价值与学校目标相融合，为学生创造一个促进自我发展的环境。在此背景下，高校学生管理工作必须以激发学生的积极性、提供优质服务为核心。具体而言，即将学生视作全体服务的对象，将教育与管理融合，注重满足学生的多元需求。塑造以人为本的高校学生管理理念，可营造积极的服务氛围，在潜移默化中影响学生。不仅仅是教学层面，学校内的所有工作，都应深化教育改革，跳出以往以学校为中心的思维，变管理为服务，确立一切工作以学生健康成长为导向的理念。以学生的发展为出发点和落脚点，以全面促进大学生德、智、体、美的全面发展。要实现以人为本的高校学生管理，理解、尊重、服务和信任成为关键。理解学生，意味着深入了解他们的需求、愿望和问题；尊重学生，是将学生视为有独立思考能力和自主选择权的主体；服务学生，则要提供全方位的支持，为其发展提供充足条件；信任学生，则是在培养中建立互信和合作的基础。这种基于尊重和合作的管理模式，不仅会加强学生与学校之间的联系，还会培养出更加独立自主、有责任感的未来人才。

（二）落实以人为本管理模式的必然性

人性化管理是一种以情感为桥梁，旨在提升管理效能的方法。这种管理风格的核心在于对被管理者的尊重和创造力的充分认可，使被管理者愿意全身心地投入学习和工作，进而显著提高管理效率。人性化管理体现着情感、理性和法制的平衡，强调的是一种既有情感渗透又有理性约束的管理方式。在高校学生管理领域，以人为本的管理模式正是基于这一理念，具有重要的现实意义。在实践中，人性化管理并非对管理的放任，而是一种充分关注被管理者需求的方法。强调在管理中不仅要建立合理的规章制度，还要真正理解和尊重每个学生的个性和需求。这种管理方式不仅是为了提高学生的学习和工作积极性，更是在情感上和理性上满足学生的发展需要。高校学生管理中的以人为本，抓住了学生管理的核心要素，因为管理学生就是管理人。从学生的需求、属性、心理、情感、信仰、素质到价值观等一系列与人相关的因素，都成为管理者关心的焦点。这种以人为本的管理理念将学生视为主体，强调尊重和满足学生的多元需求以及在培养中塑造他们的健全人格。实施人性化管理的核心在于建立情感联系，理解学生的内在需求和愿望。同时需要合理的规章制度作为管理的基础，确保管理过程中的公平和公正。人性化管理并不排除对学生的指导和引导，而是在指导中传达尊重和信任，使学生能够在自由和安全的环境中全情投入学习和成长。

高校的使命之一是为社会的发展教育和培养人才，而大学生已经具备成为国家栋梁的潜质和条件。在教育培养的过程中，激发大学生的主动性、积极性和创造性至关重要，必须创造有利于自主创新和创造性发展的环境。为实现这一目标，高校学生管理需以人性化管理为基础，倡导以人为本的管理理念。在教育中，不能用一种标准化的人才模式来束缚学生，限制他们个性的发展。学生管理工作者应持有开放的未来眼光，勇于挑战常规，培养学生多样化的发展路径。高校学生管理不仅是纪律和规范，更应该是引导和激励的过程。人性化管理模式关注学生的个性和需求，通过激发学生内在的动力，激发他们的学习热情和创新意识。教育者要摒弃传统的"一刀切"式管理，尊重每个学生的差异性，培养他们独特的兴趣和潜能。只有如此，才能使每位学生在学习和发展中发挥出最大的潜力。

在当前新形势下，学生群体已经不再接受传统的高校学生管理模式，高校管理所面临的现实形势也不再适合继续坚持这种模式。随着招生规模的扩大和贫困生数量的增加以及高校对个性培养和创新教育的不断重视，高校学生管理迫切需要抓住"学生"这一核心，更新管理理念，提升教师的素质，强化管理者的人格魅力。在这一背景下，实行以人为本的管理模式已势在必行。随着社会的不断变革和学生需求的多样化，传统的严格管理模式已经不能满足学生的发展需求。学生更加注重个性发展和创新能力的培养，他们期望能在大学期间得到充分尊重和关注。而高校的管理也应该从以规则和限制为主的方式转向以关怀和引导为主的模式，更加关注学生的个体差异，鼓励他们积极参与创新和自主学习。为了适应这种新的需求，高校管理者需要更新管理理念，将"以人为本"作为核心原则。这意味着将学生置于教育的中心地位，充分尊重他们的需求、权益和个性。教育者应当更加耐心地倾听学生的意见和建议，为他们提供积极的引导和支持，让学生的潜能在学习和发展中得到最大程度的发挥。

（三）打造以人为本的学生管理模式

1. 加强对学生的本质认识

高校学生管理是一项复杂而关键的任务，其计划和任务的制定以及内涵和形式的选择，都源自对学生的深入了解和全面把握。实际上，每个学生都是一个独特的个体，拥有自身具体的需求和特点。在高校学生群体中，这些个体的需求相互联系、相互影响，构成了一个错综复杂的网络。在高校学生管理过程中，必须以学生为中心，紧密关注他们的情感、需求以及个人成长的方方面面。学生在校园中的感受、地位以及对学习、人际关系、未来就业等个人发展的期待，都直接影响着他们的学习体验和个人成长。因此，了解并把握这些因素，对于制定有针对性的管理策略至关重要。从学生的角度来看，他们追求个人发展和满足，渴望在校园中得到关注和支持。高校学生管理不能只是一味地按照既定规则和计划执行，而是应当注重灵活性和个性化。个体差异的存在意味着每个学生需要特别的关怀和引导，管理者需要深入了解他们的兴趣、志向、困惑和问题，以便更好地帮助他们解决困难、实现目标。管理者还需要敏锐地观察和洞察，及时调整管理策略。因为学生的需求是变化的，社会环境也在不断变化，管理策略不能僵化固守，而应随着情况作出灵活调整。只有持续关注学生的反馈和发展情况，及时调整管理方法，才能真正提高管理效果。

2. 构建以人为本的校园文化氛围

人类的生存和发展受到环境的直接影响，而在教育领域，尤其是高校学生管理中，校园文化环境构建体现出了不可忽视的作用。校园文化环境是校园的精神家园，由物质和精神两个层面构成，直接影响着学生的思想、品德、行为以及个性发展。校园的物质环境是校园文化的一部分，是学生生活的基础，舒适、安全、美观的校园环境有助于激发学生的积极情绪和促进其全面发展。校园的建筑布局、绿化美化、室内设施的完善，直接影响学生的学习、居住和活动体验。一个宜人的物质环境能够激发学生的创造力和学习动力，让学生在舒适的环境中充实自己，培养积极向上的生活态度。而校园的精神环境则更深刻地塑造着学生的品德和人格，学校的传统、校风、人际关系、文化氛围等，直接影响着学生的价值观和行为准则。良好的校风和人际关系能够培养学生的社会责任感和团队合作能力，形成健康的心态和稳定的情感。校园的文化氛围和活动，如丰富多样的集体活动，不仅促进了学生的个人发展，还能培养学生的社会情操、崇高理想和优秀品质。在校园文化环境中，集体活动起着重要的推动作用。学生在参与丰富多样的集体活动中，培养协作精神、创新思维和团队合作能力。这些活动可以是学术、文化、艺术、体育等方面的，为学生提供展示和发展自己的平台，也激发他们的学习兴趣和自我实现的动力。在集体中，学生的个体差异逐渐被融合，不良习惯得以纠正，积极向上的集体氛围能够影响个体，促进品德的形成和发展。

3. 打造以学生为中心的管理模式，引导学生自我管理

教育工作的核心是确保学生的主体地位得到充分的尊重与保障，在管理过程中，应当尊重学生的自主学习权利，让他们在教育过程中发挥主观能动性，展现个性，挖掘潜力，实现全面发展。并将这种理念贯穿于自我管理实践中，体现在让学生自主参与"自我管理、自我教育、自我约束、自我服务、自我发展"的过程中，从而培养他们独立思考、分析和解决问题的能力。学生的"自我管理"并非与教育机构孤立分开，而是在开放的环境中实现。鼓励学生参与自己学习的规划和决策，从而在管理中充分尊重他们的需求和意愿，体现人性化和民主，有助于学生形成自律和积极的学习态度。学生的"自我教育"也是一种主动学习的表现，鼓励学生主动获取知识，不断充实自我。同时致力于培养学生自我约束的能力，让他们意识到行为的后果与责任，从而形成良好的学习与生活习惯。"自我服务"概念的引入则是强调学生要对自己的学习和成长负责，积极参与各类活动，锻炼社交能力，实现自我提升。不仅有助于个人的全面发展，也能培养学生的团队合作能力和社会责任感。最终，"自我发展"是整个理念的核心，教育管理者的目标是使每位学生都能够发挥自己的潜能，实现个人价值。

4.强化以人为本管理

为了做好学生管理工作，必须持续不断地努力，以更好地满足学生的需求。其中，与学生的频繁沟通是关键，通过这种互动方式可以更深入地了解学生，从而更有效地开展学生管理工作。以学生的需求和心声为出发点，积极为他们提供优质的服务。在这个过程中，需要关注教育学领域的最新理论，更好地了解学生的现状，以便应对出现的问题和挑战。在学生管理方面，教师应该致力于自我提升。阅读教育学方面的书籍可以增加教师的专业知识和提升管理技能，从而更好地应对不同的情况和需求。了解不同阶段的学生心理和行为特点，能够更加有针对性地制定管理策略，使学生管理工作更有针对性和效果。而对于从事学生管理工作的教师来说，必须怀揣着满腔工作热情和无私奉献的精神，这是一名优秀管理者所应具备的品质。时刻关心学生，理解他们的需求，以更人性化的方式对待每个学生，都是教育管理者工作的追求。为了不断提升教师的管理水平，需要建立合理的晋升培训机制。设置晋升机制，激励那些在学生管理工作中表现优异的教师。促进教师更积极地投入学生管理工作，不仅能增强他们的工作动力，也有利于学校整体管理水平的提升。

5.增强学生管理工作者的素养

以人为本的管理理念是一种注重个体需求和全面发展的管理方式，体现出管理的自主性、民主性、灵活性和发展性等特征，对学生管理工作者提出了更高的要求，要在管理过程中充分尊重学生的个性，注重民主参与，灵活运用不同方法，促进学生的全面成长。"教书育人"是教育工作的核心，通过教学的手段来实现育人的目标。高校的每门课程都应该具有育人功能，而每位教师也都应承担起育人的责任。道德教育在校园中起着重要作用，而教师的道德素养直接影响着这种教育的成效。教师和各类管理人员应从不同角度对学生行为产生影响，建立起全员育人和全程育人的意识。所以教师要在教学、生活、交往等各个方面，积极引导学生树立正确的价值观和行为准则，促使他们在成长过程中逐步形成积极向上的品质和态度。随着社会经济形势的变化，学生管理工作也面临着新的挑战。学生管理工作者需要深刻认识和准确把握当前的社会发展趋势，理解变化对学生教育的影响。面对这些变化，学生管理工作者应该具备因势利导的能力，积极引导学生面对挑战，调整自己的学习和生活态度。教育工作者也要加强对学生的引导，帮助他们更好地适应社会的变化，培养适应性强、创新能力强的个体。

构建一个高素质的学生工作队伍是高校管理发展的迫切需要，既需要学校充分考虑规划，也需要学生管理工作者本人不断提升自己的修养与能力。在建设过程中，学校应确保规划的一致性，将学生工作队伍的建设纳入整体规划，与师资队伍和其他管理人员队伍建设相统一。选择学生工作者时要明确条件，坚持严格的标准，确保人员的选拔与岗位需求相匹配。同时要制订周密的计划，合理安排人员培训，提供持续的专业知识和技能培训，以适应不断变化的管理需求。设定明确的目标和严格的要求，能激发学生管理工作者的责任感，鞭策他们持续提高自身素质和水平。领导层和相关部门要充分重视学生管理工作者的思想动态，给予工作上的支持，生活上的关心，政治上的爱护，以此营造一个积极向上的工作氛围。关心关爱不仅能够提高学生管理工作者的工作热情，更能够激发他们的创新意识，不断拓展学生工作的新领域、新方法。这种全方位的支持有助于学生管理工作者在应对新形势、新情况时更加从容和有力。然而，高素质的学生管理工作队伍不仅仅依赖于学校的规划和领导的支持，更需要学生管理工作者本人不断提升自身修养与能力。学生管理工作者应当明确自己的神圣职责，牢记自己肩负的责任，树立起强烈的服务意识。积极学习，实践所学，不断深入思考，勇于创新，是提高自身素质的关键。在快速变化的社会环境中，学生管理工作者要有勇气突破传统，勇敢探索新的途径，以满足学生的多样化需求。为了更好地服务学生的成长，学生管理工作者不仅需要具备专业知识，更需要有人际沟通、团队合作、问题解决等综合能力。因此，学生管理工作者的自身成长也应与学生一样不断探索新的方法，总结新的经验，以适应不断变化的需求。通过不断努力，教育工作者不仅可以在服务学生成长的过程中不断发展自己，也能够实现自身的价值。

以人为本的学生管理理念要不断寻求新的方法，用巧妙的方式吸引学生的关注，注重关注学生日常生活和学习中的细节，将服务学生置于重要地位，从而创造性地进行管理。以创新和新颖的方式来取得成功，以巧妙的手段来引起学生的共鸣和认同。在实际操作中，需要关注学生的点滴变化，关心他们在日常生活和学习中的表现，用心去体察学生的需求和情感，不断进行细致入微的管理。"以人为本，和谐发展"的管理理念强调适应现代科学发展观的要求，倡导积极向上的学习观、人生观和价值观，从而实现学生管理模式的创新与改革。不仅关注学生的学术发展，更注重培养学生的全面素质和健康心态。营造积极、和谐的管理氛围，促进学生的全面发展和持续进步，不仅对学生个人有益，也有助于社会的和谐与发展。

三、教育服务意识提升

现代教育的核心目标是推动人的现代化和主体的全面发展，主体性和发展性是现代教育的本质要求。基于这一理念，现代教育倡导"教育是一种服务"的管理观念，强调教育者（教师）应以满足学生个性化发展为目标，为学生创造全面发展和主体生成的环境和条件，是对当今教育态度和思维方式的总结。相较于传统的教育管理理念，在教育活动和管理实践中，教育服务理念具有独特特点。体现了现代教育的以人为本的精神，强调主体的地位，注重主体生成和主体性发展，以培养现代主体人格为基本目标。这种理念直接聚焦于个体，着重关注个体的发展。

（一）教育服务理念为高校学生管理改革提供内部驱动力

教育的根本目标在于培养、改造和塑造人，在教育界具有显著的合理性和深远的教育价值。然而，在将这一理念转化为实际行动时，需要树立高等教育服务理念，以推动高校对教育的实施更加贴近学生的需求和社会的变革。要求高校管理者树立责任意识、市场意识和竞争意识，更需要他们关注受教育者的个性化需求，以推动教育改革并提高服务质量。高等教育服务理念的核心是以学生为中心，学生是教育的主体，因此，高校的教育活动和管理策略都应当围绕满足学生的需求展开。要求高校管理者将责任意识树立在教育之上，意识到他们肩负着为学生提供最佳学习环境和支持的使命。市场意识和竞争意识的引入，使高校能够更好地把握社会发展趋势和教育市场需求，从而调整课程设置、教学方法，以更好地满足学生的学习需求。高等教育服务理念的实施需要高校管理者深入了解学生，包括他们的学术需求、兴趣爱好和职业发展规划等。高校建立多元化的教育服务体系，能够为学生提供更加个性化的教育支持，如辅导、就业指导和实践机会等。高校管理者需要积极关注教育市场的竞争动态，不断改进服务体系，提升服务质量，以吸引更多优秀的学生选择高校进行学习。高校管理者的需求和认同是推动教育改革的主要动力，应当积极引导和支持教师参与教育创新，鼓励教师积极拥抱变革，适应教育的新发展。同时自身应当不断学习，了解现代教育理念和最新的管理方法，以更好地指导高校的发展方向。

高等教育的发展在于适应时代的需求，教育服务管理理念的实施不仅是对教育质量的提升，更是一种内在动力，促使管理者转变思维，重视学生的需求和满意度。一方面，教育服务管理理念的确立要求管理者将服务作为核心使命。他们需要深刻理解服务与学生的紧密关系，明白自己的职责是以学生为中心，创造有利于学生全面发展的环境。从内心培养出对学生的关爱和尊重，使学生不再只是被管理的对象，而是受到关注和支持的个体。另一方面，教育服务管理理念要求管理者正视传统管理模式存在的问题。传统管理往往以行政为主，忽略了学生个体的需求和差异。树立服务理念，将学生的满意度作为衡量管理绩效的重要标准，从而激发了他们对自身管理方式的反思。这是对管理者个人素质的挑战，更是对整体管理体系的提升。教育服务管理理念的实施将使管理者形成一种自我驱动的动力，在行动上更加关注学生的需求，还在思想上不断地寻求创新和改进。内在动力将推动管理者主动接受新理念、新方法，积极参与教育改革，通过与学生的交流和沟通，了解学生的真实情况，从而调整管理策略，更好地满足学生的需求。

（二）教育服务理念为引导高校学生管理提出新目标

学生群体的特点在于其既具有共性又存在个性的差异，这是学生管理工作中所必须认真应对的复杂现实。共性是指那些在特定年龄段内学生普遍具备的共同特点，而个性则强调每个学生在遗传、环境和经验等多重因素影响下形成的独特属性。共性的存在使得学生在某些方面表现出相似的行为和特征，因为同一年龄段的学生经历着相似的生活环境和社会压力，这种相似性在心理、生理和行为上都体现出来。共性的认识对于制定一些普遍性的管理策略和政策是有帮助的，了解共性特点，学校可以更好地满足学生的共同需求，创造良好的学习和发展环境。然而，尽管学生有共性，他们的个性差异同样不可忽视。个性是因人而异的，受到遗传、家庭背景、社会环境等多方面因素的影响，每个学生都有独特的特点和发展轨迹。在学生管理中，要善于发现每个学生的个性差异，针对不同的需求和问题制定有针对性的措施。管理者在面对学生的共性和个性时，需要灵活应对。在制定管理策略时，既要充分考虑学生共同的需求和特点，也要照顾到个体的差异。这需要管理者具备较高的敏感性和适应性，能够在管理中注重个体差异，同时不忽略共性的规律。

树立高等教育服务理念不仅能够加深我们对学生共性和个性差异的认识，同时也能让人们深刻意识到高等教育是一种服务活动，具有生产者与消费者的双重角色。在这一理念下，教育工作者成为高等教育服务的生产者，他们通过投入智力和体力，创造出多样化、适应不同教育需求的服务内容，处在教育的生产领域；而学生则扮演着高等教育的消费者，他们在接受教育的过程中，实际上是在消费教育服务，处在教育的消费领域。教育工作者需要从服务的角度出发，认识到自己的使命是为学生提供优质的教育服务。在这个过程中，要充分考虑学生的不同特点和需求，为他们提供个性化的支持和关怀。教育服务不再仅仅是传递知识，更是满足学生全面发展的需要，让每个学生都能够充分展现自己的潜力。

作为提供教育服务的教育工作者，学生管理的核心是以学生为本，致力于最大程度地满足学生作为消费者的各种需求。不同学生拥有各自独特的需求，甚至同一名学生在不同发展阶段的需求也存在差异，多样化的需求使教育工作者的任务显得复杂而关键。为了创造出优质的教育服务，以满足各类需求，教育工作者必须自觉地拥抱以人为本的服务理念。树立以人为本的服务理念，意味着教育工作者必须"弯下腰"，深入了解学生的思想动态和个性特点。要真正做到这一点，就需要进入学生的日常生活中，洞察他们的喜好、需求和关切。从课堂到食堂，从学生宿舍到各类活动场所，教育工作者需要身临其境，深入体验学生的生活，以便制定出切实符合学生身心发展需要的管理规范和措施。只有这样，才能真正激发学生的个性，发掘他们内在的创造力，获得广泛的认可和喜爱。与此同时，教育工作者还必须密切关注学生需求的变化。社会和时代在不断变革，学生的思想观念也在不断演变，需要教育工作者时刻调整教育方式，关注过去所建立的规章制度是否仍然适应新形势下的学生需求。过去的教育方式和手段是否仍然受到学生的欢迎，都需要不断地审视和调整。只有紧跟时代步伐，灵活适应变化，才能保证教育服务的持续有效性。

（三）教育服务理念为高校学生管理创造新型师生关系

传统的教育理念曾将学生视为教育的客体，而教师则是主体。在这种观念下，学生管理往往呈现出一种等级制度，教师与学生之间存在指挥与服从的关系。然而，现代高等教育的变革趋势呼唤着一种全新的教育理念，即高等教育服务理念，强调教育者和学生之间的互动与平等，要求重新构建师生关系，实现教育的双向交流和共同发展。在高等学校教育中，树立高等教育服务理念，首先要求教育者重新审视师生关系。不再将学生仅视为被管理的对象，而是作为教育服务的受益者，占据着重要的地位。这种转变要求教师不再简单地传递知识，而是要从学生的角度出发，关注学生的需求和意见。教师不再是单纯的知识传授者，更是学生成长路上的引路人和合作伙伴。教师必须从提高服务质量、满足学生需求的角度出发，树立服务意识，实现因材施教，推动学生个性的全面发展。而从学生的角度来看，高等教育服务理念要求他们树立独立意识和自主观念。意识到接受教育是对教育服务的一种消费，学生需要对自己的选择和行为负责。他们不应完全依赖学校和教师，而是积极参与学习和成长过程，主动寻求和探索知识。新型的师生关系鼓励学生在平等和尊重的氛围中与教师展开深入的交流和对话，从而共同探索知识的奥秘，培养批判性思维，培养创新能力。以高等教育服务理念为核心的新型师生关系强调的是平等、合作、共同成长。不再是单向的指导与传授，而是双向的交流和互助。在这种关系中，学生不再是被动的学习者，而是积极的参与者和创造者；教师也不再是权威的领导者，而是引导者和合作伙伴。双方在平等和尊重的基础上，共同营造出积极的学习氛围，相互激发学习的热情和动力。

爱，作为教育的基石，不仅是开启学生内心世界的金钥匙，更是引导和管理学生的强大动力。唯有怀着深情，教育者才能展现出极度耐心；唯有真正了解，他们才能表现出极至细心；唯有满怀热情，他们才能真正地为学生提供服务。而最为有效的爱护学生的方式，莫过于与他们成为朋友，成为良师益友。与学生交朋友，是实现教育爱的有效途径，能够唤醒学生管理者内心深处的友情和关爱，让他们乐意并擅长与学生建立友好的互动。同时也使得学生将学生管理者视为值得信赖的伙伴，敞开心扉，坦诚交流。学生在这种友好的氛围中，愿意向管理者敞开心扉，分享内心感受，愉快地接受管理和引导。在这种友爱的基础上，学生管理者能够更加理解学生的需求和独特性。他们能够敏锐地察觉到每个学生的成长阶段、兴趣爱好以及内心的变化，从而为每位学生提供个性化的关心和引导。友善的关系也能激发学生的自信，让他们更愿意展现自己的特点，充分展示自己的才华。

（四）在学生管理工作中树立服务意识的几点建议

1.建立一套科学、规范、完善的学生工作制度

高等院校应当以国家法律法规为依据，结合本校实际情况，制定系统完整、操作性强的程序、步骤和规章制度，从而有效规范学生的行为，实现高效管理。为确保学生管理制度健全，除了内容上的注重，也应关注程序的设置。在建立学生管理制度时，必须确保充分体现各方利益，体现"以人为本"的管理理念。制度的主体应涵盖学校领导和管理者，还应包括作为被管理者的学生。制度能够更加全面地考虑学生的需求和利益，确保制度的合理性和可行性。在制定学生管理制度时要关注实体内容以及程序的合理性，以学生处分制度为例，制度应明确规定何种情况下学生会受到处分，并应设立学生辩护机制和申诉机制。在整个决策过程中，通过明确的程序来保障学生的合法权益，确保处分决策的公平性和合法性。针对国家学生管理政策或法规的更新，学校应设立快速反应机制。一旦有新政策出台，学校应当立即制定相应的实施意见，确保政策能够在校内得到有效的贯彻。此举能够使学校始终处于遵循法规、规章制度的良好状态，确保学生管理工作与时俱进。

除了强制性规定，高校还应制定一系列自律性规章制度，引导学生自觉规范行为，涵盖集体生活中的行为准则，教育学生自律，培养他们具备良好的道德素养和社会责任感。自律性规章制度的实施有助于学生明确自我行为的底线，共同维护学校的和谐发展。在学生管理工作中，制度的健全性和操作性是保障管理效果的重要因素。高校应立足国家政策，结合学校实际，确保制度既符合法律法规，又能够在学生群体中得到贯彻。学校能够以完善的规章制度，更好地引导学生的行为，促进他们的全面成长和发展。在规章制

度的指导下，学校的管理工作将更具有针对性、系统性和可持续性，为学生成才和人格的培养提供坚实保障。

2.体现学生主观能动性，化被动管理为自我管理

在实际工作中，需要积极调动学生自身参与管理的积极性，使学生成为学生管理工作的积极参与者。此种做法有助于改变学生在管理中被动从属的角色，避免将他们仅视为教育管理的客体。运用这种方式可以减少大学生对被管理的逆反情绪，促进大学生的自我管理能力的培养。在学生管理中，可倡导一种相对的管理方式，即以学生工作指导为外在引导，以辅导员和学生干部为内在调节，以学生自律委员会为核心。在保证管理目标的基础上，更好地培养学生的能力和自我约束能力。辅导员和学生干部作为内在的调节者，可以根据学生的需求和情况，提供针对性的指导和帮助，使学生能够更好地发掘自己的潜力。而学生自律委员会作为中心，可以促进学生在管理中形成集体合作的意识，培养他们的组织和领导能力。

3.完善对学生管理者的选拔模式与培训机制

（1）创新学生管理者的选拔模式。目前的学生管理工作者选拔制度存在一些不足，其中一部分是由于毕业生为了留校从事学生管理工作，作为成为任课教师的跳板，另一部分则是通过人际关系安排进入。由此产生的问题是，学生管理工作者难以保持高度的热情和管理水平。为了解决这些问题，新的选拔模式应当朝向更加开放，面向全社会，建立完善的选拔机制，以确保学生管理工作者的选拔更加公平、公正。改革选拔制度可以吸引更多不同类型的人才加入学生管理队伍，带来更多的新鲜思维和创意，进一步丰富学生管理工作的内涵。新的选拔机制应当依据专业背景、经验、素质等多个维度进行评估，确保选出的管理工作者具有丰富的知识储备、良好的沟通能力和高度的责任感。公开透明的选拔机制可以减少不必要的人际关系干预，提高选拔过程的公平性和透明度。广泛宣传选拔标准和流程能够让更多有志于从事学生管理工作的人了解并参与，从而形成竞争机制，推动学生管理工作者的整体素质提升。

（2）创新学生管理者培训机制。学生管理工作作为一项极具灵活性和多变性的工作，要求管理者具备丰富的经验和专业知识，以应对各种突发事件和情况的处理。因此，对学生管理队伍进行专业培训显得尤为关键。在新

型的学生管理模式下，任课教师、宿舍管理者等扮演着了解学生情况和反馈的重要角色。因此，原有的专业培训机制需要进行改变，将焦点从校、院、班三级的学生管理工作者扩展到专业课教师、学生辅导员和宿舍管理员，以打造一支专业素质稳定的学生管理队伍。在这一新型管理模式中，学生辅导员和宿舍管理员等角色要接受关于教育学、心理学和管理学等方面知识的培训更新，特别是在应对突发事件的应急能力方面。使他们将"学会管理"和"学会学习"紧密结合，从而不断提升自身能力，为学生提供更加专业和有效的指导。注重知识更新和应急训练，培养出具备全面素质的学生管理人员，使他们能够在复杂的学生管理工作中游刃有余。对于专业课教师，培训也应关注学生工作相关知识的了解程度。提供相关培训，使他们从被动地关注学生的成长转变为积极主动地参与学生工作，关心学生的发展和问题。在高校树立全员育人的思想，使教师在教学过程中更加关注学生的全面素质培养，促进他们的全面发展。

（3）关注学生管理者的待遇。学生管理工作的复杂性要求管理者具备耐心和工作热情。然而，由于工作的烦琐性，许多管理者很难长期保持稳定。频繁的管理者变动不仅影响学生管理工作的连续性，也妨碍工作的进一步完善。因此，提高学生管理工作者的待遇，确保他们能够稳定地从事这项工作，变得非常必要。从而保持学生管理工作的稳定性，还能激发管理者的积极性和责任感，从而更好地服务于学生的发展和成长。

第四章 互联网时代高校教育管理改革的途径

第一节 互联网时代高校管理层面的改革

一、管理者自身综合素质的提升

随着我国高等教育的普及和国际化进程，各高校在激烈的竞争中迎来新的任务和挑战。高校学生管理者既需要履行教师的职责，也承担着管理者的独特使命。要求他们必须全面提升个人的素质和能力，以更好地应对日益复杂的管理工作。在不断变化的环境中，他们需要不断学习和适应，不仅在教学方面，还需要在领导、组织、沟通等各个方面进行提升。这种全面素质的提升，将使他们具备应对多样化挑战的能力，更有效地履行教育使命，确保高校的稳定发展和学生的全面成长。

（一）高校管理者责任体现

高校的兴衰在很大程度上取决于领导者的素质和水平，高校教育管理者作为这个学术阵地的引领者，其自身的能力素质直接关系到高校的发展趋势以及学生的健康成长。然而，近年来在这个管理者群体中，存在一些个别管理者缺乏责任感的情况，从而对学校的整体发展和学生的成长产生了不良影响。为了使高校学生管理者更好地认知所处的时代和肩负的责任，他们需要不断强化自身的管理能力，涉及知识和技能方面的提升，更需要注重对时事和社会发展趋势的深入了解。通过广泛阅读、参与学术研讨和社会活动，他们可以更好地把握变化，为学生提供准确的引导。高校学生管理者需要不断吸收新信息，不断丰富自己的知识库。教育领域的知识日新月异，高校学生管理者需要保持求知欲望，不断跟进教育改革和创新，以便为学生提供更符合时代要求的指导和支持。在实践中，高校学生管理者要不断积累经验，总结行之有效的方法。只有将理论知识与实际操作相结合，才能更好地应对各种复杂情况。结合实践逐步培养出良好的执行力，确保所制定的方案能够顺利落地并取得实效。另外，良好的沟通协调能力也是高校学生管理者不可或缺的素质。管理涉及与不同层面、背景的人进行有效沟通，需要善于倾听，能够明确表达自己的意见，达成共识。协调能力同样重要，能够在复杂的情况下协调各方利益，达成平衡，推动工作向前发展。

管理能力的提升是一个不断学习和锤炼的过程，过去所积累的知识和技能固然重要，但不能仅仅依赖过去的经验来应对如今和未来的挑战。应该以发展的眼光，不断培养自身的责任意识，因为管理者的使命在于引领前进，不断适应变化的环境。高校学生管理方法的研究是至关重要的，深入研究学生的需求、心理、行为等方面，可以更好地掌握管理的精要。而增强自身的科研素质也是不可或缺的，掌握研究方法，进行管理实践的科学化探索，将有助于提升管理者的管理水平。

1.推动高校教育发展的责任

目前，高校学生管理者集聚着丰富的、系统的高等教育经历，掌握了先进的科学技术和管理方法，构成了高校发展中不可或缺的优秀团队。他们应该将自己的才智与能力融入高校的发展蓝图中，为大学生的成长成才贡献力量，这份历史赋予的责任是不容推卸的。高校学生管理者在接受严谨的治学熏陶时，汲取了各门学科的精华，凝聚了追求自然和社会最新知识的决心，因此，他们不仅有着足够的能力，也承载着更多的责任和义务，为中国教育的繁荣作出贡献，为高校竞争的舞台增光添彩，为高校的不断进步努力奋斗。高校学生管理者应对祖国的教育和人才培养怀有深切的关注和思考，对建设具有中国特色的社会主义教育、办好广大人民满意的高校有着清晰而深刻的理解。因此，他们能够主动融入高校建设的各个方面，用实际行动推进高校的发展。以积极的态度投身到高校的各项建设中，不断挖掘潜力，为高校的进步注入活力。高校学生管理者不仅是管理者，更是教育者。他们要在管理的同时，传播着知识的火种，引导着学生的成长。在管理学生的过程中，应当注重培养学生的自主意识和创新能力，鼓励他们在探索中成长，在创新中蜕变。他们的影响不仅局限于高校内部，更延伸到社会的每个角落。

2. 推动大学生成长成才的责任

高校学生管理者的使命在于自身的成长以及承担高校教育的重任，他们需要在追求个人发展的同时，肩负起培养未来社会栋梁的责任。高校学生管理者应当紧密围绕办人民满意大学的目标，以自身的发展为催化剂，推动高校教育的进步，促进大学生的全面健康成才。责任感的重要性不言而喻，是高校学生管理者的核心素养，是激发其内在动力的关键。责任感的培养和增强需要高校学生管理者自身的不懈努力，也需要外界社会的支持和创造良好的条件。为此，社会应提供各种锻炼机会，让他们能够真实地接触社会，深刻地认知社会现象。他们能够通过与社会的互动逐渐形成成熟的观点，传播着良好的社会风尚，坚决抵制社会不良风气和现象，从而培养自身的辨别是非的能力，以应对复杂多变的局面。高校学生管理者需要以身作则，以实际行动践行责任。在管理学生的过程中，不仅是教育者，更是引路人，树立正确的价值观，为大学生提供了模范示范，引导他们走向正确的人生道路。高校学生管理者的责任感将影响大学生的成长轨迹，引导他们树立正确的人生观、价值观和道德观，使其学会明辨是非。

（二）提高高校学生管理者的素质

高校学生管理者在职责履行中不仅需广泛借鉴知识和经验，还应具备管理、规划、发展以及远景预测的技能。工作不能仅仅停留在表面，必须有周详计划和细致总结，以确保有效执行。在执行过程中，不能随遇而安，要突破常规思维，树立大胆创新的意识。运用创新思维，方能完成高等学府的使命。这一切的前提是培养自我管理的能力，同时加强对社会的责任感，以促进高校的不断发展。

1. 重视知识更新，强化责任引导

高校学生管理者应将责任感内化为一种自觉的信念，将其升华为内心深处的义务感，培养出强烈的社会责任感。自我管理能力的培养是必不可少的，这需要高校学生管理者将自身的政治素质、业务能力以及工作经验等作为能力管理的主要内容。以有针对性的学习和培训，提升工作技能与方法，使其能更好地运用自身优势，为大学生成才助力，进而推动学校教育的不断发展。作为教书育人的责任主体，高校学生管理者除了拥有公民权利和意识外，也必须树立办人民满意大学的责任观念。正确看待个人与社会的关系，明白承担社会责任是实现个人价值的必要途径，也是构建和谐学院的基石。个体与社会之间既有区别，又存在紧密联系，二者相辅相成，相互促进。高校学生管理者应充分发挥主观能动性和创造性，运用科学理性的思维去分析、解决问题，充满自信，积极创新。高校管理者的使命不仅在于培养学生的个人发展，更是在推动整个社会的进步。他们应在关注个体成长的同时，关注社会的需求，不断寻求创新的方法和途径，以适应日新月异的时代发展。因此，高校学生管理者应不断学习，保持开放的思维，勇于尝试新的方法，不断提升自身的素质。

2.重视能力管理，拓展创新载体

高校学生管理者在面对学生管理工作时，应当注重培养自己的健康心理素质，锻炼出坚韧的品质，并增强抗挫折的能力。学生管理工作中经常会遇到让人不顺心的情况，这些不如意的事情可能导致心情受挫，影响工作的效率和准确性。因此，高校学生管理者要重视培养健康的心理素质，使自己能够更好地应对各种压力和困难。在学生管理工作中，坚定的职业精神是不可或缺的。只有对自己的本职工作充满热情和投入，才能够真正将事情做好。在繁重而枯燥的工作中，高校学生管理者需要保持耐心和认真，不折不扣地完成教书育人的任务。

孔子曾言："吾日三省吾身。"这句箴言告诉人们，每位高校学生管理者都应该经常对自己的表现进行反思，不断超越自身的惰性和私心。持续的自我审视能够克服个人的局限，不断提升学生管理水平。高校学生管理者的最终目标是为学院的发展服务，为社会培养出优秀合格的人才。要求他们具备强烈的社会责任感，只有这样才能够培养出社会需要的人才。高校学生管理者能力的提升和社会责任感的培养是相互促进的，需要在能力管理方面努力发展，提升自身的素质和能力，以更好地完成学生管理工作。同时，应该始终牢记自己的社会责任，将自己的工作与高校的发展、社会的需求紧密结合起来。良性互动将有助于高校学生管理者全面、和谐、自由地发展，同时将为学校和社会带来更大的价值和影响。

二、全面落实高校学生管理工作

在高校学生管理工作中，辅导员需要管理学生，并肩负起教育学生的使命，对学生的学习和日常生活进行正确引导。辅导员在高校学生管理中的角色分析，可以帮助他们更好地开展教育和管理工作，从而推动大学生的全面发展。随着国家改革开放和经济社会深入发展，高等学校的建设与发展进入了新的阶段。在这个背景下，辅导员承担着众多的责任。他们需要落实大学生的德育教育，推动学校的规章制度得以有效执行。此外，需要组织大学生参与各种教学活动，为他们提供专业和择业方面的辅导，疏导他们的心理困惑，帮助他们解决各种困难。辅导员还要在大学生中发展党员，为学生的成长创造更加良好的环境。

（一）高校辅导员的地位与作用

1.管理协调

高校辅导员的工作使命是管理学生，但更需要关心学生的方方面面，做到事事细心，让学生在校园中感受到温暖和关爱。不仅要关注学生的学业，还要关心他们的日常生活。举例来说，辅导员要指导学生如何合理安排日常事务，如何遵守班级的规章制度，如何有序组织班级活动，还要引导他们积极培养良好的学风。在班级管理工作中，高校辅导员需要付出大量的汗水和心血，从而确保学生在校园中有一个良好的成长环境。高校辅导员通常被广泛认可为"学生工作管理员"，在工作中需要协调学校内各个部门与学生之间的关系，确保各环节之间的有效衔接。辅导员需要与教师、家长、学生会等多方合作，形成一个紧密的合作网络，共同关心学生的成长和发展。高校辅导员与不同部门的合作能够为学生提供更加全面的服务和指导，从而帮助他们充分发展自身潜能。

2.桥梁纽带

通过辅导员的努力，可以在高校与学生之间搭建起紧密的沟通桥梁。辅导员不仅要负责收集、掌握和处理学生的意见和要求，还需要全力贯彻落实学校的政策法规和规章制度，同时积极组织学生参与各种校园活动。正是通过这种积极参与，高校辅导员加强了学校与学生之间的思想沟通，从而创造了一个和谐稳定的氛围，促进了高校管理工作的高效稳定运行。高校辅导员作为学校与学生之间的纽带，在学生中传达学校政策，并充当着倾听学生心声的重要角色。通过积极倾听，辅导员可以了解学生的关切和需求，进而适时提出建议和解决方案，促进学生和学校之间的密切互动。辅导员不仅是信息的传递者，更是学生成长路上的引路人。他们以专业的知识和耐心的态度，指导学生在学业、生活和职业规划等方面做出正确的决策。辅导员及时组织校园活动，创造学生交流、互动的平台，促进学生之间的合作与团结。

3.教育疏导

高校辅导员采用贴近式的教育模式，全面引导大学生的成长。他们的教育工作覆盖了大学生的各个方面，不仅仅限于思想层面的教育。在教育过程中，辅导员的重点工作是协助大学生进行职业生涯规划，激励他们树立远大的理想。此举不仅有助于塑造大学生正确的学习态度，也能影响他们在生活和工作中的态度，为高校培养高素质的人才提供坚实的保障。

4.成才导师

辅导员的角色在学生的多个方面产生影响，包括他们的思想观念、价值取向、处事态度、行为方式以及学习成绩等，都构成了辅导员对大学生的积极引导。辅导员是学生步入大学后迎接的第一位导师，他们肩负着引领大学生四年学习和日常生活的责任，负责指导大学生的学业和生活，直至他们毕业。在这个阶段，学生的身体和思想都逐渐成熟，辅导员的引导和影响能够在学生心中产生潜移默化的深远影响。优秀的辅导员在大学生的成长中起到关键作用，他们不仅在课堂上传授知识，更在学生的日常生活中充当着良师益友的角色。

（二）高校辅导员工作的实施策略

1.发挥榜样作用

在高校教育中，辅导员与学生的交流时间更为充裕，因此，容易在学生心目中树立起良好的榜样。学生的素质和品德往往直接受到辅导员综合素质的影响。为此，辅导员需要不断提升自身素养，以身作则，时刻注意自己的言行举止，以良好的行为示范引导学生。学生群体中存在许多潜力榜样，辅导员应积极发现并善于利用。通过挖掘学生中的典型代表，辅导员能够让学生感受到身边同伴的榜样力量，从而激发学生的学习积极性。辅导员可以选取一些具有代表性的学生作为榜样，鼓励他们发挥带头作用，引导其他学生向优秀的榜样学习。辅导员还应积极组织学生开展各类学习榜样活动，培养学生的社会责任感和公民意识，使他们不仅关注自身发展，也关心他人和社会。组织学习雷锋榜样、参与社区义工活动、慰问养老院的老人等活动，学生可以亲身体验到助人为乐的快乐，培养出更多的人文关怀。

2.注重全面发展

辅导员是学生的引导者，更是学生的知心朋友和就业指导者。在辅导员的引领下，大学生能够更好地实现个人全面发展和职业规划。辅导员承担着管理职能，也扮演着教育者的角色。以教授学生有效的学习方法为出发点，辅导员需要不断学习和掌握相关专业知识，根据课程教学和活动教学等方式，向学生传授科学的学习方法。辅导员的指导能帮助学生建立正确的学习观念，提高学习效率，从而更好地应对学业挑战。大学时期是学生成长发展的关键阶段，辅导员需要给予学生更多关心和爱护，及时了解学生的学习和生活状况，积极帮助学生解决在学习和生活中遇到的问题，让学生感受到来自辅导员的温暖和关怀。与学生建立深入的沟通，更好地理解学生的需求和困惑，为他们提供有针对性的帮助和支持，赢得学生的尊重和信任。大学生毕业前往往面临就业方向不明确的问题，辅导员要引导学生进行职业规划。他们可以协助学生设计职业生涯规划，帮助他们明确个人发展目标，制定符合自身实际的职业规划，协助学生有针对性地迈向职业道路。通过开展职业生涯评比活动和引导学生参与社会实践，辅导员能够培养学生的实践能力和职业素养，为他们顺利融入社会做好充分准备。

三、把握高校学生管理的重点

在实践中，教育管理者需关注几个关键环节，如入学教育、学生干部选拔、评优评模、军政教练员选拔等。全面把握这些关键环节，有助于确保大学生管理工作更加规范和科学，从而使学校管理更加有效。

（一）入学教育

高等教育的招生对象是高中毕业生，这个阶段的学生要从高中生转变为大学生，从一个相对受限的环境进入自我教育、管理和服务的大学模式。然而，大部分中学生的自我管理和自我约束能力相对较弱。因此，如何实现高中毕业生向大学生的顺利转变和过渡，入学教育成为大学生管理的首要环节。入学教育在此背景下显得尤为关键，而军政训练是一个重点，通过队列、内务、学籍管理规定、日常行为规范、考试制度等方面的教育和训练，培养学生的自律和规范行为。学校还应确保学生真正理解，科教兴国，培养自身是国家未来的基石，而中国要在国际舞台上立于不败之地，首先需要强大的教育事业。在此基础上，学生也应了解本省乃至全国各行各业，特别是他们所学专业的发展现状和前景，从而塑造"今天学知识，明天建祖国，现在准备好，将来去奉献"的职业道德观念。入学教育还应激发学生的责任感和使命感，通过学校巧妙的引导，使学生能够逐渐明白"奉献自己、服务他人、努力打拼、不断创新"的价值观，并使这一价值观在日常学习和生活中成为学生的信念，培养学生的专业素养，进而使学生能将其转化为为社会作出贡献的行动。

（二）选拔学生干部

在学生看来，担任班干部是一段有益于未来发展的经历。成为学生干部不仅带来荣耀，还成为党组织纳新的首选对象，学生干部的经验将对他们未来的就业产生积极影响。"不想当将军的士兵不是好士兵"，这句话虽然不完全正确，但对于学生干部来说，却存在一些挑战。学生因为担任学生干部，不仅要承担荣誉，还要在党组织中展现优异的表现。然而，由于他们自我控制能力较差，难以起到以身作则、率先垂范的榜样作用，也给自身学习带来了巨大的压力，给学生管理工作带来了不利影响，甚至可能带来后患。因此，在选拔学生干部时，必须遵循择优原则，选择品学兼优、具备组织能力且在同学中有较高威望的学生，这一步骤至关重要。在选拔和任命学生干部时，辅导员在新生入学前应对相关教学班新生的档案信息进行审查，全面了解学生的思想政治状况和家庭背景，挑选出政治可靠、学业优秀的备选学生干部。随着新生入学，辅导员可以提名一些优秀的学生来担任班委会、团支部的临时干部。经过 1～2 个月的实践和考察，按照民主推荐的程序，最终确定正式的班委会和团支部的学生干部人选。

（三）评优与纳新

在学生管理方面，评选"优秀团员""三好学生""优秀学生干部""优秀毕业生"以及奖学金的评定，还有党组织纳新，构建了一个重要的激励机制，有助于树立良好的班风、学风和校风。

"优秀团员""三好学生""优秀学生干部"以及奖学金的评定每学年进行一次，而"优秀毕业生"的评定则是每届学生进行一次，党组织纳新则一般在每学年进行两次。每一次的评优、评奖和党组织纳新工作，高校的学生管理部门都会发布相关的文件和要求。然而，关键在于各系部和辅导员要严格按照文件精神，认真贯彻执行，履行自己的职责。要真正把那些在政治上可靠、学业上优秀的学生选出来，需要各系部和辅导员严格把关，并确保评选过程的公正性和准确性。还需要将那些拥护党的领导、积极进取的学生尽早吸收到党的组织中，使其成为党的中坚力量，进而培养出更多优秀的党员，学生的积极性，提高他们的政治觉悟。评优和党组织纳新的激励作用是不可小觑的，此种荣誉和机会不仅能够鼓励学生积极进取，还能够促使他们在学习和社会实践中不断超越自己，展现出更优秀的一面。通过评定和纳新，学校能够有效地激发学生的竞争动力，形成一种健康的学习和成长氛围。

四、掌握高校学生个体管理的艺术

（一）制度规范与激励功能在高校学生管理工作的体现

高校学生管理中，规范性制度和激励性制度都有其合理性和价值。从分析这两种制度功能的价值取向和限度出发，并非要否定规范性制度在高校学生管理中的作用，而是要在合适的层面上，理解并发挥这两种制度功能的有效性。在此过程中，要注意平衡学生的独立人格和尊严，以及规范性制度的定位。大学生在成长过程中逐渐形成了强烈的个性和价值观，他们会基于自身理性进行价值认知和选择。规范性制度在这一点上应该发挥其价值，对学生的权利和义务进行准确定位，保障学生作为公民和受教育者的权利，明确学生应遵循的行为规则和责任。规范性制度的内容是对大学生行为的基本限定，对遵循基本行为规范的学生提出要求，同时对违规行为给予必要的强制性处理。与规范性制度相辅相成的是激励性制度，激励性制度是一种鼓励和引导学生积极行为的机制。学校可以通过激励性制度对学生的优秀表现给予认可和奖励，从而增强学生的积极性和责任感。激励性制度可以以奖学金、荣誉称号、评选优秀团员等形式呈现，从而引导学生朝着积极向上的方向发展。要正确理解和运用这两种制度，高校学生管理者需要在规范性制度的制定过程中注重平衡，不仅要保障学生的权益，还要建立公平、合理的处罚机制。在激励性制度方面，要确保奖励的公正性和透明度，避免出现偏袒和不公现象。两种制度的相互配合和平衡，可以实现学生行为的规范化和积极性的引导，有助于创造一个有益于学生全面发展的学习环境。

在学生管理制度中，应该尽量避免过度依赖规范性制度或强制性措施来达到管理目的。我国的学校管理制度往往呈现自上而下、以行政规划和管理为主的特点，学校内部的层次结构划分常常涉及权力和责任的分配。尽管科层制在社会组织管理中具备高效和明确的作用，但在高校学生管理领域，科层制的不断扩张和权力膨胀可能导致过度强调规范性制度的倾向。在高校学生管理中，强调规范性制度可能使得学生的个性和特点被忽略，而过分追求层级管理可能使学生失去参与决策和管理的机会。

更多的高校学生管理制度应当以积极引导的价值取向为导向，激发和激励每个学生的个体价值，全面肯定和体现学生的独特价值，从而增强他们积极向上的欲望和动力。激励性制度能够有效地启发学生的潜能，提升价值判断和选择的能力。激励性制度应当敞开学生通向多样化社会生活空间的大门，让他们从容面对开放、无限沟通的社会，自主地构建个人的价值观，成为生活的主动参与者。人才的培养具有基本要求，但并不存在一种统一的标准，诸多基本要求可以通过规范性制度来培养和强化。然而，对于人才的个人发展，需要更多样的激励措施和肯定方式。制度或规则不应仅仅成为束缚，而应该创造一种教育情境，为学生提供实践个体价值的场所和空间，并将实践活动与现实生活紧密结合，使学生近距离接触社会实际，提升其价值认知、探究和体验的能力。

（二）借助激励性制度引领高校学生管理工作的价值创新

高校学生管理工作的成功关键之一在于加强对激励性制度的高度重视，在塑造激励性制度时，需要从激励性功能的角度出发，明确制度的目标定位，以实现多方面的效益。激励性制度应当致力于帮助学生实现不同层面的认知，每个学生都有独特的个性和价值观，激励性制度的目标之一是引导并激发不同个性的彰显。创造多元的激励机制利于学生更加自主地探索自己的价值取向，自信地发展个性特长，从而在自我认知中实现成长和成熟。激励性制度的引入需要改变管理者的工作方式，强制性特征的减弱是一个关键方向，要从服务为主的角色意识出发，创造更加灵活、富有活力的管理平台。制度不应仅仅是一种束缚，而应该为学生提供充满创造性的环境，让学生在制度规范的框架下自由探索，充分发挥个性，创造出充满生机的学习与成长空间。

（三）设计制度

在高校学生管理工作创新的过程中，制度创新应被赋予高度重视，并在其基础上不断完善、规范和科学化。一个完整、成熟、合理、先进的学生管理制度，不仅是学校德育工作理念和机制的体现，而且反映学校人才培养的目标和要求以及学校学生管理工作的思路、模式和方法。同时代表着学校学生管理工作的境界与水平，与人民共同追寻中国梦的愿景和期望相互交织。在进行制度创新时，应当理性把握制度功能的特点，兼顾制度设计的原则要求。在强调制度执行的严谨性、规范性和教育性的基础上，更应关注制度设计的创新。制度设计应充分考虑激励功能的发挥，为学生提供积极的动力，从而激发其参与、创新和发展的积极性。制度创新不仅是一个工作流程，更是一种价值追求。在创新过程中，需要深刻理解学生管理工作的核心价值，将制度设计与学校的教育目标和使命相契合。还要充分借鉴国内外先进的管理经验和制度设计理念，使制度在创新中寻求更高效、更科学的实现途径。

在高校学生管理工作中，制度设计的重要性不容忽视，同时应建立健全的评价机制，优化绩效考核激励机制。正如柯尔伯格所强调的，道德发展并不仅仅取决于规则的存在，更取决于规则如何被理解和应用，这种理解超越了文化的差异。这启示人们，制度对他人的影响不仅在于规则的存在，更在于规则所传递的是一种限制性的价值，还是一种开放性的价值引导。学生的行为要求通常应与个人自身的发展目标保持一致，这体现了限制向内，开放向外的原则。在制度设计中，更应强调激励性功能的发挥，将对学生的教育价值引导渗透于他们成长的全过程中，从而应成为高校学生管理工作的基本出发点和最终目标。在制度设计中，建立健全的评价机制能规范学生的行为，还能够对学生的表现和发展进行客观评价。学生通过透明的评价标准和流程，能够清楚地了解自己的发展状况，从而更好地调整自己的行为和目标。

制度设计的关键在于将个人的道德理念与日常生活相结合，将静态和动态激励性功能的有机结合，制度设计不仅要规定具体行为，更要在生活中实现个人的价值理念。强调细化和量化管理，以验证、丰富以及实践个人的价值观。通过制度的引导，个人的价值观能够在实际生活中得以验证和提升。而个人逐步形成稳定的道德行为习惯，可以在日常生活中形成稳定的道德思考、判断、选择和行动方式，进而培养学生在综合素质提高方面的持续张力和多维度发展。制度设计应当兼顾道德理性与生活实践，使规定的行为准则能够在学生日常行为中得到体现。透过细化和量化的管理，学生的价值观将在实际行动中得以不断升华，形成稳定的道德行为模式，引导学生在日常生活中持续发展自身综合素质，确保个人的价值观能够得到贯彻和实践。

第二节　互联网时代的大学生个人层面改变途径

一、体现学生主动性

大学生的自我管理涵盖多个方面，包括对自身生理、行为等方面的自我认知、自我感知、自我照顾、自主学习、自我监督、自我控制以及自我提升。具体而言，大学生的自我管理涉及三个关键方面，即通过反馈、分析以及有效服务自己。鉴于此，大学生需要认识自己的长处，设定并管理自己的目标，学会高效地处理任务以及与人交往。

（一）了解自我长处为自我管理的基础

大学生的成长与发展过程中，首先要追求的目标即了解自己的长处。虽然这可能需要花费整个大学时光，但早日发现并认识自己的优势直接影响了其未来发展。发现自身长处需要通过实践来检验，并进行反馈和分析。因此，大学生应该积极尝试，广泛涉猎各种书籍，利用假期寻找实践机会。行之有效的方式是在做出重要决策或采取重大行动时，记录下自身对预期结果的期望。然后在三到六个月后，将实际结果与预期进行比较。这样一来，可以清楚地看到在不同抉择中，哪些领域是自身没有天赋和技能的，哪些领域自身具有迅速上手的能力。人生短暂，懂得理解自己的长处，就能在自己擅长的领域中不断学习，从一般走向卓越。同时能避免在自己能力相对较低的领域浪费时间，从而在发展中取得更好的结果。大学生的成就往往建立在他们的长处和强项之上，充分利用自己的优势，不断提升自己的技能和知识，能够向更高的目标迈进。相反，如果过于专注于自己的短处和弱点，可能会浪费时间和精力，导致发展受限。因此，认识和发展自己的长处是大学生个人成长的基石，也是实现卓越的关键。在挖掘自身潜力的过程中，大学生需要勇敢尝试、不断反思，以获得更深刻的自我认知。这种方式能使学生在个人成长的旅程中走得更远，取得更为显著的成就。

一个人的成长是一个持续不断的过程，特别对于具有较强可塑性的大学生来说，他们的长处也会随着时间不断发展和补充。长处可以通过挖掘和培养来实现。在追求更好的生存发展过程中，人们无限的潜力也会帮助他们不断激发和培养新的长处。因此，寻找和发展长处并不是一成不变的模式或框架，而是需要定期进行反馈分析，将寻找、培养和发挥长处融合于实践中。只有这样，长处才能充分发挥作用，成为真正的竞争优势。大学生在探索和发展自己的长处时，需要灵活应用不同的方法。长处既可以通过挖掘已有的个人优势来发展，也可以通过培养新的技能和能力来不断增加。此过程呈现动态趋势，需要持续地自我反思和调整。大学生在发展长处的过程中，应该将其与实际实践相结合，从而使自己的长处能够真正地为个人的成长和竞争优势提供支持。对于大学生而言，寻找和发展长处并不是一个固定的路径，而是一个不断探索和实践的过程。他们需要根据自身的情况和目标，灵活地调整自己的发展方向，并时刻保持对自身潜力的认知和信心，相信通过持续的努力和学习，可以不断地培养和发挥自己的长处，从而在竞争激烈的环境中脱颖而出。

（二）目标管理为自我管理的核心

当学生明确了自身长处之后，需要进行目标管理，做"正确的事"比"正确地做事"更重要，而目标则是"做正确的事"，包括下面几点：

1.设立目标，使生活有明确的方向

作为一名大学生，应当怀揣着远大的志向，明确的目标。在人生的征程中，一个明确的志向和目标是前进的动力源泉。设定目标时，有三个要点至关重要。一是设定的目标必须与自身优点相契合，紧紧围绕自身长处展开。每个人都有自己的独特长处和优势，将目标与这些优点结合起来，可以更好地发挥个人潜力。目标的设定要能够强化个人的长处，专注于自身所擅长的领域，将潜在的优势转化为现实的竞争力。二是设定的目标必须具体明确，不能含糊其词。模糊的目标很难落实，因为无法精准地朝着目标前进。比如，如果学生计划考取某个资格证书，则需要明确该证书的名称；如果打算毕业后考研，则需明确考研的专业方向；如果追求某种职业，则要明确该职业的性质和具体要求。三是目标的设定要适中，既不高也不低。目标过高可能让人望而生畏，感到无法达成，从而失去动力；目标过低则可能让人陷入安逸区，缺乏追求进步的动力。正所谓"取法乎上，得乎其中；取法乎中，仅得其下"，目标应当在自身知识和能力的范围内，具有一定挑战但又不会使人感到过于压力重大。大学生在规划目标时，要充分了解自己的个性、兴趣和长处，将目标设定为一个合理的、具体的、与自身优势契合的方向。结合实际行动，不断朝着目标努力，将逐步实现自己的梦想。目标是一个引领人们前进的灯塔，能够激发无限的潜力和动力，帮助人在成长的道路上越走越远。

2.分解目标，随时保持紧迫感

目标的设定可以从时间跨度上进行区分，主要分为长期目标、中期目标和短期目标三类。每个阶段的目标都具有不同的定位和作用，有助于更好地引导个人发展。长期目标是人对未来所持的愿景，需要放眼毕业后的人生道路。长期目标是对个人事业和生活的宏伟规划，能够为人们提供前进的

方向。例如，设定一个十年期的长期目标，能够帮助人在未来十年内明确追求的方向和目标。中期目标在长期目标的基础上进行细分，将长期目标分成两个较短的阶段。如果长期目标是十年，那么中期目标就可以设定为每个五年。中期目标的设定更具备可操作性，更容易把握在较长时间内要达成的阶段性目标。短期目标是需要重点关注的目标，它是在中期目标的基础上再次细分而来。短期目标的时间跨度一般不要超过90天，这样的时间设定有助于确保目标的具体性和可实现性。将长期目标分解为一系列的短期目标，人们能够更加集中精力，有针对性地朝着目标迈进。分解目标的过程能够帮助人们更加清晰地规划行动步骤，将看似遥远的目标分解成更小的、可管理的任务。使人能够专注于眼前的任务，充分发挥自己的潜力，逐步实现长远的愿景。设定目标是一个既要有远大志向又要注重切实可行的过程，每一个阶段的目标都具备重要的意义，帮助人们在人生的道路上踏实前行。

3. 学会做事及与人相处是自我管理的重要内容

自我管理的价值在于能够服务社会、与他人融合，而非仅仅局限于内部的"自我"管理。因此，自我管理的意义不仅在于塑造个人，更在于其社会性的体现——即学会高效地处理事务和与人交往。大学生经过大学的培养，最终要融入社会，因此在自我管理的过程中，注重提升社会素质和能力至关重要。在大学阶段，自我管理的目标之一是培养学生具备"学会做事做人"的综合素养。学会做事，不仅要求将任务完成得尽善尽美，还要着眼于提升工作效率，采取最优策略来达成目标。学会做事，在充分准备的基础上，追求卓越的成果以及解决问题的能力。同时，学会与人相处同样重要。大学生在社会中需要与不同背景的人交流，因此，要具备良好的沟通和合作能力。在自我管理的过程中，培养社交技能，理解他人需求，建立积极的人际关系。自我管理不仅是个体的修炼，也是为了能够更好地融入社会，为社会创造价值。在自我管理的基础上，学生能够将个人优势与社会需求相结合，成为社会发展的积极力量。因此，大学教育应当强调社会性素质的培养，让学生明白自我管理是为了更好地为社会作贡献。

4. 高校管理工作中学生自我管理的作用

学生自我管理能够有效地提高大学生学习的主动性和解决实际困难的能力，"自我管理"作为一种以学生为主的管理模式，使大学生同时扮演管理者和被管理者的双重角色。参与性的管理方式不仅让学生主动参与管理自己，还能够更好地接受来自自己的管理，充分彰显学生的主体性。他们在实践中不仅能够自主决策，还能够积极地解决实际问题，提升自身的主动性和应对能力。自我管理有利于塑造大学生的独立性品质，增强其社会责任感。在这种管理模式下，学生在高校规章制度的监督下，能够增强自我控制能力和独立感。学生积极参与自我约束，更好地理解自己的行为对个人、他人以及社会的影响，从而培养出强烈的社会责任感。学生意识到自己对自己、对社会都负有责任，进而在学习和生活中更加注重遵守规章制度，积极参与公益活动，形成积极的社会价值观。自我管理能够帮助学生更好地认识自己，促进自身的全面发展。"自我管理"作为一种软性管理，让学生在高校制度的约束下，能够更加深刻地了解自己的需求和优势。在进行自我教育的过程中，他们能够更有效地发现和补足自身的不足，实现个人素质的全面发展。不断进行自我反思和总结，更清晰地认识自己的长处与不足，从而更好地规划自己的学业和未来发展。自我管理有助于丰富学生的校园生活，提升实践能力。自我管理能使学生更积极地参与各类校园活动，充实自己的文化生活，增强与人交往的能力。主动参与的态度能为学生提供更广阔的社交平台，还能够增强社会实践能力；参与各类活动则能更好地锻炼自己的组织、领导、沟通等各方面的能力，为今后的社会生活做好充分准备。

5. 打好做事做人的基础

（1）顺应良好的个性习惯。虽然大学新生都站在同一条起跑线上，然而实际上他们带着将近20年的人生履历进入大学生活，往往已经养成了一些习惯。因此，帮助学生辨别这些习惯中哪些是积极的，哪些是不良的，并努力改掉不良习惯，显得尤为重要。在这一过程中，对于学习方式的选择与改变尤为值得关注。有的人可能习惯于阅读，通过深入阅读获得知识的最大收益；而另一些人则可能更偏好倾听，通过聆听来获取更多的收获。不管是哪种方式，只要能有效地学习到知识，都可以视为一种良好的学习习惯。

（2）合理利用时间。大学生需学会有效地管理时间，即合理运用时间和精力资源以获取知识和能力的交换。在这个过程中，要懂得协调两类时间：第一是由学校安排的时间，例如上课和实验的时间；第二是自主支配的时间，日常中，一个人效率最高的时间只占全部时间的 20%，因此，应当善用这部分时间完成 80% 的任务。同时，要明白充实自己并不是时间的浪费，例如身体锻炼。对于大学生来说，合理分配时间是提高学习和生活效率的重要手段。学生在校园内有许多被学校安排的时间，如上课、实验等，这是需要严格遵守的，以确保学习进度和学术成果。然而，同样重要的是学生自己支配的时间，如课余和周末。在这些时间段内，学生应灵活运用时间管理技巧，如番茄钟法、时间块法等，将时间分配到学习、锻炼、休息等不同领域，以获得更高的效率和学习成果。

（3）借助他人力量。每项成就往往汇聚多方力量，个体能力有限。因此，善用资源和能力，合作共同完成任务，正所谓聚沙成塔，众人拾柴火焰高！

（4）善于沟通。大学生的社交圈子相对较小，人际关系相对简单。然而，学生应将现有环境视为一种锻炼场，培养与他人相处的技巧，培养建立良好人际关系的能力。在社会中，无论何时沟通都是不可或缺的。了解他人、让他人了解自己都至关重要。在互通有无的过程中，1+1 往往能大于 2。了解他人要懂得换位思考，站在他们的立场来分析问题，用同情的态度接受他们的观点。塑造个人吸引力、选择得体的着装、展现友好微笑、以真诚言谈，培养积极的进取心，从而引起别人的了解与欣赏。以持续的沟通，建立坚实的人际关系网。

善于做人做事是一个广泛的领域，囊括着广泛的技能和知识，市场上也有许多相应的书籍和资料可供学习。即使学校的管理做得再好，对大学生来说也仅仅是一种外部知识的传递和秩序的强制执行。然而，此时的大学生正处于积极发展、探索、发现、分析和解决问题的阶段，他们正在自我辨析和自我抉择。在这个时期，培养积极、主动的自我认知意识变得至关重要。在大学阶段，学生需要逐渐建立起适应新环境的自我管理能力，涵盖许多方面，从时间管理、情绪调节到人际交往等。学生学会高效的时间规划能够更好地分配精力，将精力集中在最重要的任务上。情绪管理使学生能够应对压力、克服挫折，保持积极的心态。学会与人相处、建立良好的人际关系，学生能够在集体中融洽地生活与学习。大学生在自我管理的过程中，也需要学会自我认知，了解自己的兴趣、优势和劣势。这将有助于他们更明确地制定目标，找到适合自己的方向。适时的自我反思和自我调整也是非常重要的，通过不断地反思自己的行为和决策，学生可以不断地进步和成长。

6.高校学生实行自我管理的实践途径

（1）构建大学生自我管理环境，实行有效的自我管理。环境对个人的发展产生重要影响，环境包括人际关系和物质条件两个方面。在这其中，大学生是学校的核心成员，高校需要充分发挥学生的自我管理能力，才能建设出秩序井然、和谐文明的校园，同时培养出优秀的大学生。宿舍是大学生主要的居住场所，因此，创造积极的宿舍氛围对培养大学生的自我管理能力起着关键作用。在良好的宿舍环境中，学生能够互相鼓励、合作，学会互相尊重、体谅。良好的人际互动能够促进大学生的成长，让他们在相互交流中感受到共同进步的力量，进而培养出更高水平的自我管理能力。教室则是大学生学习的重要场所，保持教室的宁静与安宁是每个学生都应该遵守的首要原则。在一个宁静的学习环境中，学生可以更专注地投入学习，提高学习效率。自觉的行为表现了大学生对自我管理的尊重，更为他们的个人发展创造了一个良好的学习氛围。

（2）制定大学生自我管理制度，引导其进行自我管理。为实现大学生的有效自我管理，需要在合适的框架内建立相应的制度以引导与约束。自我管理并不意味着无序自由，而应建立适当的底线制度，以确保大学生发展方向与高校人才培养目标一致。因此，制度的建立在大学生自我管理中发挥着引导与约束的作用。制度的建立应以校规校纪为基础，以明确的规范和规定，为大学生的自我管理提供指导和边界。例如，课程管理制度可以帮助学生规划学习进程，课堂出勤制度可以培养学生的自律与责任感。制度在一定程度上提供学习和生活的规范，使得大学生能够在秩序中自由发展，不会迷失方向。然而，制度并非唯一，还需要教育者的引导与帮助。班主任、辅导员和学生管理工作者等，在学生发展过程中扮演着重要角色。他们的引导能够帮助学生认识到自我管理的重要性，协助他们制定合理的目标和计划，并在学习、生活等各方面提供支持和建议。从制度层面看，学校还应当在校园文化中融入自我管理的理念。举办关于自我管理的讲座、培训和活动，提高学生对自我管理的认知，激发他们的自觉性。制度建设也应与时俱进，随着社会的发展和学生需求的变化，适时地进行调整和改进。

二、提高大学生参与高校管理程度

大学生作为高校的教育消费者和受益者，参与高校管理不仅是他们的合法权利，也是确保自身利益的必然需求。为了更好地推动和提升高校管理中的学生参与，必须不断完善参与机制，提高参与品质，以建立积极的学生参与体系。随着高等教育市场化的发展，高校的收费制度和招生录取方式正逐步调整，使得高校与学生之间的关系从传统的"管理者与被管理者"转变为"服务提供者与消费者"。随着学生意识的成熟，他们不仅拥有参与高校管理的合法权利，还有权利保障自身合法权益。在高等教育民主化的趋势下，赋予学生参与高校管理的权利以及如何维护他们的合法权益，成为需要深思熟虑的重要问题。

（一）学生参与高校管理的特征

大学生参与高校管理，既是学生作为教育消费者的主要权利，也是学生保障自身正当利益的合法权利。

1.大学生参与高校管理的基本内涵

关于学生参与高校管理的意义与模式，存在"全面参与说"与"部分参与说"两种观点。前者认为学生应在学校的各个层面参与管理，分享一定的权力和责任，以推动高校管理的民主化和科学化；后者强调学生在特定领域参与管理，主要集中在评议、监督和管理与学生利益相关的事务。两种观点的出发点都是在高校管理中实现民主化和科学化，但在实践中需要考虑学生的发展水平和学校管理职能。学生的发展水平因人而异，使得学生参与高校管理必须以促进学生主体性发展为前提。学生的参与不应仅仅被视为一种执行任务的手段，更应当是培养学生自主性、创造性和批判性思维的途径。因此，学生参与高校管理不仅是为了实现管理目标，更是为了培养具备独立思考和决策能力的创新型人才。学校作为一个有着明确管理职能的组织，也需要将学生的参与与自身的管理需要相结合。学生的参与不应削弱学校的正常运行和管理效率，而是应当在确保学校管理运作的基础上，为学生提供参与管理的空间和机会，可以通过建立有效的学生代表机制、开展座谈会议、设立评议委员会等方式来实现。学生参与高校管理还应关注学生的主体地位和作用以及学校管理的科学化水平的提升。学校应当为学生提供积极参与管理的机会，让他们能够在实际操作中培养领导力、团队协作能力和解决问题的能力。学校也应加强对学生参与的培训，提供管理知识和技能的培养，以确保学生的参与能够真正发挥积极作用。

2. 大学生参与高校管理的实现形式

在中国，学生委员会（学生会）作为高校最基本、最广泛的学生组织，扮演着学校与学生之间沟通的桥梁和纽带的角色。学生会秉持服从党的领导和维护学生权益的原则，兼顾党和国家利益，成为学校管理与学生参与的重要媒介。其使命既包括关注和维护广大学生的权益，也涵盖党和国家的利益。学生会通过特定途径参与学校的日常管理，并参与对学校工作的监督和评议。根据《中华全国学生联合会章程》规定，学生会在日常工作中要联系学校党政与广大同学，透过正式渠道反映同学的建议、意见和需求，参与有关学生事务的民主管理，捍卫同学的合法权益。作为学生自我管理的组织机构，学生会在理念上既代表学生参与学校管理的主要途径，也是学生自我管理的重要实践。学生会不仅是一个为学生争取权益的平台，更是培养学生领导力、团队协作能力和社会责任感的训练场。学生会成员参与学校决策和事务的民主管理能够锻炼自己的沟通、协调和组织能力，培养团队合作意识，进而为将来的社会参与和职业发展打下坚实基础。学生会在校园文化建设、志愿者活动等方面也发挥着积极作用，组织各类文化活动、志愿服务，能在潜移默化中促进校园文化的多样性，培养同学们的社会责任感，弘扬积极向上的精神风貌。

（二）学生参与高校管理的策略

学生参与高校管理应该是一个循序渐进的过程，高校应当给予学生参与管理权足够的重视，落实学生参与管理的权力，从而为学生参与学校管理提供更加适宜的环境以及完善的制度保障。

1. 重视学生权力，转变学生参与高校管理的观念

支持和推动学生参与高校管理，本质上是尊重学生作为消费者和受教育者的合法权益和合理诉求。高校管理者普遍认为，考虑到大学生现有的能力和素质，他们或许难以胜任复杂的管理任务，因此，在确保学生参与高校管

理方面，通常持有相对保守的立场。然而，学生作为高等教育体系的重要组成部分，其积极参与管理可以增加学校的民主性和透明度，并有助于培养学生的领导力和团队合作能力。因此，鼓励学生参与管理应该是一个平衡的过程，既要充分尊重学生的权益和诉求，还要兼顾他们的发展现状，以实现学校管理的合理与稳妥。

2.赋予学生权力，完善学生参与高校管理的机制

明智地进行权力分享并不意味着削弱权利，反而能够得到意想不到的效果。构建与完善有关的学生参与机制，能够赋予学生更多的参与学校管理的权力，是未来高校管理体制改革的重要发展趋势之一。

（1）构建与完善高校学生管理听证制度。近年来，听证制度在我国法治建设中发挥着重要作用，将其引入高校，作为确保学生参与学校管理的一项制度保障，已引起广泛关注。现今，我国各高校纷纷实施学生管理听证制度，积极探索与学生成长需求相契合的学生参与管理制度，以确保学生参与学校管理的合法权益。听证制度的引入为学生提供了表达意见和诉求的渠道，增强了学生在学校管理中的参与感和主体地位。高校学生管理听证制度通过充分倾听学生声音，能使学校决策更为科学合理，促进学生与学校之间的有效沟通与合作。此制度的建立也能为高校提供依法、公正、公平处理学生管理问题的机制，维护学生的合法权益，确保管理的公正性和透明度。

（2）实行高校学生代表大会提案制度。学生参与学校管理是我国现代大学制度建设的重要组成部分，完善的现代大学制度应该为学生参与管理提供坚实的保障。学代会制度在此方面提供了借鉴，引入学代会提案制度，能够成为确保学生参与高校管理的有效组织保障。通过学生代表会议的模式，学生能够表达自己的观点和建议，使他们的诉求得以充分表达，引入提案制度能进一步增强学生参与管理的实质性能力。

（3）完善学生参与高校管理规章制度

建立和完善学生参与学校管理的规章制度是学生参与学校民主管理和高校依法治校的关键制度保障。近年来，国内高校积极探索推进大学生参与民主管理的方式和方法，为确保学生参与学校民主管理提供了坚实的制度基础。这些规章制度旨在促进学生在学校事务中发挥更积极的作用，为学生提供更多的参与机会和平台，使学生能够就关键问题表达意见，提出建议，实

现学生参与学校决策的目标。此举措不仅能促进学校的民主化管理，也让学生对学校的管理有更深入的理解和参与感。通过建立健全的规章制度，高校能为学生参与学校管理提供可靠的法律保障，进一步强调高校民主治理的重要性。

3. 提高学生参与高校管理的品质

推进学生参与高校管理不应只是停留在低层次、低水平的"形式阶段"，而是应致力于层次与品质的提升，进而实现有效、积极与高水平的"实质阶段"。

（1）提升大学生参与高校管理的层次。学生参与高校管理的层次可以分为初级、中级和高级三个层次，每个层次都对学生参与的权利和职责有着不同的侧重点。初级层次强调行使知情权、监督权和建议权，使学生在了解校务情况、监督学校运作和提出建议方面发挥作用。中级层次注重行使行动权、咨询权和评议权，使学生有机会参与一些学校事务的具体实施、提供意见建议和进行评议。而高级层次的参与，涵盖决策权、表决权和投票权，使学生能够在学校重要决策中发表意见、参与表决和投票表决，实现更高程度的参与。

但是，目前我国大学生参与学校管理还主要停留在初级和中级层次，尤其是初级阶段。学校设置了校务公开栏、校长信箱、校长接待日等方式，让学生了解学校动态，提出建议和意见。学生助理制和学生评议制也使学生在一些具体事务中发挥作用，例如宿舍和食堂管理。然而，在高级层次特别是涉及学校重大方针决策的层面，学生的参与程度还相对有限。鉴于学生的身心特点和群体功能，需要在学生参与高校管理的范围和程度上进行适度的限制，以保障高校的正常运转。然而，学生作为学校的主体，应当享有更多参与学校决策的权利。高校应该在尊重学生的前提下，扩大学生参与管理的层次和范围，让学生真正有机会在涉及学校发展和决策的重要事务中发声。

（2）创新大学生参与高校管理的方式。随着现代社会的快速发展和高科技产业的蓬勃兴起，高校在学生参与学校管理方面也逐渐应用了先进的网络技术和科技手段。这一切都为学生参与管理提供了新的渠道和机会。以南开大学为例，该校通过微信，构建了一个便捷的校园信息咨询、交流和反馈平台，以满足学生在管理中的参与需求。随着科技的进步，高校可以利用先进的网络平台和技术工具，将学生参与学校管理的渠道不断拓展。南开大学的微信便是一个创新的例证。这个平台不仅能够及时发布各类学校公告和信息，还可以使学生通过它提交各种建议、提案和意见，实现随时随地参与学校事务的便利。高校管理方式的创新突破了时间和空间的限制，让学生参与学校管理的过程更加便捷、高效。科技手段的应用不仅提高了学生参与管理的效率，还使学生参与学校管理的方式更加人性化和现代化。学生可以通过这种平台，更轻松地表达自己的观点和诉求，为学校的决策提供更多的参考。而对于学校来说，也能够更好地了解学生的需求和想法，从而更加精准地进行管理和决策。除了微信，还有许多其他的高科技手段可以被应用于学生参与学校管理的过程中。比如，利用网络投票系统进行重要事务的表决，利用在线调查平台收集学生意见，利用社交媒体平台进行交流和互动等等，均为学生参与学校管理提供了新的途径，使学生在学校事务中的地位和作用得到进一步加强。

（3）强化大学生参与高校管理的能力。大学生作为成年人的群体，已具备成熟的思维和独立判断的能力，也具备较强的塑造和培养潜力。学校有责任重视培养学生参与学校管理的能力，为他们提供机会，让更多学生对学校的发展保持关注并积极投身管理事务。尤其需要鼓励学生参与课程管理、领导干部选举以及奖惩制度等直接影响到自身成长和权益的重大事宜。在现代社会，大学生已然具备成年人思维，他们的理解能力和判断力使他们能够参与学校管理事务，对学校发展提供宝贵建议。学校应该创造一个开放的环境，鼓励学生表达观点和建议，促进他们的参与。特别是在教学管理方面，学生在日常学习中会积累很多有益的反馈和建议，将他们纳入课程改进的讨论中，将能有效提升教学质量。学校还应该注重学生干部的选举和培养，为学生提供更多的领导机会，让他们在实际管理中锻炼自己的能力，提高学生对学校管理的责任感，培养他们的领导才能，为未来职业和社会生活做好准备。奖惩制度也是学校管理的重要组成部分。学生应当有权参与制定和完善奖惩制度，以确保公正和合理。学生了解到自己的行为将受到公正的评价和处理，会更加自觉地遵守校规校纪，维护校园秩序。

第三节　互联网时期的高校教师层面转变途径

一、从"知识传授者"到"学习指导者"与"价值引领者"

传统教育一直以来都是以教师为中心的教学模式，教师在教学过程中占据主导地位，决定学生的学习内容、方法和进度。教师被赋予"知识传授者"的角色，而学生则被视为被动的接受者。然而，随着互联网时代的兴起，一种全新的学习方式——慕课（Mooc，即大规模在线开放课程）开始受到广泛关注。慕课学习通过在线视频、作业和计算机评价等形式，实现成千上万的学生同时在线学习，突破了传统教学的限制。尽管慕课学习看似削弱了传统教师的作用，但实际上却并非如此。慕课时代下，虽然学习过程中，学生可以选择在线课程，观看优秀教师的视频授课，但这只是知识传授的一部分。在真实的课堂教学中，教师的角色变得更加重要。教师不再是简单的知识传授者，而是变成了学生学习的引导者、学术导师。慕课时代，学生可以通过在线方式接触到来自全国乃至全球的优秀教师，为他们提供了更多的学习资源和选择。然而，这并不能取代教师面对面的教学。在面对面的教学中，教师不仅仅是传递知识，更重要的是能够与学生建立情感联系，促进思想交流和启发创新。教师在慕课时代需要具备更多的沟通能力，不再是简单地传递知识，而是需要更多地与学生互动、交流，激发学生的思考和讨论。教师在面对面教学中更注重个性化的指导，关注每个学生的学习需求，帮助他们更好地理解和应用所学知识。

二、从"分数统计员"到"数据分析师"的转变

过去的教学方式中，教师在批阅作业和试卷后往往只是将成绩反馈给学生，让学生自行分析反思。教师似乎只扮演了一个"分数统计员"的角色，教学过程显得相对单一和机械。然而，随着"互联网+"时代的到来，教师的角色开始发生深刻变化，被赋予新的使命和责任。在"互联网+"时代，技术的核心支持之一是"云计算"。多元技术为教育带来了巨大的变革，主要体现在大数据分析、即时反馈、个性化学习以及学习预测等方面，为教师提供更多工具和机会，以更好地理解、指导和帮助学生的学习。

2013 年,《地平线报告》提出了"云计算""移动学习""学习分析"等概念。随着互联网技术的飞速发展,学习资源变得日益丰富,服务功能也变得更加强大,为学生提供了更便捷的学习环境。教师可以利用网络技术对学生的学习行为进行跟踪和分析,从而更好地了解学生的学习特点、爱好以及学习行为。并充分利用这些分析结果,为学生提供个性化的学习建议和指导,帮助他们更加高效地学习。然而,这种学习分析对于教师的能力提出了更高的要求。教师不只是传授知识和评分,还需要充当"数据分析师"的角色,从海量数据中提取有用信息,分析学生的学习情况,为每位学生量身定制学习计划。这要求教师具备较强的数据分析能力,能够运用科技手段为学生提供个性化的学习指导。这种转变并不是要取代教师,而是要使教师的作用更有针对性、更有深度,教师更是学生学习路上的指导者和引路人。教师可以通过学习分析更早地发现学生的问题和困难,提供更准确的帮助和解决方案。在"互联网+"时代,教师的角色已经不再局限于教室,他们可以在虚拟空间中更好地观察和指导学生的学习。然而,教师的核心使命始终不变:引导学生深入思考、培养创新能力、树立正确的价值观。数据分析不仅仅是一项工作,更是一种使命,是教师更好地履行教育责任的工具。

三、从"专业忠诚度"到"学科跨界"

在过去,职业能力的发展常常强调专业的稳定性和"忠诚度",但随着"互联网+"时代的来临,人们的职业发展获得了更广阔的空间和更多的机会。越来越多的人开始在不同领域进行跨界发展,并出现了丰富的成功案例。跨界发展意味着整合与融合,将某种属性的事物引入另一属性的领域中。而在互联网时代,跨界的现象变得更加显著和广泛,也呈现出更多的优势。各个行业开始紧密融合,交叉渗透,创造出许多新的形态。创新的企业经常是跨界产物,创新融合在教育领域同样是必不可少的。教育行业也需要借助这种跨界的力量,进行整合和融合,以适应未来人才培养的多元需求。在教学领域,跨界可以在扩展教研组活动的形式和范围上发挥了一定作用。例如,在教研组的听评课活动中,可以邀请不同学科教学骨干来参与听课和评课。由于不同学科的教师关注的角度和问题有所不同,使得听评课活动变得更加多元化,引导问题的探讨更加深入。跨界的合作也不应该局限在学校内部,而是将视野扩展到校外，甚至延伸至更广阔的企业和社会。教师可以参观各种类型的单位，参与政府或企业组织的培训，从中获取宝贵的实践经验和全新的思维方式。教师的跨界发展需要他们具备跨越学科和专业界限的知识和思维能力，教师应从多个视角、多个层面来审视和解决问题，用开阔的视野和超越常规的眼光来提出事物未来发展的方向。跨界不仅仅是打破思维的限制，更是要突破专业和学科的界限，以跨学科和无边界的思维方式来探索问题。跨界思维能够激发创造力，为解决复杂问题提供全新的视角和方法。跨界发展在教育领域中同样是一项挑战，意味着超越狭隘的领域和范围，教育者需要展现更广阔的胸怀和更开放的心态。在教育领域内，跨界可以是不同学科的交融，可以是教育与技术的结合，可以是学校与社会的互动。这种整合和融合将带来更丰富多样的教育体验，更有利于培养具备多方面素养的学生。

四、从"金字塔模式"到"自组织模式"

传统的教师组织管理一直遵循着高度集中的"金字塔模式"，这一模式中，学校领导层位于金字塔的顶端，而教师们则处于底层。这种架构固然具有稳定性，但也带来了一系列问题，如组织僵化、低效率、问题发现困难以及激发教师积极性的困境。然而，随着"互联网+"时代的到来，教师的组织架构正在悄然发生着变革。在传统的"金字塔模式"中，权力和决策往往集中在高层领导手中，而教师的参与度相对较低，导致教师在教育活动中缺乏自主性和创造性。然而，随着信息技术的发展和互联网的普及，教师的组织构架正逐渐向"自组织模式"转变。"互联网+"时代的到来，打破了信息传播的时间和空间限制，使得教师更容易获取和分享知识。教师开始通过社交媒体、在线教育平台等渠道进行互动和交流，形成了一个更为平等和开放的交流环境。在这样的环境中，教师的声音和意见得以更广泛地传达，参与度得到提升。越来越多的教育组织和学校开始倡导"自组织模式"，鼓励教师参与决策和规划。教师们在教学、课程设计和教育改革等方面发挥更大的主动性和创造性。学校开始实行更加灵活的管理模式，赋予教师更多的自主权，让教师参与到教育管理的各个环节中来。这种变革不仅有利于激发教师的积极性，也能够更好地满足学生和社会的多样化需求。教师作为教育的主要实施者，他们更了解学生的需求和情况，因此能够更好地参与课程设计、教学方法的优化以及教育创新的推动。

五、从"专题式的集中学习"到"碎片化学习"

谈及教师的发展与培训，往往会让人想到专题式的集中学习。然而，在"互联网＋"时代，教师的学习方式和生活方式都发生了巨大的变化。人们正处在一个随时可能被打断的时代，需要在不同任务之间不断切换。教师培训往往被认为是集中式的，以专题和课程为核心，然而在日常生活中，教师与家人、同事和学生的交流，各种媒体发布的信息，还有随时可得的电子设备上的内容，对教师的影响却更为深远。实际上，教师在非正式场合获取信息的时间占据了整体的 80% 以上，远远超过正式场合的学习，这表明非正式场合对教师的教育观念影响更为深远。因此，可以在教师培训中融入这种碎片化的学习方式。例如，在教研组学习中，可以将学习内容和学习时间分割开来，将正式学习与非正式学习相结合。在正式学习场合，确定学习主题和学习要求，而将实际的讨论和交流放在非正式场合进行。教师可以利用校园网平台、微信、QQ、手机校园等工具，在零碎的时间里讨论案例、分享学习体会。许多学校已经推出了官方微博和微信公众号，通过这些平台及时向教师和社会发布信息，让教师可以在碎片时间里进行学习和交流。碎片化的学习方式既符合"互联网＋"时代的生活特点，也更适应教师的时间和需求。在非正式场合获取信息和交流，不仅可以使教师更灵活地安排学习，还可以更好地与其他教师互动，分享经验和观点，提升教师的专业水平，促进教育观念的更新和创新。

第四节　互联网视角下的高校教育管理环境层面改革

一、营造积极健康的高校学生管理大环境

随着网络技术的迅速发展，网络文化建设成为社会的热点关注。随着网络信息技术的不断进步，网络用户的数量急剧增加，网络文化呈现出多样化的趋势，对于人们的工作、学习和生活产生了越来越深远的影响。在这样

的背景下，高校网络管理中心是支撑全校网络运行的主要平台，也是防范不法分子利用网络破坏学校稳定的坚实防线。高校网络管理中心在维护网络安全、管理网络资源、提供技术支持等方面发挥着不可或缺的作用，为校园网络的健康发展提供了坚实保障。

（一）提升大学生文化素养、自我调节与自我管理水平

培养和提升大学生作为网民对有害信息的自觉抵制意识和能力，对于构建社会主义网络思想阵地具备基础性、重要性作用。这个任务的实现需要从几个方面入手，以确保青年学生在数字时代的网络环境中保持健康、积极的心态以及正确的行为准则。

教育青年学生成为自己的心理健康医生，青年学生情感丰富，容易受情绪影响，因此，他们需要学会保持良好的情绪状态，有效宣泄负面情感，以及找到适当的方式来表达自己的需求。特别是要提醒他们注意网络游戏的合理安排，以避免过度沉迷。心理自我调适能力有助于提升学生的心理健康，使他们更好地应对网络中的各种信息和挑战。

引导学生培养良好的生活习惯，建立合理的生活秩序。许多大学生可能在独立生活方面存在困难，尤其是刚步入大学的新生。因此，帮助他们学会规划自己的生活，确保有充足的时间来进行学习、娱乐、锻炼和社交，有助于减少过度依赖网络带来的负面影响。还应鼓励学生积极参与集体生活，促进他们与同学之间的人际交往，以培养健康的社交技能和人际关系。

培养学生的道德自律意识也是关键，大学时期是塑造个人世界观和价值观的重要时期，因此，教育应侧重于引导学生遵守基本的行为规范，以及在网络社会中保持良好的道德修养。学生需要在网络上树立良好的行为榜样，避免散播不良信息和情绪，同时也要学会辨别虚假信息，保持对各种信息的客观理性态度。

（二）营造积极健康的校园文化环境

学校应当有明确的计划，投入足够的资源来开展针对网络信息安全方面的科学研究。通过技术手段对渗透进校园网络的有害信息进行严格处理，努力净化学习环境，确保有害信息不得侵蚀校园网络。为此，学校应该着手加

强校园文化建设，以丰富学生的文化生活为目标。在构建积极向上的校园文化方面，首要任务是积极组织丰富多彩、与时俱进的文娱活动。这些活动应该紧贴学生的兴趣和时尚，以吸引学生们的热情和注意。学校设计精彩的文化活动，可以将学生们的注意力从网络转移到更有意义的娱乐和学习中，从而减少对有害网络信息的过度依赖。针对那些沉迷于网络游戏的学生，学校应该采取及时、关心的态度，并提供必要的帮助，不仅仅是为了解救他们脱离网络陷阱，更是为了创造一个积极健康的学习和生活环境。开展心理辅导、座谈会等方式，为这些学生提供支持，鼓励他们更多地参与有益的活动，与同伴交流，以逐步摆脱网络游戏的束缚。学校也可以适度介入网络游戏领域，以最大限度地控制不良信息的流入。学校可以与相关平台合作，推出有益健康的网络游戏，引导学生在娱乐中获取知识和积极价值观，缓解网络游戏成瘾问题，树立积极向上的网络文化环境。

（三）强化网络监管，高效管理网络文化

当谈及现代大学生，不可忽视他们深受全球经济浪潮影响的事实，他们在探索新事物和尝试上表现出积极态度。然而，由于缺乏足够的社会经验，他们的自我控制能力相对较弱，可能在不经意间违背国家法律和社会道德。在这一背景下，高校可以发挥思想政治教育的优势，引导大学生明辨是非，审视美丑，从而避免制作、传播或散布有害信息。高校实施思想政治教育，有机会引导大学生理解社会规范，树立正确的价值观。在面对网络环境中的诱惑和挑战时，学生需要培养明辨是非的能力，判断信息的真实性和价值。更重要的是，高校可以强调不制作、不传播、不散布有害信息的重要性，从而净化网络环境，防止不良信息的传播。

（四）以生为本，创新高校网络思想政治教育

树立科学发展观的核心在于对大学生的主体意识给予充分的尊重，高校应当立足于以学生为本的理念，结合教育目标、教育过程、教育手段和方法的有机设计，凸显大学生的主体地位，强化他们在网络世界中的自主性和创造性，提升他们对网络的掌控能力。同时有助于大学生的知识积累和能力培养，更能促进他们全面健康发展。在教育过程中，高校应当将学生置于核心

位置，充分尊重他们的意愿和需求。以灵活多样的教学手段和方法，激发大学生的学习兴趣，使他们成为学习的积极主体。同时培养大学生在网络环境中的自主性和创造性，使他们能够主动思考、自主学习，更好地适应信息时代的发展。教育目标的制定也应当侧重于培养大学生的综合素质，除了专业知识外，培养网络主体的能力也应该是目标之一，包括对网络信息的判断和分析能力，对网络文化的理解和评价能力，以及对网络技术的驾驭能力等。设置合适的课程和项目，鼓励大学生积极参与，培养他们在网络时代的核心竞争力。为实现这一目标，高校应当创造宽松的学习氛围和开放的学习环境。鼓励大学生在网络领域进行创新实践，提供资源和支持，使他们能够在实践中不断积累经验和提升能力。同时引导大学生正确使用网络，强调网络道德和法律法规，让他们在网络世界中保持良好的行为和品德。

二、有效结合校园文化建设

高校校园文化是高校校园内独特的文化体现，其核心是学生和教职员工。这种文化以多元化的课余活动为主要内容，涵盖多学科和多领域的文化元素，体现了广泛的交流和独特的生活步调。高校校园文化不仅仅是一种群体文化，更是社会主义精神文明在高校内的具体呈现，是高校特有的精神风貌，也是学生政治文明素养和道德品格情操的综合反映。高校校园文化是在教师的引领下形成的，他们是文化传承的重要力量。学生是主体，他们在校园中参与各种活动、交流互动，从而共同构建了校园文化的多元面貌。校园文化不仅仅是内部的表现，更与社会时代的发展紧密相连，为校园生活赋予了丰富的内涵。校园文化是一种抽象的概念，它具有浓厚的人文氛围、独特的校园精神和特色的生存环境。在这个独特的环境中，学生和教职员工共同塑造了一种积极向上的精神风貌，这在学生政治文明素养和道德品格情操方面得以体现。

（一）校园文化与学生管理的基本内涵

1.校园文化的内涵

校园文化是在长期的教学实践中培育形成的道德标准、价值观念及行为规范，是学生、教职员工共同遵循的文化体现。以学生为核心，校园为主要空间，育人为目标，校园文化涵盖精神文化、环境文化、行为文化、制度文化等方面。其中，环境文化是其基础，包括"硬环境"和"软环境"，塑造校园整体氛围；精神文化则是校园文化的灵魂，包括校风、学风、教风、作风等，体现校园价值观念与精神气质的塑造。高校将这些文化元素的共同作用结合，创造了积极、健康、秩序良好的学习、工作和生活环境，推动学生成长发展，促进社会主义精神文明建设。

2.学生管理的内涵

学生管理是高校学生管理工作者通过多种方法，对学生的学习、生活和行为进行规范和引导，以维护学校教育教学秩序和学生生活秩序为目标。高校管理旨在保障学生身心健康，促进学生全面发展，包括德、智、体、美各方面的成长。涉及多方面的工作，从课堂到宿舍，从学术到行为，管理者通过指导、教育、激励等手段，引导学生自觉遵守校规校纪，培养良好的学习态度和行为习惯。学生管理者也关注学生的身心健康，提供心理支持和帮助，确保学生能够在安全、和谐的环境中成长。高校通过管理能够创造有益于学生全面发展的校园氛围，培养具有高尚品德和扎实知识的新时代人才。

3.建设校园文化对学生管理的意义

校园文化和学生管理在高校教育中紧密相连，彼此之间存在着紧密的关联。两者的目标高度一致，校园文化和学生管理都以培养优秀人才为核心目标。校园文化旨在为学生提供一个积极向上的精神环境，促使他们发展全面；而学生管理则旨在引导学生在学习和生活中形成正确的价值观和行为准则。校园文化和学生管理的主体都是学生，校园文化的形成与发展需要学生的共同参与和建设，学生是校园文化的创造者和传承者。同样，学生管理工作也是以学生为主体，通过引导和管理，帮助学生树立正确的人生观和价值观。由于校园文化和学生管理在培养综合素质、塑造人格方面的共同目标，校园文化的强化可以促进学生管理工作的创新与完善。学生管理不应仅仅是单纯的规范和监管，更应该是引导和激励，使学生在校园文化的熏陶下不自觉地形成正确的价值观，从而形成积极的人生态度。

在校园文化和学生管理中，学生的主体地位必须得到充分的尊重。学生的积极性、创造力和个性应该得到鼓励和发展，教育管理者应该注重培养学生的自主性和创造性，让学生在自我实现的过程中形成积极向上的品格。校园文化是一种集体性文化，是通过长期的积淀和交流形成的共同价值观和信念。校园文化的影响不仅仅局限于课堂内外，它还在潜移默化中塑造着学生的思想和行为。学生在这种积极的文化氛围中受到熏陶，逐渐形成正确的生活态度和人生观，为他们的成长奠定了坚实的基础。

（二）构建良好的校园环境文化，为高校学生管理提供物质保障

学生管理的核心宗旨在于为学生提供全面的服务，为此，创造一个良好、有序的校园环境被视为学生管理的前提。而高校的校园环境文化首先包含了校园的物质文化环境。物质文化环境指的是为学生、教职员工的学习、工作、生活以及娱乐等各方面提供的物质条件。校园的物质文化环境可被视为高校校园文化的实质基础，也是学生管理工作的关键基础。若缺乏一个良好的校园物质文化环境，高校校园文化将难以蓬勃发展，而学生管理工作也将无法得到适当的物质保障。校园物质文化环境作为高校校园文化的"硬件"，为学生提供了学习和生活的舒适条件，还为学生的全面发展提供了有力支持。高校所提供的现代化教学设施、图书馆、实验室等资源，为学生创造了一个充满智慧的学习空间，激发了他们的学术热情和创新能力。同时，宽敞、安全的宿舍和丰富多样的娱乐设施，为学生提供了和谐、愉悦的生活环境，有助于培养积极向上的心态。高校学生管理工作的成功，也在很大程度上依赖于校园物质文化环境的支持。有了良好的硬件设施，学生管理者可以更有效地规划和实施管理策略，为学生提供更多样化的发展机会。而它们所创造的积极学习和生活环境，有助于引导学生形成正确的价值观和道德观，从而塑造出良好的校园文化。

（三）创建科学的制度文化，推动高校学生管理和谐有序

高校校园文化作为社会整体文化的组成部分，在引导和规范方面有着不可忽视的作用，因此需要建立科学合理的制度文化。制度文化体现了校园规范化建设和制度化建设的核心内容，意味着高校学生管理必须在各种制度和规章的约束下进行。规章制度不仅对教师的教学行为施加约束，还对学生行为的规范化养成以及校园积极向上氛围的形成具有显著的推动作用，有助于实现高校学生管理的有序和谐展开。高校校园文化的健康发展需要建立在科学规范的基础上，制度文化的引入有助于建立清晰的校园管理框架，确保

学校内各类行为都能遵循一定的规范和程序。教师在教学过程中受到规章制度的约束，从而保障了教学质量的稳定和提升。而对学生行为的规范，旨在培养学生的自律和责任感，使其在校园内形成积极向上的行为习惯。制度文化的建立还能为校园文化的全面发展创造有利条件，学校内部规章制度的制定和执行，有助于形成秩序井然的学习和生活环境，为学生提供更好的成长平台。规范的行为准则还有助于创造校园内正面的社会氛围，营造学术、健康、和谐的校园文化。

（四）建设校园文化是推动学生管理工作的基本途径

1. 强化校园环境文化建设，提高服务学生水平

校园环境文化即校园物质文化，与精神文化相对应，是校园文化的基础，是精神文化的实际体现和传达方式，构成了校园文化建设的前提，也是学校文化的直观表现。

（1）提高校园硬环境建设的重视度。所谓"硬环境"，也称为物质环境，主要涵盖校园建筑、校园景观、教学设施、体育文娱设施以及周边环境等方面。诸多有形的实体直观地展示了学校的教育理念和精神特质，物质环境是育人活动的重要基础和必要物质保障，其质量和功能对于创造有利的学习、生活氛围至关重要。校园建筑和景观的设计与布局，教学和体育设施的配置，都直接影响学生的学习效果和全面发展。周边环境的安全与便利，为学生提供了更广阔的成长空间。因此，物质环境的建设与管理必须注重学校教育目标，以优质的硬环境为学生的学习、交流和成长提供良好的条件。

（2）增加校园软环境建设的重视度。"软环境"作为与"硬环境"相对的概念，更多涉及精神层面，主要包括校园内的人际氛围和舆论氛围。人际氛围指的是校园内各类人际关系，涵盖教师与学生、学生与学生、教师与教师、领导与教师之间多层次的关系。在校园中，个体并非孤立存在，学生的学习和娱乐活动往往在人际交往中实现。高校就像一个小型社会，学生通过社会交往实现社会化过程。构建良好的人际氛围是学校软环境的关键因素，直接影响着学生的情感体验和人际关系的和谐。教师与学生之间的积极互动能够促进知识传递和学术成长，学生之间的友好互助则增强了合作意识和团队精神。校园中良好的人际关系，不仅为学生提供学习、交流的平台，还

培养他们的社交能力和人际沟通技巧。舆论氛围则构成学校精神文化的一部分，影响着学生的价值观和思想观念。积极正面的舆论氛围能够激发学生的积极性和创造力，促进他们形成正确的价值判断。校园内宣扬健康、向上的舆论氛围，对于培养学生的良好心态、积极人生观具有重要意义。因此，高校软环境的构建不仅仅是提供优质教学设施，更包括培育积极向上的人际关系和舆论氛围。在软环境的支持之下，学生可以更好地实现自身全面的发展，形成积极健康的人生观和价值观。

2. 强化校园精神文化建设，打造和谐育人氛围

（1）重视传统教育。中华优秀传统文化作为中华民族的根基和血脉，亦是大学生身心成长的指路明灯。在高校教育中，秉持"取其精华，弃其糟粕"和"传承与创新相结合"的原则，是一项重要使命。结合多种教学和文化活动，如实践教学、演讲比赛、征文大赛、文艺会演等，传播优秀传统文化和自强不息的进取精神，是构筑校园文化的有效途径。教育工作者应当深入挖掘和传承中华优秀传统文化，发扬其中的思想精华，使之融入现代教育实践。以各类文化活动，传递中华传统文化中的仁爱、诚信、勤奋等核心价值观，为学生塑造正确的人生观和价值观提供坚实基础。教育工作者还应挖掘学校的文化底蕴和历史传统，将学校的历史和文化传承告知学生。使学生深入了解学校的渊源，引导其更深切地感受到学校的魅力，培养自尊、自信以及对国家和学校的深切情感。

与时俱进是学生管理工作者的基本原则，只有积极融入现代先进的教育理念，才能够不断深化校园精神文化。在校园内，传承优秀传统文化既要注重其内涵，更要将其与现代教育有机融合。在传递传统价值观的同时，也要照顾到学生的多元需求和时代特点，使之在当今社会依然具有现实意义。优秀传统文化的熏陶对学生的人格塑造和品德培养具有积极作用，传统文化中的智慧和道德准则，能够引导学生正确看待世界、对待人生。在传统文化的滋养下，学生更容易形成健全的人格，培养高尚的品格。这与学生管理工作的目标紧密相连，共同促进学生全面的成长。因此，在高校教育中，传承中华优秀传统文化和塑造校园文化，需要教育工作者充分发挥引导作用，开展各类文化活动和教育实践，引导学生融合传统价值观与现代认知，从而为他们的成长提供丰富的人文滋养和精神指引。

（2）强化校风建设。校风作为学校的精神风貌，是学校鲜明的个性特征，凝聚在师生的精神风貌之上。它是一个多层次、多要素的动态系统结构，涵盖教风、学风、作风、班风等各类校园风气。一个学校的校风会对学生的思想品德、道德情操以及行为习惯的养成产生深远的影响，因此，校风建设成为育人的关键环节。在校风建设中，教师起到的作用是人类灵魂工程师。加强师德建设、提升教师的业务素质，有助于形成良好的教风。良好的教风对学生的知识获取和能力培养具有重要意义，而班级则是学生获取知识和提升素养的主要场所，一个和谐、向上的班集体对学生的学习兴趣、道德品质、行为习惯以及良好学风的形成具有积极的促进作用。为了加强班风建设，需要严格要求班级日常管理，通过制度来规范学生的言行。还要营造浓厚的学习氛围，通过互帮互助和嘉奖优秀等方式激发学生的学习动力，培养学生良好的学习习惯，使每个学生都能成为群体的典范。宿舍作为学生生活起居的场所，也影响着学生的生活习惯。一个良好的舍风有助于学生培养好的生活习惯，如早睡早起、勤奋进取、锻炼身体、阅读书报等。良好的生活习惯将对学生未来融入社会、家庭建设产生深远的影响。为了加强舍风建设，需要严格执行宿舍制度，对于不遵守制度的学生加以适当的管教和约束。学生干部可以发挥榜样作用，引领其他学生养成健康的生活习惯。

3.强化校园制度建设，建立完善的规章体系

（1）完善规章制度体系。校园规章制度是学校内全体师生必须遵守的行为准则。对于学生而言，这些规章制度犹如一面镜子，不断地提醒他们树立正确的观念、端正行为，以免违反纪律、误入歧途。同样地，对于学校，规章制度是学校文明的象征，它强调学校应致力于在育人实践中实现"制度化、科学化、规范化"的管理，以确保各项工作有章可循。在这种情况下，严谨的规章制度能够确保教学工作的有序推进，也是学生成才的重要保障。在学校管理体系中，规章制度不仅约束学生的行为，还为学校的发展提供基本的指导和保障。规章制度能使学生建立起正确的价值观和行为习惯，使他们在学校的求学过程中成长为有益于社会的人才。科学的规章制度体系的建立和完善有助于确保学校管理的公平性和一致性，使学校内部的各项工作更加有序和高效。师生通过明确的规章制度，都能够清晰了解他们的权利和义务，从而在学校内部创造出和谐的校园氛围。

（2）提升规章制度执行力。学生管理工作紧密依托于学校的规章制度，而制度的切实执行对于学生管理工作的成败产生深刻影响。科学严谨的规章制度为学校的各项工作提供可靠保障，然而，如果制度得不到有效执行，那么即使再完善的规章制度也只会停留在书面上。因此，提升规章制度的执行力是确保规章制度得以切实贯彻的根本手段。规章制度是学生管理工作的基石，为学校内部的各类事务确立了明确的准则和流程。然而，规章制度的实际效果在于其在学校生活中的应用，而不仅仅是文字上的存在。一项制度若只是停留在文件中，没有得到学生和教职员工的认知、理解和遵守，将无法真正发挥其作用。

实践中，规章制度的执行力成为决定制度能否发挥作用的关键。一项科学的规章制度需要有强有力的执行机制来支持，确保每一条制度都能在实际操作中得到有效执行。制度的执行不仅需要有相应的监督与检查机制，更需要有明确的违规惩处措施，以保证制度的严肃性和权威性。提升规章制度的执行力是保障学校内部各项工作顺利推进的核心途径，只有当规章制度得到全体师生的认同，当执行力得到保障并伴随着对违规行为的严肃惩处，学生管理工作才能取得实质性的成果。因此，学校需要注重强化规章制度的宣传与培训，培养学生和教职员工的制度意识，使规章制度成为大家的行为准则，进而实现学生管理工作的有效推进。

第五节　基于互联网的高校教育管理体制建设层面改革

一、加强法治化建设工作

作为社会不可或缺的组成部分，高等院校在科学和文化传播方面直接影响着国家的法治建设。在我国社会主义法治建设方针的指引下，提升全社会公民的法律意识和法律素质，实现高校学生管理工作的法治化，显得尤为必要。

（一）推进高校学生管理工作法治化建设的措施

高校学生管理工作的法治化建设旨在创造积极的法治文化，以促进学生全面健康成长，同时为社会的经济建设作出贡献。根据高校学生管理现状，可以从以下几个方面采取措施，推进法治化建设：

1. 制定完善的法律监督管理制度

高等院校在学生管理方面拥有一系列权利，而权利具有一定的自主性和单方面约束力。对此，建立健全的高校教育法律体系，可以以法律手段规范高校管理工作，使司法程序在高校学生管理中得以充分贯彻，实现高等院校和学生权利的平衡，保护学生的合法权益。针对上述问题，需要制定完善的法律法规，明确规定高校学生管理的法律框架和规范，使学生的权利与高校的管理权得到合理的平衡。这些法律规定应涵盖学生的入学、学习、生活、参与管理等各个方面，确保学生在校期间的各项权利受到充分的保护。还应该建立起法律监督和司法救济机制，使学生在学校管理过程中，能够有一个途径来维护自己的权益。高等院校的学生管理决策和行为应当接受司法审查，确保合法性和公正性。要推动这一法治化进程，还需要加强法律教育，使学生了解自己的权利和义务以及在遇到问题时应该采取的合法途径。高校可以通过开设法律课程、举办法律宣讲会等方式，提升学生的法律素养以及意识。

2. 开展专题教育讲座，传播法治理念

高校学生管理工作的法治化建设需要关注学生的法治理念培养，在众多法治教育方式中，专题教育讲座是一种较为有效的方法。可以邀请知名专家学者，就大学生感兴趣的话题进行教育和引导。专题教育讲座可以传达法律知识，还能引导学生树立正确的法治观念，提升他们的法律素养。讲座可以涵盖多个领域，如法律基础知识、人身权益保障等。根据生动的案例分析和互动讨论，能够激发学生的兴趣，提高他们的法律意识。讲座还可以关注热点社会问题，引导学生从法治的角度思考和解决问题，培养他们的法治思维能力。专题教育讲座可以在短时间内传递丰富的法治知识，增强学生对法律的尊重和依法行事的意识。此种教育方式能够有效激发学生的学习兴趣，引导他们自觉遵守法律法规，从而促进高校学生管理工作的法治化建设。

3. 提高高校学生管理工作队伍的素质

高校学生管理工作的高效运作需要一个高水平、高素质的管理队伍，在这方面，高校可以从思想教育工作者中选拔一些知识扎实、积极进取的人员，为他们提供法学理论的培训，使他们掌握基本法律知识。思想工作者可以进一步考取相关证书和执业资格，成为学生管理工作的骨干力量，通过自身专业知识，引导学生遵守法律法规，培养学生的法律意识。高校还可以在校外聘请专业的法律从业者，组建一个大学生法律救助组织，与司法单位建立合作关系。该组织可以为学生提供法律咨询和援助，处理涉及法律问题的申诉案件。与司法单位的合作可以确保法律问题得到及时处理和解决，为学生的合法权益提供保障。这样的管理队伍建设可以在法律领域内形成合力，为学生管理工作提供全方位的法律支持。高校应当为管理队伍提供培训和学习机会，不断更新法律知识，以适应社会法治发展的需求。此种方式能使管理队伍在学生管理中发挥更大的作用，促进学校学生管理工作的法治化建设，维护学生的合法权益，推动学校的全面发展。

4. 制定正规的管理程序

实现法治化的核心在于管理的具体程序，学校可以设立听证制度，以保护学生的知情权。建立完善的申诉体系也是至关重要的一步，使学生拥有自我辩护的权利。学校应当建立有效的司法救济体制，以最大程度地保护学生的合法权益。这些举措将有助于确保学生在管理过程中受到公平待遇和尊重，同时能够提升学校管理工作的透明度和专业性。在有关制度的建立和完善背景下，学生将在法治的框架下享有充分的权利和保障，促进学校管理工作的法治化水平的提升。

5. 充分借助"校地联动共学共育"环境，营造法治化氛围

加强和推进大学生法治教育不能仅限于校园内部，必须与社会实际相结合，才能使学生所学的法律知识和法律理念得以实际应用。要求学生在与社会互动中，将所掌握的法律知识付诸实践，否则纸上谈兵也难以产生实质效果。在此背景下，融合"校地联动共学共育"实践活动，校园作为重要的基地满足了实践活动的资源需求，也为大学生法治教育提供了实际的平台和渠道。校园作为学生的日常生活场所，应当成为法治教育的生动实践场景。结合实际案例，组织模拟法庭、法律知识竞赛等活动，让学生在校园中感受法

治精神的重要性。同时将学生引导到社会中，参与社会公益活动、法律援助等，让他们亲身体验法律对社会的影响力。此种互动过程能增进学生对法律的认知，培养他们的社会责任感和法律意识。"校地联动共学共育"实践活动将校园与社会融合，能创造更多的机会来拓展学生的法治教育。学校可以与社会法律机构合作，为学生提供参与实际法律工作的机会，让他们亲身体验法律实践，加深对法治的理解。学校还可以邀请专业人士、法律专家进行讲座和互动，丰富法治教育内容，提高学生的法律素质。

6. 坚持平等，服务学生

高校在服务学生方面应当秉持平等和履行义务的原则，以满足学生的合理需求为出发点。高校需要重视教学工作，并加强对后勤服务的关注，确保学生享受到优质的教育和舒适的生活环境。这是高校履行国家交付的责任，也是对学生进行有效"服务"的表现。高校的首要任务是提供良好的学习和成长环境，为学生提供优质的教育资源和教学设施。高校在教学上需持续改进，注重提高教学质量，培养学生的综合素质和创新能力。还应关注后勤服务，为学生提供舒适的宿舍、饮食、健身等生活设施，让学生能够安心学习和生活，这是高校的义务，也是对学生需求的回应。

二、健全管理机制

高校需要根据大学生的特点，创新管理模式，并建立完善的管理机制。在加强学生管理队伍建设以及规章制度建设方面，应提出有针对性的对策和建议，以适应学生不断变化的需求。

（一）建立科学的学生管理机制，强化管理队伍建设

在推进教育管理时，应拥抱新思想，更新观念，构建以学生为中心的科学管理机制。教育的核心在于人，因此应始终以学生为出发点和归宿，将学生的成长与发展放在教育工作的核心位置。这一理念贯穿现代教育的价值观。高校应不断解放思想，从传统观念中解脱出来，接纳新的理念和方法。建立以学生为本的科学管理机制，要求高校管理者深入理解学生的需求和心理，创造有利于学生全面发展的环境。在教育管理过程中，要倡导开放、包容的管理态度，允许学生多样性的发展路径。同时要建立积极互动的沟通渠

道，使学生在决策和规划中有更大的参与度，以便更好地满足他们的学习和成长需求。高校应紧密结合学生的特点和需求，制定相关政策和规定。政策应该旨在培养学生的综合素质，促进个性化发展，并提供多样化的学习机会和资源支持。

（二）规范管理，完善规章制度

当前，高校的规章制度通常由相关职能部门拟定，随后经法律部门审核，经过校长（院长）办公会议审议通过后公布施行。为确保学生管理工作与学校实际情况和学生需求相契合，需从校园实际、学生实际出发，将学生管理的核心内容和要求充分体现在各项管理制度之中，使得学生在日常的学习和生活中不自觉地接受教育。同时应对快速变化的社会形势保持敏感，及时调整和完善相应的管理制度。在新情况下，应该积极作出相应调整，以确保规章制度始终能够适应时局的变化和学生的需求。需要高校具有灵活性和反应迅速性，以便使管理制度能够与时俱进。在规章制度的制定过程中，应该充分倾听学生的意见和建议。高校可以征求学生的反馈，或开展相关调研，了解学生的实际需求和想法，进一步制定更贴近学生实际情况的规章制度，提升规章制度的可行性和执行效果。

三、提高信息化管理水平

（一）高校学生管理信息化建设的必要性

信息化平台的建立为高校学生管理提供了具体的服务支持，高校的使命不仅仅局限于教学管理，学生管理同样是不可忽视的重要领域。作为国家教育的重要组成部分，高校的管理直接关系到国家教育水平的提升和社会进步的推动。高校学生的培养旨在不仅传授专业知识和技能，还包括培养大学生的心理健康和综合素质。在这个过程中，高校学生辅导员是学生日常事务和学习生活的引导者和管理者，对于学生的成长和发展起着至关重要的作用。随着信息技术和网络技术的不断发展，越来越多的日常事务和学习管理工作可以通过信息化手段来实现，信息化建设在学生管理中已成为一条有效的路径。信息化建设使得学生管理更加高效、便捷和精准，学生管理者可以及时借助信息化平台获取学生的各项信息，了解学生的学习情况、心理状态以及发展需求，从而制订更加有针对性的辅导计划和管理策略。信息化也为学生提供了便利，使他们可以更加方便地获取校园资源、获得学业辅导，并积极参与各类学术、文化活动。

（二）高校学生管理信息化建设的模式

推动高校学生管理信息化建设的关键在于有效地采集和处理学生管理相关信息，需要按照一定的信息处理规范，建立学生信息管理数据中心，并采用计算机技术开发相应的学生管理业务系统。这一举措能有效实现对学生信息的高效管理，同时在网络平台上提供多部门的学生信息管理服务，从而为学生提供一体化的信息服务。学生管理信息化建设的目标是实现信息的集中管理和共享，高校建立学生信息管理数据中心，可以将学生的各类信息整合到一个统一的数据库中，便于学校内各个部门共享和利用。这样一来，学生的基本信息、学习情况、成绩记录、活动参与等数据都能够在一个系统中进行综合管理，有利于学生全面的信息把握。采用计算机技术开发学生管理业务系统是信息化建设的重要手段，该系统可以涵盖学生的课程安排、考试安排、成绩查询、选课管理等方面，帮助学生更方便地进行学业规划和管理。学校可以通过该系统实现对学生行为的监控，及时发现和解决问题，提高学生管理的效率。信息化管理平台的建设不仅能够为学生提供便捷的信息服务，也有助于提升高校的管理水平。学生能够通过信息化管理模式更快捷地获取校园资源、查询各类信息，从而更好地参与学习和活动。而学校则能够通过信息化平台更加高效地进行学生管理工作，提前预测问题、优化资源分配，提升管理的科学性和精细化。

（三）高校学生管理信息化建设策略分析

1.充分理解信息化建设的重要性

信息化浪潮的兴起将高校的信息化建设置于全新的战略高地，作为国家教育的基本单元，高校在社会发展和科教强国战略中担负着关键使命。在这一背景下，必须充分认识到信息化建设的紧迫性，应当深入理解信息化系统所带来的种种优势，以人为本地优化管理工作，借助信息化系统来实现更加高效的管理。高校在信息化建设中肩负着巨大的责任，因为信息化已经成为教育改革的动力。高校不仅是知识传授的场所，更是培养人才、引导社会发展的重要阵地。因此，高校需要深刻认识信息化的战略地位，不仅能推动学校管理更加高效，还能培养具有现代素养的高素质人才。

信息化系统的优势在于它能够极大地提高工作效率和数据管理的准确性。通过信息化平台，高校能够实现资源的整合与共享，实时了解学生的情况，更好地指导和辅导学生。同时能够方便师生的沟通与交流，促进教育教学的创新与提升。要成功实现信息化建设，必须从人的角度出发，优化管理过程，充分发挥信息化系统的辅助作用。管理人员需要对系统进行深入了解和熟练运用，确保系统能够真正地服务于学校的发展目标。此外，培训和支持也是不可或缺的，管理人员只有具备必要的知识和技能，才能将信息化系统充分利用，取得最佳效果。

2. 提升管理人员水平，强化信息化建设队伍

为更好地推进高校学生管理信息化建设，需从管理者角度出发。建立健全的管理系统对高校管理工作至关重要，管理队伍在此过程中不仅制定管理决策，执行管理制度，还在管理工作中起协调作用，直接影响着管理水平的提升。管理者在信息化建设中肩负着重要职责，他们需具备信息技术知识，理解信息化对高校管理的深刻影响。建立高素质的管理队伍，提升其信息化素养，能够更好地引领和推动学生管理信息化建设的步伐。高校管理队伍要具备传统管理知识和技能，还需要适应信息化时代的要求，具有信息技术、数据分析、创新管理等方面的知识和能力，以确保信息化建设在学生管理中的有效运用。高校应建立持续的培训机制，使管理者能够紧跟信息化发展的步伐，适应新的管理模式和技术工具，从而更好地推动高校学生管理信息化建设，提升管理效能，为学生提供更好的服务与支持。

3. 明确建设目标，整合管理资源，加快信息化建设

高校学生管理的信息化建设需确立明确的发展目标和规划，因为信息化技术的不断发展同样决定了教育管理需要有宏观的规划。在制定信息化建设计划时，应根据不同机构和阶段的需求，逐步统一和完善系统，以避免因信息交流困难而无法实现管理职能。信息化建设的目标应与高校的学生管理需求相契合，旨在提高管理效率、服务质量和学生满意度。具体的发展规划需

要明确各阶段的任务和时间节点，确保信息化建设在可控范围内稳步推进。高校学生管理信息化建设应充分考虑学生、教师、行政和后勤等多方面需求，实现信息共享和高效运转。统一的数据平台和管理系统有助于跨部门合作，加强沟通与协作。信息化建设过程中要注重数据安全和隐私保护，确保学生信息的安全得到充分保障。同时，建设灵活可扩展的系统架构，以适应未来信息技术的更新换代。

4.不断完善管理信息系统，实现管理功能具体化

为推动高校学生管理实现信息化建设，应在具备硬件条件的基础上，不断完善管理信息系统。充分利用这一系统来开发各种功能模块，以实现更加高效的学生管理。在引入先进管理体制的同时，以管理平台来落实各种管理功能，确保信息化管理贯穿每个环节。信息化建设要与高校的学生管理需求紧密结合，从学生入学到毕业，从日常生活到学术研究，涵盖各方面的管理。通过集成的信息化系统更好地统计、分析和管理学生数据，实现更精准的决策和资源分配。

第五章　互联网时代高校教育管理中的教学实践改革

第一节　互联网背景下高校教学方式的改革

互联网教育在全球信息化的大背景下崭露头角，成为互联网时代的一种创新型教育模式。随着新兴技术的不断融入教育领域，例如，3D 打印、教育游戏、社交虚拟社区等的综合应用，教育信息化迎来了更为丰富的发展。教育内容也日益丰富多样，慕课、开源硬件、学习分析等各种概念受到广泛重视并得到实际应用。互联网教育融入了现代科技的力量，带来了诸多创新。云计算环境下的虚拟实验室、Second Life 虚拟软件、大规模在线开放课程以及"翻转课堂"和"慕课"的快速发展，都为学习和教育带来了前所未有的机会。开放课程、开放数据、开放资源、开放教育等开放理念在教育领域逐渐深入人心，推动教育的创新和进步。

一、物联网教学

物联网在教育领域的贡献可以用一句话概括：它实现了教学世界的感知与感知服务。物联网的概念最早于 1999 年由麻省理工学院的自动识别研究室提出，构建了一个物物相连的网络，通过信息传感设备如传感器、射频识别技术、GPS 系统等，将物体与物体、物体与互联网相连接，实现识别和管理功能。物联网基于数据云储存和业务云，形成了一个智能终端通过先进网络相互连接的业务数据智能处理体系。在这个体系中，人与人、人与物、物

与物、物与互联网之间可以实现紧密的连接，以便更好地识别、管理和控制事件和对象。在物联网的世界中，任何物体都可以与其他物体进行信息交换和通信，实现物理世界和信息世界的无缝连接，给教育领域带来了深远的影响。物联网可以创造更加智能化和个性化的教学环境，教师借助传感器和智能设备，可以更准确地了解学生的学习情况和需求，从而更好地进行个性化教学。物联网可以改变教育管理方式，学校可利用物联网技术实时监控教室、实验室等场所的使用情况，优化资源分配和课程安排，提高教学效率。物联网还可以提供更好的校园安全管理，例如，通过智能门禁系统和监控设备保障师生的安全。物联网为教育研究提供了更多的数据支持，高校可以通过收集和分析物联网产生的大量数据，洞察学生学习行为和趋势，优化教学策略和课程设计，不断提升教育质量。

物联网是一项面向实体物理世界的技术，其目的在于感知和互动。以互联网和人工智能为基础，但却超越了智能化和互联网，实现了物理与信息的深度融合，关注外部现实世界中事件和感知。在教育领域，物联网为教学环境的变革提供了有力的技术支持。物联网通过信息传感设备自动感知学生的学习环境、位置、正在学习的内容以及与环境或他人的交互情况等信息，这些数据被汇集并经过大数据分析处理，形成对学生行为和需求的深刻理解。基于这些分析结果，教育机构能够更精准地进行学习活动管理，为学生提供最高效的使用环境。物联网技术在教育领域的应用非常广泛，其可以改善学生的学习体验，系统感知学生所处的环境，自动调节教室温度、照明和音响等，创造出更加舒适的学习氛围。系统也可以根据学生的位置和行为提供个性化的学习资源，提高学习效果。

物联网技术在教育领域的应用不仅局限于改善学习环境，还能为学生提供更加智能化和个性化的学习支持。在物联网系统中，通过各类传感器嵌入到学习和教学空间中，可以感知并分析学生当前的位置环境。学生身份认证系统能够准确识别学生身份、操作习惯和个人喜好。物联网系统通过学习跟踪仪和可穿戴设备记录学生的多方面信息，如学习行为（拍照、记录等）、学习计划、学习时长、学习路径、学生与设备之间的互动、与他人的交流以及学习绩效等。经过传输至服务器并由服务器终端处理后的数据，可以为学生提供智能化、个性化的学习支持。物联网系统的智能分析能力能够从海量数据中挖掘出学生的学习模式和偏好，基于学生的数据，系统可以提供个性化的学习建议，包括适合的学习资源、学习计划调整、学习时段推荐等，从而最大程度地满足学生的需求。物联网系统还可以为教师提供关于学生的数据，帮助教师更好地了解学生，实现更精准的教学。

二、基于人工智能的个性化智慧教学

在教育领域，人工智能为教育提供了有力的支持，智慧教育和智慧教学成为人工智能在教育中的两个主要体现形式。智慧教育通过人工智能技术，利用大数据分析和机器学习，能够精准地分析学生的学习情况和需求，为教育决策提供数据支持。智慧教学则利用人工智能技术，根据学生的学习特点和进度，智能调整教学内容和方法，实现个性化教学。人工智能在教育领域的应用正日益凸显其支持个性化教育的优势，在教学过程中分析学生的阅读材料和问题回答情况，人工智能能够准确判断学生对知识的掌握情况。基于这一信息，能有针对性地提出学生尚未掌握的问题，从而帮助他们更轻松地掌握新知识。人工智能分析学生的学习轨迹和信息，还能够及时提供个性化的学习辅助，确保学生获得最有效的帮助，基于人工智能支持的个性化教学实现了智能化、定制化的教与学。在当今信息时代，人工智能、物联网和云计算等新一代信息技术在教育领域的广泛应用，使得智慧教育焕发出新的内涵和特征。智慧教育的核心在于将人工智能等技术应用于教学实践中，以更好地满足学生个性化的学习需求。不同于传统的"一刀切"教学方式，智慧教育通过智能分析学生的学习数据，为每位学生量身定制教学内容和进度。

随着物联网、人工智能、云计算、大数据以及无所不在的移动网络等新一代互联网信息技术的蓬勃发展，智慧教育得到了强有力的技术支持。在这个快速变革的时代，互联网教育的 E-learning、B-learning 向移动学习和泛在学习的演进，引领学生对于信息化学习环境和方式的需求逐渐升高。在不断发展的教育信息化进程中，智慧教育应运而生，成为互联网教育向教育信息化迈进的新高度。智慧教育的本质在于智能化和定制化的教与学，核心技术包括物联网、云计算、大数据以及泛在网络等。智慧教育能够通过这些技术高效整合全球范围内的学习资源和学习群体，构建智慧学习环境，开发智能化系统和产品，为每位学生提供个性化的学习支持服务，培养学生的创新能力、批判思维能力和问题解决能力等高阶思维能力，从而培养智慧型人才。智慧教育强调学生的自主导向和内在动机，学习过程在智慧教育中充满趣味，可根据学生的需求进行定制，同时享有丰富的学习资源支持。借助物联网技术，智慧教育为学生创造了智能化的学习环境，使得学习过程更加灵活、个性化。云计算和大数据技术则为教育提供了强大的数据分析能力，从而为教育决策提供数据支持，为个性化教育提供基础。

三、基于虚拟现实的沉浸式教学

虚拟现实（VR）利用计算机、大数据等技术创造出三维虚拟空间，模拟出身临其境的虚拟世界，涵盖视觉、听觉、触觉等感官体验。观察者可以自由选择角度，探索虚拟环境中的场景和物体，从而获得沉浸式的体验。虚拟现实的特点主要包括以下几点：

（一）多感知性

虚拟现实不仅涵盖视觉感知，还包括听觉、触觉、味觉和运动感知。在教学中，虚拟现实技术能够让学习者体验超越传统课堂和学校限制的现实世界。例如，学生可以通过虚拟现实感受沙漠的氛围，抑或是在虚拟环境中体验冰雪世界的冷冽气息，带来更加身临其境的学习体验。

（二）沉浸感

虚拟现实在教学中的应用能够让学生完全沉浸于三维虚拟学习环境中，切身体验自己作为主体在虚拟模拟环境中的真实感。沉浸感能够激发学生的浓厚学习兴趣，使其全身心投入学习，从而产生高效的学习效果。

（三）交互性

体验者可以在虚拟环境内操作物体和与环境互动，其自然的反馈程度能够让学生在虚拟太空环境中感受到真实的失重状态。

（四）构想性

虚拟现实技术具有再现真实环境的能力，并且能构建客观不存在甚至不可能发生的情景。在教学中，虚拟现实为学生提供了情境化、真实性和自然性的环境，增强了学习的体验和效果。虚拟现实所模拟的环境与真实世界几乎一样，通过视觉、听觉、触觉等感官传达给学生真实感受。虚拟现实能帮助学生亲身体验历史事件、科学实验、文化场景等，深入了解各种情境，激发学习兴趣和动力。虚拟现实技术能够将抽象的概念变得具体可感，让学生更容易理解和掌握知识。无论是模拟真实环境还是创造虚构场景，虚拟现实都为教学提供了一个丰富多样的教育工具，能够有效地激发学生的好奇心和参与度。学生通过与虚拟环境的互动可以自主探索、实践和解决问题，从而获得更深刻的学习体验。

四、教学游戏化、娱乐化

教育本应是一段充满愉悦的旅程，寓教于乐的理念在我国历史上一直根深蒂固。娱乐和游戏从词义上来看，都蕴含着愉悦和快乐的内涵。近年来，教育领域引入了娱乐和游戏化的元素，尤其是在互联网教育中，采用了体验式和探索式学习方式，加入了游戏闯关的要素，使得教育变得更具趣味和吸引学生接受。娱乐和游戏化教育有助于激发学生的创造力，多位教育学家对游戏与学生创造力之间的关系进行了深入研究，结果发现在游戏得分较高的幼儿中，他们在发散思维测试中的得分也明显高于其他学生。此现象的背后原因在于游戏的规则和挑战，需要学生通过不同的方法解决问题。在获取这些方法的过程中，学生不仅运用了过去的经验，还在个人创造力的基础上进行创新。游戏中的学生会积极地运用个人智慧和经验，展开创造性的思考和活动，从而不断激发出自身的创造力。

教育和娱乐之间的界限变得日益模糊，许多情况下难以准确区分哪些属于教育领域，哪些则属于娱乐范畴。近年来的一些现象级娱乐节目，例如《汉字英雄》和《成语大赛》，兼具娱乐性和知识传递功能。这些节目旨在通过趣味的形式，吸引观众的注意力，同时又传达了丰富的知识内容。游戏化体验式学习也展示了教育和娱乐的融合，以某款数学 App 小游戏为例，儿童可以通过将不同的数字相加，如果结果匹配小鱼身上的数字标记，就可以成功"喂饱"小鱼并升级。实验证明，孩子们非常乐意通过这种游戏学习20以内、100以内的加减乘除运算，融合教育和娱乐的趋势有助于激发学习兴趣和积极性。娱乐因素在教育中的应用不仅令学习变得更有趣，也使学生更愿意投入时间和精力，既保留了教育的内在目标，又满足了学生在探索中获得成就感的需求。

当前国内游戏教育的发展和研究状况呈现出两方面的特点。其一，传统游戏教学在不同教育阶段得到广泛应用。在学前教育领域，学者普遍认为游戏是幼儿成长中最优秀的教育工具之一。游戏有助于促进幼儿身体发展、多元智能培养、性格塑造、想象力和创造力的培养。因此，在幼儿教育中，游戏教学占据了重要地位。随着学生逐渐长大，进入知识学习阶段，游戏教学在课堂中的比例逐渐减少。然而，许多教师仍将游戏教学作为策略应用于课堂，采用不同的游戏策略来激发学生的兴趣，提高学习积极性。游戏教学在各学科中都有应用，在成人学习和管理培训领域，也广泛运用体验式活动，通过游戏来培养技能和意识。其二，结合现代网络环境，青少年对网络游戏的热衷，教育工作者开始探索将游戏与教育相融合的途径。他们希望能够将学生对游戏的喜爱转化为学习的动力。当前的网络环境让游戏成为青少年主要的娱乐方式，教育界正积极思考如何利用这股热情来推动学习。因此，教育工作者提出将游戏与教育相结合，设计创新的教育游戏，以更吸引人的方式呈现知识内容，激发学生的好奇心和求知欲。尽管游戏教学在不同阶段的应用呈现出多样性，但关键在于寻找平衡点。游戏作为教学手段的运用需要考虑教育目标和效果，确保娱乐性不减损教育的内涵。同时要审慎对待网络游戏的影响，引导青少年在娱乐中获得知识和技能的成长。

第二节　互联网时代高校教学过程的重组

在传统教学模式下，受时间、空间和资源限制，教学多以班级授课为主，依赖教材传授知识，根据教授、分析、巩固和应用等环节进行。然而，随着互联网教育的兴起，教学环境正在发生巨大变革。翻转课堂、游戏化学习、数字资源以及社群互动等互联网元素嵌入教学过程，重新定义了教学的时间和空间结构。此环境之下，知识的感知、理解、巩固和运用不再孤立，而是融为一体，让教学过程更具连贯性和流动性。信息化角色如数字学习资源和电子档案的介入以及信息化教育管理平台的支持，也为教学提供了新的工具和可能性。

一、教学过程形成多元化交互学习共同体

教学过程是学生在教师的引导下，对积累的知识经验进行认知和改造的活动，也是塑造个性和实践发展的过程，涵盖了教师有意识、有计划地引导学生，促使他们主动积极地成长，逐步达到培养目标的过程。在互联网技术的支持下，互联网教育的模式则体现为师生充分利用现代信息技术，实现多元化互动和满足个性化学习需求，包括智慧课程教育、多元评价等策略。互联网教育的过程是教师与学生之间双向的交流互动，通过现代信息技术的支持，实现教学媒体的多元化使用、丰富的教学信息传递以及学生的个性化学习。此过程不再是单向的传授，而是形成了多元化的交互学习共同体，共同完成教学任务的认知和实践活动，教学过程的要素涵盖了教师、教学媒体、教学信息以及学生。

（一）改变了教师、学生、教学内容以及媒体之间的关系

教学系统的结构由教师、学生、教学内容和教学媒体四要素构成，互联网教育已经颠覆了过去固守的"班级授课"模式。在互联网教育的范式下，传统教师的角色正在经历颠覆性的变革。教师从以往的课堂主导者和知识权威，演变为教学的策划者、设计者以及学生的陪伴者、引导者、协助者和激励者。教师的责任在于引导学生的良好品德，且包括培育学生优秀的情感素质。同样地，学生在互联网教育的环境中不再是被动接受知识的对象，而是成为学习的主体和知识构建的积极参与者。互联网教育为学生创造了更加自主、积极的学习环境，激发他们更深层次的情感体验和认知体验。随着云教育、微课堂、微学分、微学位以及游戏化教学等新技术和教育方式的兴起，教育正朝着分散化和协作化的方向发展。新的实践正颠覆了"传统"的班级授课制，重新定义了教育的模式和范式。互联网教育在教育理念和教学模式方面提供了全新的实践和探索，为教育变革带来了新的方向。

（二）改变了严格固定的教学进度与程序

互联网教育正深刻地颠覆传统学校教育中严谨的教学进程和统一的教育体制，传统课程的目标、内容和结构曾受学校评价体系的束缚，而互联网教育将这种刚性的框架逐渐打破。以短视频为媒介、以知识点为单位的形式，课程变得更为灵活，更方便选取、学习、分享和传递，将更多的选择权和学习自主权赋予了学生，满足他们个性化的目标和时间需求。以美国可汗学院创始的反转式教学为例，传统的课堂模式让学生预习，然后在课堂上教师讲解，学生听课，最后完成作业。而反转式教学将这一进程进行了颠倒，学生在自己的时间里，通过互联网上的在线视频进行自主学习和作业。正式的课堂时间则用来解答问题、深入讨论，教师可以在这时提供及时辅导，而同学之间也能够互相交流、碰撞出新的思想火花。

互联网教育的发展使学习从传统的教师为中心的单向传递转变为学生为主体的多向互动，学生不是被动地接受知识，而是变成了积极的知识构建者和独立思考者。互联网教育将学习的主动权和责任交还给了学生，使他们能够在自己的节奏中掌握知识。互联网教育也在全球范围内创造了一个开放的学习环境，让学生能够跨越国界获取优质的教育资源，此模式不仅让知识流动更加自由，也促进了全球教育的普及。

（三）改变了教学交互的方式

在传统的教学模式中，教师与学生的交互主要局限于学校内面对面的课堂互动，时间和形式相对固定。此种交互模式常呈现出单一和单向的特点，教师与学生之间的互动多为一对多的广播式交流。然而，在互联网教育的背景下，教师与学生之间的交流方式得到了极大的拓展。除了传统的面对面交流，还可以利用微信、微博、QQ等多种方式，实现实时或异步的一对多、多对多的交互。互联网教育催生了多样化的交互方式，教师可以更灵活地与学生互动。利用多媒体技术，教师可以在教学过程中运用交互式控制，实现与学生的实时互动，也可以进行非实时的互动，为个别化辅助教学提供支持。社交网络的应用更是为教学交互注入了新的活力。学生可以通过教师的引导与全球范围内的领域专家或同学们交流、讨论，扩展和加深学科知识，从而获得更为丰富的学习体验。

（四）改变了教学组织的形式

互联网教育的兴起不仅在教学环境方面引发了变革，还影响学生的行为、教师的教学方式、教学资源的获取以及师生之间的互动关系。在传统学校教育中，教学模式主要侧重于教师的知识传授，而将信息技术仅视为辅助性工具，强调学习结果的达成。然而，在互联网教育的背景下，教学的组织形式正在发生重要变化。互联网教育呈现出虚拟时空一致、高度融合的特点，实现了师生虚拟共享，促使师生共同建设和分享知识。新技术与教学双向深度融合的视角下，教学模式更加注重学生主体性的发挥，强调将信息技术融入学科教学实践和学生学习实践中。互联网教育的特点使得教学更具有互动性和多样性，教师利用多媒体展示工具，实现了大量信息的直观呈现。同时，借助信息通信工具，教师与学生之间的信息传递变得多向化，课堂变得更加灵活和开放。交互性质为学生提供了更多参与课堂、表达意见、共享资源的机会，增强了学生的学习动力和兴趣。

二、教学过程重组的实践案例——翻转课堂

翻转课堂作为一种新兴的教学方法，正逐渐引起人们的广泛关注和认可。其本质在于对传统教学模式进行颠覆性的改变，从而实现教育方式的创新与进步。传统课堂常常将知识的传授集中于教师的讲授环节，学生在课堂上被动接受，而真正的理解和掌握则需要在课后进行反复的练习与消化。翻转课堂却在很大程度上改变了这种模式，在翻转课堂中，学习的重心从被动的知识传输转向了积极的知识建构。学生在课前通过网络在线课程获取基础知识，为课堂学习做好充分准备，使得课堂时间成为真正意义上的互动与思考的空间。在课堂上，教师引导学生思考、讨论，解答疑惑，激发学生的学习兴趣和动力。翻转课堂主要环节如表5-1所示。

表 5-1　翻转课堂主要环节

翻转课堂主要环节		
课前	课程开发	视频制作、闯关游戏、PPT+音频等
	互联网学习	课前观看、在线问答、记录等
课中	课堂内化	学生质疑、合作学习、展示交流、评价提炼、学生练习等
课后	研讨反思	教学反思、同伴互助、优化方案、优化资源等

（一）翻转课堂中的课程开发

翻转课堂模式下，教师提前制作教学视频并提供给学生。视频制作的流程相当关键，教师可以亲自录制，也可利用网络上的优质教育资源。制作过程包括以下几个步骤：组建小组，明确要传达的内容；个人备课，集中研讨，确保教学内容准备充分；形成教案，为录制做好准备；进行微课录制，并进行剪辑，使其更加完善。此过程中，小组的成立对于内容的明确传达尤为重要。每个人的专业领域都不同，因此不同的角度和经验会在内容中得到体现。个人备课和集中研讨有助于确保教学内容的准备工作得以顺利完成，教案的制作则是教学视频录制的基础，有助于保持教学的逻辑和条理性。进行录制和剪辑，能使教学视频更加生动有趣，并且紧凑清晰。

（二）互联网教育在线学习

1.学习视频资源

在课程开始之前，根据教师提供的学习要点，学生会提前观看由教师准备的教学视频。此步骤充当了"先学后教"的重要环节，学生通过视频预习来熟悉知识点。在视频学习过程中，学生会注意到一些理解不透彻的知识点或者需要更深入探讨的疑点，并将这些记录下来。视频学习的独特之处在于，将传统的文字学习转变为生动的可视化学习，将普通的教师讲授转化为优秀教师的精彩呈现。此种方式使学生不再局限于教科书或文本材料，而是能够通过动态的图像、声音和示范更加直观地理解知识。可视化学习可以激发学生的兴趣，提升他们的注意力和参与度。教师在制作视频时可以借助多媒体技术，增加互动元素，使学习变得更加生动有趣。并且，学生可以在视频学习过程中按照自己的节奏进行学习。如果有些内容他们已经理解，可以快进；而对于有疑问的地方，可以多次回放，个性化的学习方式有助于提高学习效率和质量。

2. 游戏化闯关训练

与传统课堂相比，翻转课堂的最显著特点在于它更加注重学生在课前进行网络在线学习。学生在观看教师准备的教学视频后，需要积极完成教师布置的有针对性的课前练习。为了激发学生学习的兴趣和主动性，此类练习通常以游戏闯关的形式呈现，促使学生在娱乐的氛围中加强对学习内容的巩固。

3. 在线问答互动

在翻转课堂的在线学习阶段，学生享有便捷的交流途径，可以针对学习中的疑问进行在线交流。互联网在线课程为学生提供了全面的在线学习服务，既可以通过即时向教师提问来获得学习上的帮助，也能够通过浏览其他学生提出的问题和已经得到解答的答案，促进自己的学习进程。交流机制为学生提供了互动的平台，有利于深化学习效果。通过向教师提问，学生可以得到专业的指导和解答，从而消除困惑，更好地理解知识。浏览他人的问题和答案也是一种高效的学习方式，有时别人的疑问可能触及自己未曾想到的问题，从而拓宽视野。

（三）答疑解惑以及知识内化

1. 答疑解惑

翻转课堂模式的优势在于其赋予学生更多的主动性和深度预习的机会，学生在课前通过观看学习视频、进行游戏闯关训练以及与同学互动交流，能够对课程内容进行深入预习，为课堂学习奠定坚实基础，积极的预习过程有助于学生在课堂上更好地理解和吸收知识。在翻转课堂中，课堂时间的重新分配也是一大优势。此时，教师可以更专注地解答学生在预习过程中遇到的疑问，帮助他们理清思路，加深理解。与传统课堂不同，教师不再仅仅是知识的传授者，而是学习的引导者。教师在课堂中通过梳理、归纳、总结、答疑解惑等方式，引导学生将零散的知识点逐渐融会贯通，从而更好地内化知识。翻转课堂模式下，教师在设计课堂活动时的角色与传统课堂也有所不同。他们需要更加关注引导学生的探究精神和批判性思维，鼓励学生提出有价值的问题，培养他们分析和解决问题的能力。这种互动式的授课方式利于教师更好地满足学生个性化学习的需求，激发他们的学习兴趣。翻转课堂模式还在有效利用时间上展现出优势，学生通过课前的互联网在线学习，已经熟悉了一部分知识内容，使课堂学习时间能够更加充分地用于深入讨论和问题解答，提高课堂学习的效率。

2. 自主探索与合作学习

翻转课堂的教学过程强调将学生的自主探索与合作学习相融合，在互联网在线视频学习和游戏闯关环节，学生被鼓励培养独立学习和探究能力，以构建自己的知识体系。自主学习的过程有助于培养学生的自我管理能力和主动学习态度。然而，独立的学习能力不是唯一需要的，互动与合作也同样重要。在线问答和课堂知识内化环节需要学生具备合作精神，为了达成这一目标，学生可以根据学习任务组建学习小组或者学习共同体。在共同的学习任务中，他们可以一同探索问题、相互帮助，实现知识和经验的共享，从而达到共同进步的目标。

3. 展示交流与学生练习

翻转课堂模式不仅强调知识的内化和探究，还非常注重学生学习成果的展示和交流。在经历了课堂知识的内化、自主探索和合作学习后，学生可以将个人或小组取得的成果在小组内或小组之间进行交流。交流的过程不仅是对学习成果的呈现，更是与学习伙伴分享学习过程中的愉悦和喜悦。通过学习成果的展示，学生能够对自己的学习进展有更清晰的认识。他们可以从不同的角度了解其他小组的做法和成果，拓宽视野，获得新的灵感。展示学习成果也培养了学生的表达能力和沟通能力，他们需要清晰地传达自己的观点和想法。在翻转课堂之后，学生还需要通过练习来巩固所学的知识点，巩固性的练习可以帮助学生将知识内化，更加牢固地掌握。此环节的设计能够确保学生不仅在课堂中具有初步的学习，还在之后的练习中进行反复强化。

（四）研讨反思

教师在翻转课堂的教学设计中，需要不断地进行研讨和反思，以实现教学方案和资源的持续优化，使教师改进教学策略，提高教学效果。教师能够通过持续的反思审视自己的教学行为、与学生的互动、教学过程以及教学问题，从而获得更深入的认识和新的感悟。教师的反思过程使他们能够不断地重新审视自己的教学方式，寻找更加有效的方法来传递知识。不断地自我审视能够推动教师不断地调整和优化教学程序，使其更贴近学生的需求和学习方式。教师也能够通过反思来更新教学观念，不断引入创新元素，以适应不断变化的教育环境。反思的过程也是教师自身专业技能提升的过程，还能够实现教师个人成长的不断推进。持续的自我反思能够促使教师实现"旧我"与"新我"的交替，让他们不断从过去的经验中吸取教训，不断进步，不断超越。翻转课堂的反思不仅是关于教学程序和方法的优化，更是一种教育态度的升华。教师通过反思，能够更好地理解学生的需求，更加敏锐地捕捉到学习中的问题和挑战。而教育态度的升华也能够为学生提供更优质的教育体验，从而实现教育的价值。

三、组织模式走向虚拟化、分散合作化与智能化

在互联网教育背景下，传统教学模式和过程受到颠覆，教育系统经历了巨大变革。教师与学生、学生与学生的关系被重塑，形成多元交互的学习共同体。教师、教学媒体、教学信息和学生等要素的重新组合，呈现出以互联网技术为支持的新时代特征，改变了传统的教学模式，推动教育的创新和进步。

（一）教学组织形式的虚拟化

未来学校和课堂的发展趋势表明，虚拟化将成为一种常见的管理和教学组织形式，与传统学校的组织形式相比，将带来深刻的变革。虚拟化以高度自律和价值导向为基础，消除了地理空间和时间的限制，使组织成员能够协同努力，实现共同的目标。在未来学校的教学场景中，虚拟化主要涵盖基于网络环境的教学活动，包括非面对面的教学实施、教研活动以及虚构的教

研专家和智能化的教育资源配置等。虽然虚拟化在技术层面为教学提供了便利，但其本质上必须与实际的教学活动相结合。传统的深入课堂和学科组研究形式仍然不可或缺，虚拟化的手段能够充分利用技术的优势，跨越时空限制，为教学提供更加便捷、高效甚至智能的工具，有助于提升教学的效果。

（二）教学组织形式的分散合作化

"分散"和"合作"作为互联网虚拟课堂的两大关键特点，共同构筑了一个全球参与的教育与学习环境。在这种环境下，学生分散于世界各地，但通过互联网教育平台，以合作式的方式进行学习。分布式合作教学不仅提供了全球范围内的学习机会，还倡导个性化的教学服务，实现"自主"和"集中"的平衡。应用互联网虚拟课堂，学生的地理位置不再是限制，他们可以通过网络平台进行协作学习，促进全球范围内的知识共享。分散合作教学模式不仅充分发挥了集体智慧，还使学生在全球范围内能够共同创造新知识、分享经验。同时是教育的一种创新，改变了传统的教育模式，将学生变成了教学的主动参与者。在互联网教育中，教师与学生之间建立更加扁平化的关系，鼓励学生提出问题、探索解决方案，从而培养他们的批判性思维和自主学习能力，推崇师生之间的互动和平等，为教育注入了新的活力。互联网教学平台的开放性也是其关键特点之一，教学资源的开放和共享为学生提供了更多选择，丰富了教育内容。学生可以根据自己的需求和兴趣自由地选择学习内容，从而实现个性化学习。开放性不仅拓展了学生的视野，还激发了他们的创造力和好奇心。

（三）教学活动与过程的智能化

未来的教室将摒弃黑板、粉笔和教科书，而采用一个巨大的电子白板，教师只需轻轻一指，各种丰富的教学资源就会以多媒体形式呈现在学生眼前。传统的书包、课本和学习用具将被电子书包所替代，学习内容将变得更加数字化和互动。未来教室的特点也将在教学组织上体现，时间和空间的限制将被打破，互联网教育的环境将赋予教学更大的灵活性。教师可以随时布置作业，而学生则可以随时随地完成作业并提出问题。此种教学方式不再受制于传统的课堂时间，学生的学习变得更加自主和个性化。教师也可以利用智能化的阅卷与分析系统，为学生提供快速、个性化的反馈，从而帮助他们更好地理解和掌握知识。

第三节　互联网时代下的高校教学空间重构

一、以学生为重点的教学空间

在互联网教育的背景下，教学空间正以学生为核心，助力学生全面成长，契合着面向未来的教育新理念。新的理念认为学校已不再是学生唯一的学习场所和路径，传统的正规教育与非正规教育的边界逐渐模糊，学校和社区的融合变得更加紧密。而融合体现在学生能够充分利用社会资源来拓展学习，学校的一些资源也会向社区开放，成为社区公共服务的一部分。信息技术如大数据、人工智能、移动互联网和云计算等的应用，不仅改变了教学媒体，更重要的是在教育观念、学习方式、评价方法以及师生关系等方面引发了深刻变革，驱动了未来学习空间的研究，将学生置于核心地位，促进学生全方位的成长。新的教育理念强调学生不仅在学校内部学习，还可以在社会中广泛获取知识。学校不再是唯一的教育载体，而是与社区、社会相互交融，能令学生接触更多实际问题，也让教学更加贴近实际，增强了学习的可持续性。学校资源向社区开放也促进了教育资源的共享，使更多人受益。

以学生为中心，促进学生批判性思维和多种潜在能力的发展，是教育领域的一个重要趋势。布朗和卡皮诺基在借助学习科学的新进展，深入研究创新型学习环境的设计理论，提出了建立学习型社区的理念。学习型社区旨在为学生创造一个良好的信息技术支持环境，以激发他们的批判性思维和多元潜能。在学习型社区理念的指导下，FCL（未来学习社区）提供各种学习支持。分布式技术、认知工具、元认知工具、协作交流工具以及问题解决工具等信息技术的支持，都有助于学生更加深入地探索和实践。信息技术的融入不仅为学习提供了便利，也为学生的自主性和创造性思维的培养提供了有力支持。进入 21 世纪以来，世界各大国都在积极探索信息技术支持下的新型学习环境，特别是大数据、人工智能、移动互联网和云计算等代表性信息技术在教学中的运用备受关注。智慧教学和个性化教学作为这一趋势的产物，正在教学应用实践中展现出巨大的活力。信息技术的运用不仅改变了教学方式，还开创了更加灵活、个性化的学习模式，使教育更贴近学生的需求。

互联网教育的背景下，学习环境呈现出以计算机网络为核心的、具备高度交互性的网络生态。在以计算机网络技术为支撑的学习环境中，学生能够充分利用广阔的教育资源库，其中包括电子书、数字图书馆、博物馆资料以及学习资源数据库等。计算机的强大功能也为学生提供了前所未有的学习体验，如利用网络设备共享平台所提供的昂贵设备、认知工具提供的认知辅助功能，以及智能代理的学习引导功能。互联网教育还赋予了学生与他人进行通信交流的能力，不论是与学习伙伴、教师、志愿者还是家长，都能够在网络上进行有效沟通。这种理想的学习环境为学生创造了一个拥有近乎无限学习空间的机会，学生能够通过互联网教育实现个人发展的愿望，以自由的方式选择学习的内容和方式。互联网教育的核心优势在于提供了自主学习的平台，让每位学生都能够按照自己的兴趣和需求来定制学习路径，实现个性化的学习体验。互联网教育不仅仅是一种新的教育形式，更是信息技术与教育教学实践相结合的产物。新型教育形态不仅在手段和形式上颠覆了传统的教育，更在观念、过程、方法以及师生角色等深层次上赋予了教育全新的内涵。传统的教育界限逐渐模糊，学生在互联网教育的框架下，不再是被动的知识接受者，而是主动的知识探索者和创造者。教育的核心转向学生，教师则更像是引导者和合作者，共同构建一个积极、开放的学习环境。

在互联网教育的背景下，教学空间的设计变得更加重要，因为它可以为学生提供更精准的支持和服务。教学空间的设计不再局限于传统的实体教室，而是包括虚拟学习环境。在这种设计中，教学空间可以通过自动感知学习情境，识别学生的特征，并为其提供个性化的智能服务。智能化的教学空间不仅能够适应学生的需求，还能够更好地引导和辅助其学习过程。在互联网教育的背景下，教学空间具有自动感知学习情境的能力，能够根据学生的情况和需求，为其推荐合适的学习资源。使学生能够更快速地获取所需知识，提高学习效率。教学空间还提供了便利的互动工具，促进学生之间的交流和合作。学生可以使用这些工具互相学习、互相支持，形成一个共同进步的学习社区。

互联网教育的理念强调以学生为中心，而这种理念在空间设计中得到了体现，创造出一个亲近自然的绿色成长空间。学生始终是教育的核心，而互联网教育的空间设计则将这一理念融入其中。教育空间不再仅仅是传授知识的地方，更是学生成长的场所。因此，校园的户外空间设计需要考虑学生的成长需求，为他们创造一个能够亲近自然的环境。在互联网教育的背景下，校园空间不再局限于教室，更多地成为学生成长的地方，要求校园的户外空间设计应当注重与自然的融合。绿化不仅是为了美化校园，更是为了创造一个能够促进学生成长的环境。因此，校园中的绿化配置不仅仅是简单的植物种植，更应该与学生的课程紧密结合，让绿化成为教育资源的一部分。

二、虚实结合无处不在的教学空间

未来的学校呈现出社区化、实践性和体验式学习的趋势，此种演变在互联网教育背景下的空间设计中得以体现。学校不只是知识的传授场所，而是一个多样化的学习空间，为学生提供丰富的学习体验。移动学习在互联网教育中正逐渐被广泛认可，众多学习 App 应运而生，使学生的学习空间不再受限于特定地点。线上和线下相结合，创造了一个无处不在的学习环境。此种趋势不仅让学习变得更加便捷，也为教育提供了更大的创新空间。在互联网教育的背景下，教学空间的多样性变得尤为重要。学校的空间设计需要充分考虑课程实施和学生成长的需求，特别是公共空间的规划。学习的场所已不仅限于教室内，还延伸至教室外和户外、虚拟空间。教室外的社区、图书馆、实验室等，都可以成为丰富学习体验的场所，让学生能够在不同环境中获得不同的启发和体验。

在互联网教育的背景下，教学空间的设计需满足多种学习方式，从集体授课、小组讨论，到个性化学习、展示、表演、游戏、动手做、种植养殖、运动等，无论是正式学习还是非正式学习，都应得到充分考虑，使得学习空间设计的多样性成为必然，同时打破过去工业化时代线性的空间规划。研究指出，在 21 世纪，学校物理空间需要支持多达 20 种学习方式，涵盖了独立学习、相互学习、团队合作、教师一对一教学、讲座、项目式学习、远程教学、学生展示、研讨式学习、讲故事、基于艺术的学习、社会和精神的学习、基于设计的学习，甚至是游戏化学习。意味着教室不再是单一的授课场所，而是一个能够适应不同学习方式的多功能空间。尤其需要关注的是互联网教育背景下学习社区的构建，学习社区由几个教室加上一个公共空间组成，构成方式多种多样。一种方式是不同班级组成学习社区，特别适用于小学。这种布局有助于培养学生的归属感和认同感，促进学生之间的交流，构建共同学习体验。另一种方式是按学科群组成学习社区，主要适用于中学。中学生在课程选择上更为灵活，相似学科群的学习空间可以更好地整合资源，促进跨学科的合作。学习空间的划分也可以按照功能进行，同一节课可能因学习方式或资源需求不同，在不同的教学区域间流动。此种灵活性有助于适应多样的教学模式，提供更具创新性和个性化的学习体验。

虚实结合的教学和学习空间是互联网教育的核心特点之一，在这个教育背景下，不仅要重视真实世界中的学习，也需要注重虚拟空间的构建，以创造更丰富的教学体验。无论是学校、班级还是其他组织，都可以积极地创建自己的虚拟空间，从而将教育空间的范围扩展到虚拟领域。很多学校已经意识到了虚实结合的重要性，在这方面进行了实践。举例来说，许多学校开设了官方微博和微信公众平台，扩大了学习空间的范围，并为学校提供了与家长、学生和社会互动的渠道。虚拟平台推动信息传递变得更加迅速，老师、家长和学生可以更快地获取到有关教学和学校动态的信息。学校还可以在虚拟空间中展示学校文化，宣传特色，从而吸引更多人的关注和参与。

三、重视文化传承与审美的教学空间

教学空间的构建是推动学与教方式变革的基础，早期的教学空间研究主要关注物理环境，如学校建筑、座位布置、设备设置以及温度、光线、颜色等因素。其中，美国密歇根大学的"学校环境研究计划"在此方面具有代表性。该计划从两个角度展开研究：从宏观层面探讨环境对人类行为的影响；从微观层面研究学校环境对学生学习过程的影响。然而，随着20世纪60年代人本主义思潮的兴起，教学空间研究更加关注教师和学生对学习环境的主观感受。研究者开始将学校和课堂视为社会情境的一部分，探讨教学空间如何影响人们的情感和行为，强调学习环境与个体的互动关系，倡导创造积极、包容的环境，以激发学生的学习动机和兴趣。

自20世纪90年代开始，信息技术支持下的学习环境研究迅速取得了突破性进展。这种进展的驱动力源于两个主要因素：信息技术和计算机网络的飞速发展为新型学习环境的构建提供了强大的技术支持；心理学理论的演进，尤其是建构主义学习理论和情境认知理论的日益成熟，为新型学习环境的理论建构提供了坚实的基础。两者在基于建构主义或情境认知理论的信息技术支持下的学习环境设计中取得了有益的融合。对于互联网教育背景下的学习环境及空间的研究，主要有两种主要视角：一是心理学视角，二是生态学视角。基于心理学视角的学习环境研究主要集中在课堂环境，关注个体行为与学习环境之间的相互关系，强调教室环境对学生行为和情感的影响，试图创造积极的学习氛围以促进学生的参与和学习动机。与此同时，基于生态学视角的学习环境研究更专注于学校环境，关注学校中个体与环境之间的互动关系，强调学校文化、社交关系和环境因素对学生发展的影响。致力于创造鼓励学习和合作的社区，使学校成为一个有益的成长环境。互联网教育背景下的教学空间从这两种视角出发，关注面向未来的教育理念，更注重无处不在的虚拟学习空间。虚拟空间的创设将学习延伸到了数字世界，通过在线平台促进知识传递和学习交流。教学空间的设计也需要考虑文化传承和审美因素。创造一个令人愉悦、激发灵感的环境能够有效提升学生的积极性和创造力。

学生在学校的成长是一个综合性的过程，其中与学校的建筑和空间密切相关，涉及学术发展，且涵盖了人格养成、审美能力培养、好奇心的激发以及社交能力的培养。在互联网教育的背景下，学习空间的角色不再局限于简单的知识传授，更应该成为塑造学生精神气质的场所。教学空间所传达的文化价值和审美观念对于学生成长的影响至关重要，因此空间设计在塑造学生的成长环境方面具有重要作用。互联网教育的环境设计不仅仅是学习的容器，更应该被视为塑造学生全面发展的空间。学校的教学环境不仅承载着知识的传递，还应该成为激发学生好奇心、培养审美情趣的场所。环境的创设关乎学科知识，还关涉到人文关怀和情感教育。因此，在互联网教育的背景下，教学空间的设计需要更加注重文化传承和审美趣味。学校建筑的设计和装饰应该融入地域文化和学校的教育理念，通过空间传递着深刻的文化内涵。而且，审美因素也应该贯穿于整个设计过程，以创造一个既美观又令人愉悦的学习环境。

第四节　当今互联网时代下高校教学模式的创新构建

教育领域正经历着从传统的"黑板＋粉笔"到"电脑＋课件"，再到"云计算＋大数据"的演进过程，这一变革中最引人注目的是互联网教育对教学模式的深刻改革。在教育的复杂且非线性的变革中，必然伴随着教学方法的创新，而互联网教育为此带来了崭新的可能性。在互联网教育的潮流下，以大数据、移动互联网和云计算为代表的先进信息技术正催生教学模式的全面革新。变革不仅关乎教育的目标，还波及课程内容、教学方法、教学环境，乃至教师、学生和教学评价等各个层面。因此，新的教学模式正在迅速兴起，网络智能教学模式便应运而生，为学校教育注入了新的活力。

一、构建智能网络教学模式的基础

（一）智慧教育

智慧教育作为一种创新的教育模式，依托物联网、云计算、大数据和泛在网络等先进技术，通过智能化的手段将全球范围内的学习资源和学习群体有机整合，构建出智慧学习环境，并研发智能化系统与产品，旨在为每一位学生提供个性化的全方位学习支持服务，从而培养出具备高阶思维能力的智慧人才。随着物联网、人工智能、云计算、大数据以及普及的移动网络等新一代互联网信息技术的迅猛发展，智慧教育观得以形成，并在教育领域获得广泛关注。尤其是 E-learning、B-learning 到移动学习和泛在学习的演进，不仅将互联网教育推向更高级的阶段，也使学生对信息化学习环境和方式的要求提出了更高的期望。在不断发展的教育信息化进程中，智慧教育应运而生，成为互联网教育的顶层设计。它强调学生的自主导向和内在动机，将学习过程注入趣味性，打造出高度可定制的学习路径，并为学生提供丰富的资源支持。智慧教育模式将学生置于学习的中心，赋予他们更多的主动性和自主选择权，从而培养出具备创新、批判思维和问题解决等高阶思维能力的综合型人才。智慧教育的核心在于充分利用了先进的技术手段，通过物联网的应用，学习环境变得更加智能化，教学设备和资源可以实时互联，形成一个无缝连接的学习网络。同时，大数据分析技术可以深入挖掘学生的学习行为和喜好，为个性化教学提供精准支持。在智慧教育的框架下，学生可以自由地选择学习的时间和地点，通过移动设备随时随地进行学习，大大提高了学习的便捷性和灵活性。

（二）情境认知与学习理论

情境认知与学习理论聚焦于人与环境之间的相互协调，强调学习是在特定环境中发生的认知过程。其核心概念在于，学生的心理状态通常是在与构建和支持认知过程的环境相互作用中产生的，情境是一切认知活动的基础，认知过程的生成与所处情境密切相关。因此，认知心理学应关注于"自然情境中的认知"。互联网教育作为个人学习与情境学习的融合，尤其随着虚拟现实、物联网、大数据等先进信息技术的引入，更加强调知识的实际应用和解决真实情境问题的能力。在以计算机网络技术为支持的学习环境中，学生能够充分利用广泛的教育资源库，包括电子书、数字图书馆、博物馆以及学习资源数据库等。计算机的强大功能也为学生提供了诸多机会，如网络设备共享、认知工具提供的认知功能和智能代理提供的引导学习功能。而网络通信能力则使得学生与学习伙伴、教师、志愿者和家长之间的交流变得更加便捷。互联网教育的目标是在一个理想的学习环境中，帮助学生强化其认知过程，实现个人的自由发展。情境认知与学习理论为这一目标提供了有力支持，因为它强调学习是一种与环境相互作用的过程，而互联网教育正是在全球范围内创造了一个虚实结合的学习环境。在这个环境中，学生能够更好地与知识和信息互动，从而更深入地理解和应用所学内容。

（三）个性化教育

个性化学习是一种教育方法，其核心思想在于根据学生的个性特点和需求，量身定制教育目标、计划、培训方法以及管理方式，以满足每个学生的独特发展需求。个性化教育方法立足于深入分析和诊断每位学生的情况，旨在充分挖掘和发展每个学生的个人潜力，以个性化的方式引导他们的学习进程。个性化教育理论认为，教育应该承认个体之间的差异性，基于差异性进行教学设计和学习系统的构建，避免"一刀切"的教育方式。互联网教育的背景下，个性化教学模式的出现是对传统教育模式的创新和突破，也在尊重个体差异的基础上，探索更适合学生需求的教学方法。在互联网信息时代，教育也逐渐朝着个性化方向发展。互联网教育具备更先进的技术手段，更加人性化的教育理念以及更丰富的教育资源，为实现个性化教学提供了广阔的空间。互联网教育不仅可以根据学生的学习进度和兴趣，为他们量身定制学习计划，还可以通过智能化的教学平台和个性化的学习资源，满足不同学生的学习需求。个性化学习强调学生在教育过程中的主体地位，将教育的焦点从单一的知识传授转移到学生的全面发展上来。

二、构建智能网络教学模式的现实依据

（一）未来教学的发展趋势

展望未来，教育将逐步演变成一个多元化的、开放式的工作平台，各种互联网和信息技术设备将在这个平台上相互协调工作，形成智能化的教学交互空间。智慧教育作为互联网教育背景下的高级形态和必然趋势，将对教育领域带来深刻的变革和创新。在这个新的教育模式中，关键在于以移动互联网、物联网、大数据和云计算等为支撑的四大技术，通过智能技术和设备，高效地整合全球范围内的学习资源和学习群体，构建出智慧学习环境，并研发智能化的系统和产品，为每位学生提供全面的学习支持和服务。在互联网教育的背景下，教育的核心已经不再是传统意义上的单向传授知识，而是通过技术的媒介，让学生成为知识的主动获取者和创造者。智慧教育注重培养学生的创新能力、批判思维能力和问题解决能力等高阶思维能力，而不仅仅是死记硬背知识，高阶思维能力的培养能够使学生在面对未来复杂多变的社会和工作环境时更加游刃有余。智慧教育的目标不仅仅是教育领域的变革，更是为了发展学生的智慧，从而培养出创新型的人才。在这个新的教育模式下，学生将成为自主的学习者，可以根据自己的兴趣和需求，定制个性化的学习计划和路径。智能化的系统和产品将根据学生的学习情况和偏好，提供精准的学习建议和资源，使学习过程更加高效和有针对性。

（二）教育变革实践需求

现代信息技术的崭新应用正引领着教育领域的深刻变革，为教学提供技术支持的同时，呈现出对传统教学模式与方法的全新要求。在这个融合了现代科技的时代背景下，信息技术并不仅仅意味着简单地将现代教育技术手段替代传统的"教师＋黑板"教学方式，更应当是将信息技术有机地融入教育教学过程中，实现技术与学科的双向深度融合。教师在互联网教育背景下的教学中，需要将信息技术应用于实际教学实践，而不仅仅是简单地增加技术的存在感。这种深度融合要求教师在教学中借助信息技术来调整教育思想与观念，丰富教育内容，创新教学模式与方法。信息技术的应用可以推动教育教学的创新，使之更加贴近学生的兴趣和需求，更具交互性和参与性。引入信息技术使得教学不再是单向的知识传授，而是一个双向互动的过程，学生不仅仅是被动的接受者，还能积极参与到教学中，发挥主体作用。教学模式与方法的创新在互联网教育中显得尤为关键，信息技术为教学提供了丰富多样的工具和平台，教师可以根据不同学习目标和情境选择合适的教学模式，从而更好地满足学生的需求。借助在线教学平台、虚拟实验室、多媒体资源等，教师可以创造更加生动有趣的教学环境，激发学生的学习兴趣。信息技术也赋予了教师更多的灵活性，可以根据学生的不同学习风格和节奏进行个性化指导。

（三）异地为主的泛在学习

学生借助大规模网络在线课程、网络视频教学系统以及多终端同步智慧教学平台，实现了跨地域的泛在学习，让学生能够根据自己的方便时间和适宜地点，参与教师的教学活动，同时与教师和课堂内的同学实时互动。网络智能教学模式不仅服务于本地的学生，还能满足互联网终端上的众多学生的需求，实现同步教学。而这些互联网终端的学生之间也能够实现互相间的实时互动，进一步拓展学习交流的空间。这种全新的教学模式能使学生获得更大的自由度和灵活性，不再受地理位置和时间限制，能够根据自身情况合理安排学习时间和地点，提升了学习效率，促进了学生与教师之间以及学生之间的互动，为教育领域带来了更加开放和多元的学习机会。网络智能教学模式在信息技术的推动下，正在改变着传统教育的格局，为学生提供更为便捷和多样化的学习途径。

三、智能网络教学模式的有效构建

（一）多终端同步视频的互动教学

多终端同步视频互动教学平台在现代教育中扮演着革命性的角色，将传统班级的互动与新兴技术相融合，创造了一种全新的教学方式。该平台实现了在虚拟空间里的"班级"互动，将学习终端变成了类似传统班级里的学习小组。在这个互动的环境中，每个学习小组都能同时获取教室授课终端传递的授课内容，同时也能与其他异地学习终端进行交流。教师在教学平台上能够实时了解所有学习个体和学习终端的学习情况，这为教学提供了有力支持。学生则通过自己的学习终端观看教师的授课视频，提供更大的灵活性。学生间也能够通过各自的学习终端进行观察和交流，实现虚拟环境下的互动与合作。该平台还实现了师生之间以及学生之间的互动，教师和异地学生之间通过网络连接，仿佛置身于同一教室，共同参与教学活动。多终端同步视频互动教学平台让教师的授课内容传达给所有学习终端，也使学生的发言和互动能够被全体同学共享，让教学和学习更具互动性和实时性，为虚拟教学环境注入更多的真实感。在多终端同步视频互动教学平台的支持下，教育的边界变得模糊，地理距离不再成为学习的障碍。学生从不同地点、不同时间参与教学，与教师和同学共同创造了一个虚拟的学习共同体，推动了传统教学方式的革新，为学生提供了更广阔的学习机会和更多样的学习体验。多终端同步视频互动教学平台在信息时代的浪潮下，成为教育的一大进步，也为未来教育的发展指明了方向。

（二）智慧教学资源的分析与推送

教学资源智能分析与推送平台是教育领域的一项重要创新，其核心在于通过智能技术为学生提供个性化、精准的学习资源和学习路径。教学资源智能分析与推送平台涵盖多个关键部分，包括智能分析与导航、个性化推送、动态资源汇聚与策展等，旨在实现对学生特性的深入了解，从而提供最合适的学习支持。在学习开始之前，平台通过各种测评工具对学生的性格、心理等方面素质进行测试，将测试结果以生动直观的形式展现出来。经过与标准的比对，将数据进行智能分析，帮助教育者更好地了解每位学生的个性和学习特点。学习过程中，平台依托数据采集、挖掘、分析和聚合等技术手段，根据学生的情况动态生成个性化的学习路径，实现数据与学习需求的动态结合，为每位学生提供最符合其需求的学习引导。学习跟踪引擎在具体学习过程中为学生整合并定制内容，使学生能够在符合其智能类型的方式下学习，确保学习过程更加高效和愉悦。这个智能平台还能根据知识点之间的关联网络，主动推荐意义相关的资源供学生选择，精准的资源推送促进了深度学习，并提供了更广泛的学习视野。平台整合多样化的资源能够满足不同学生的需求，从而提高学生的满意度和学习效果。教学资源智能分析与推送平台在教育领域的应用，不仅仅是信息技术与教育的结合，更是个性化教育的一大飞跃。

教育界对学生在学习过程中产生的数据进行深入分析，能够更好地掌握学生的知识结构和学习需求。数据分析有助于及时评估学习效果，进而为学生提供有价值的反馈，促进学生的持续进步。在此基础上，个性化的学习支持成为可能。个性化学习资源推送是这一趋势的核心，其理念是根据学生的兴趣和需求量身定制学习内容。按需推送的方式能够更好地满足学生的学习偏好，提供更加针对性的学习体验。平台通过对学生的现有基础和学习目标的观察，推送适合其水平和需求的学习任务和内容，以保证学生在正确的方向上不断发展。在学习过程中，学生可能遇到困难和问题。个性化学习服务的推送，如提供解答、学习指导路径以及联系学伴或学科专家等，有助于及时化解困惑，让学生更有信心和动力。通过对学生需求的准确回应，平台维护了学生的学习积极性，激励他们在学习道路上持续前行。

第六章　互联网时代下高校教育管理模式的实践应用

第一节　互联网教育资源在高校教育管理中的实践应用

教学资源的重要性在于为教育教学创造了必要的物质和环境条件，教学资源涵盖广泛，包括媒体环境、物质条件、自然条件和社会条件等各个方面。具体而言，教学资源由教学资料、支持系统和教学环境等多个部分构成。而将资源聚合为教学活动提供了坚实的基础，还能够提升教育教学的效果。教学资料蕴含丰富的教育信息，拥有着为教育活动提供价值的内在特质。在信息化时代，数字化的教学资料尤为重要。此种形态的资料以数字方式存在，包括学生和教师在教育过程中所需的多种数字化素材，诸如教学软件、学习资源以及补充材料等。

一、网络教学实现的目标

充分利用多样化且现代化的网络教学资源，教育界正在突破传统的课程讲授方式。新的教学模式将课程内容进行模块化，使教学支持更加灵活，同时增强内容的实用性。这种方法将知识和技能融合，为学生提供更为丰富的学习体验。网络资源的应用使得教学过程能够满足不同学生的发展需求，强调实践性和灵活性，从而为每位学生量身定制学习体验，改变了传统的教育范式，并为学生提供更多的自主学习机会，使他们能够更好地适应多样化的知识和技能需求。

二、优化网络教学资源

网络教学资源的广泛应用和持续开发展示了现代计算机网络技术以及资源共享的显著优势，此应用将计算机技术的智能、多媒体和实时等特点充分发挥，为传统教学模式注入了新的活力，也与当前高校教学改革的潮流相契合。建立网络教学资源平台使教师能够更好地整合网络资源、设计教案以及实现更互动的教学方式，从而为提升教学质量创造坚实基础。通过网络资源改善教学环境，成为现代教学的必然选择。高质量的网络资源是提升教学质量的关键基石，直接影响着教学的成败。网络教学资源的建设也是一个长期且不断更新的过程，需要始终依托最新的计算机技术来管理和更新。持续不断的更新与发展保证了网络教学资源始终处于最优状态，为教育提供了不断进化的支持。网络教学资源平台的建立为教师创造了更多教学的灵活性和互动性。教师可以根据课程需要，选择合适的网络资源来设计课程内容，从而更好地满足学生的学习需求；学生也能够根据自身情况和兴趣选择适合的学习资源，实现个性化的学习路径，强调了教师与学生之间的互动和合作，为教育带来了新的可能性。

三、网络教学资源的实现

实现网络教学资源的应用需要解决学科资源和技术支持等多方面的问题，是一个复杂且长期的系统工程，包括网络教学资源管理平台的搭建和网络教学资源本身的构建两个关键方面。网络资源教学的显著优势在于能够实现教学资源信息的广泛共享，教师可以积极收集与教学内容相关的多种教育资料，创作适合课程计划的教学课件，并将其共享在网络上，以满足其他教育从业者的需求。有助于优化教学质量，还能够促进教学资源的跨界交流，为教育创新和进步提供助力。

（一）建设网络教学资源管理平台

当前，随着各个学科知识更新速度的加快，教学资源的更新迭代也必须跟上脚步。为实现这一目标，需要建立一套完善的制度体系，以确保网络教学资源的有序开发和应用。在这个过程中，高校应当制定相应的规章制度，将网络教学资源的建设纳入学校的日常管理工作中。

　　构建一个高效的网络教学资源管理平台不仅需要关注教学行为的有效性，还应着眼于教学管理的有效性。在这一过程中，教师和学生是核心参与者，他们在教学活动中发挥着不可或缺的作用。此外，不同类型的教学资源也需要在平台上得到高效的管理和应用。教师在教学活动中具有引导和组织学生学习的关键作用。教师可以通过网络教学资源平台，设计课程、制定教学计划，为学生提供全面的学习支持。平台应提供一系列教学工具，如在线讨论、作业提交和考试安排，以促进教师与学生之间的互动与合作。教师还可以通过平台收集学生的学习数据和反馈意见，从而不断优化教学方法和资源的使用。学生作为教学活动的主体，应积极参与各类学习行为。网络教学资源平台应当提供丰富多样的学习资源，包括教材、课件、多媒体资料等，以满足不同学生的学习需求。平台应该具备用户友好的界面和易用的操作方式，以便学生能够方便地浏览、搜索和使用各类资源。

（二）建设网络教学的资源

　　网络教学资源的建设是一个复杂而持久的任务，其效果直接关系到教学质量和学习效果。在资源建设过程中，通常涉及专业的计算机技术人员和学院的专任教师，各自的优势与不足都需要得到充分的发挥和协调。由专业计算机技术人员制作的网络教学资源通常形式多样，美观度高，但有时缺乏对教学内容的深刻理解，导致资源与实际教学需求不够契合。相比之下，由学院专任教师制作的资源更贴近教学实际，但可能缺乏计算机技术和多媒体应用方面的专业知识。因此，资源建设需要在专业计算机技术人员和教师之间建立紧密的合作机制，充分利用各自的专长，以高效地建设网络教学资源。要确保教师和学生能够有效地利用网络教学资源，必须借助新兴的计算机技术，从而帮助资源内容得以有效组织、管理和传播。在整个网络教学过程中，教师应扮演主导角色，以学生为中心，灵活运用不同的教育模式。网络资源的制作应与教学内容密切结合，确保资源的实际应用能够满足教学需求。

　　网络资源的广泛应用在教学领域引发了深刻的变革，改变了教师与学生在教学过程中的角色定位，革新了教学方法。然而，尽管借助计算机新技术构建网络教学资源，教育的最终目标依然是学生的全面发展。因此，以学生的发展为核心标准来衡量网络教学资源的有效性显得至关重要。在教学实践中，学生的学习能力存在差异，要求教学过程中充分尊重学生的主体地位。根据不同学生的需求，应灵活运用计算机相关技术，对教学资源进行及时的调整和优化，以满足不同层次学生的学习需求。高校可以借助计算机技术，实现对网络教学资源的动态调控，确保资源与学生学习活动的紧密结合。高校在利用网络资源进行教学活动时的目标是为师生提供丰富且易于获取的学习资料，从而促进教与学的有效实现。因此，网络教学资源的建设应该紧密围绕实际应用展开。资源的设计和制作应以教育教学的实际需求为导向，追求与教学目标的高度契合。

第二节　网络教育平台在高校教育管理中的实践应用

处于知识大爆炸时代，如何有效学习成为摆在教育工作者面前的难题。随着计算机技术和宽带网络的飞速发展，基于网络教学平台的多媒体互动授课方式应运而生，有效加强了高校之间优质教学资源的共享，还推动了网络技术在精品课程建设中的应用，为高校教学提供了全新的方式。网络教学平台的引入对高校教学产生了革命性影响，此种基于网络平台包括三个关键子系统：网上课程开发、网上教学支持和网上教学管理。

一、网络教育平台在精品课程建设中的具体应用

教育部要求所有省级以上的精品课程必须建立课程网站，并向社会公开，以实现教育资源的共享。在这一背景下，网络教学平台为教师提供了解决如何将课程资料传播到互联网的途径，并将分散的管理方式转变为集中的管理模式。不再需要为每门课程单独制作网站，对于技术水平相对有限的教师而言也是一个福音。教师建立课程网站可以更轻松地分享他们的教学资源，能提高教学效率，促进教育资源的共享。网络教学平台的集中管理特性意味着教师们不再需要单独为每门课程制作独立的网站，相反，他们可以利用统一的平台上传和管理课程资料，从而减少不必要的重复工作。

网络教学平台充当了教育资源的有效载体，实现了对分散的课程资源

的统一建设和管理。该平台以课程为基本单位，将教学资源有序地组织、浏览、下载、上传以及评价，为师生提供了便捷的资源查询和使用方式。网络教学平台的出现改变了教学模式，且深刻影响了学生的学习方式。在如今的网络课程学习环境中，学生从传统的被动接受转变为了积极参与者。其中，网络教学平台充当了桥梁的角色。结合模块化的课程设计，学生可以根据自己的兴趣和需求自主构建学习计划，此种个性化的学习方式使学生更灵活地获取和利用教学资源，进一步促进了他们的主动学习意识。网络精品课程的优势在于关注学生的学习过程，强调形成性的考核方式，以多样化的评价方式来全面了解学生的学习情况。与传统的单一考试相比，这种形成性的考核更能展现学生的综合能力和对知识的真正理解。此外，网络教学平台还注重发展学习的趣味性和情感交互。多媒体技术的应用使得课程内容变得更加生动有趣，能激发学生的学习兴趣。同时，平台也提供了学生之间的互动机会，促进了同学之间的情感交流和合作学习。

网络精品课程中，师生之间的互动方式呈现出多样性。除了常见的电子邮件、通知公告、作业提交与反馈、在线答疑、课程论坛等交流方式，还涌现出更多的支持服务栏目，如答疑集锦、短信平台、虚拟社区以及文字聊天记录等。有些课程甚至独具匠心地开发了与课程内容相关的小游戏，以娱乐的方式将教育融入其中，处处体现出人文关怀。在网络精品课程中，师生之间的交流方式多样而丰富。除了传统的电子邮件、通知公告、在线答疑等方式外，课程还引入了更多创新的交流渠道。例如，一些课程在支持服务中提供了答疑集锦，将常见问题以及解决方法整理成文档，方便学生快速查阅。短信平台的使用也加强了师生之间的及时沟通，更贴近学生的日常使用。虚拟社区和文字聊天记录则提供了更加轻松和实时的交流方式，让师生能够随时交流想法和问题。网络精品课程在师生互动方面展现了创意与关怀，一些课程设计了与内容相关的小游戏，以寓教于乐的方式激发学生的学习兴趣。这种创新的设计不仅丰富了课程的形式，也增加了学生参与的积极性。多元化的交流方式也展现了教师对学生的关心，结合各种互动渠道，教师可以更加了解学生的学习情况和需求，及时给予指导和帮助，让学生在学习过程中感受到更多的支持和鼓励。

二、网络教育平台作为辅助方式

学习的有效手段，其中包括教材以外资源的展示、作业布置、单元自测、模拟考试、答疑和讨论等多种内容。网络平台的交互性质使得学生在学习过程中处于积极的主体地位，能够根据个人情况随时调整学习内容和学习进度，实现真正的自主学习，能帮助学生充分发挥自身主观能动性，并显著降低学习的难度，激发他们对知识的兴趣。采用网络教学平台开发的网络课程使得学生能够更灵活地掌握学习进度和学习内容，平台提供了丰富的教材外资源，使学生能够深入拓展知识，丰富学习体验。而作业布置、单元自测和模拟考试等功能有助于学生自我评估，及时发现并填补知识漏洞。在线答疑和讨论使得学生能够随时与教师和同学互动，解答疑惑，促进交流和合作。网络平台的自主学习特性，使得学生能够根据自身兴趣和学习节奏进行学习，不再受限于传统课堂教学的时间和地点。

针对理工科专业的性质，传统的授课方式通常涉及大量的板书、绘图、挂图以及笨重的教具，导致教学效率较低且搬运教具不便。以机械设计基础课程为例，在讲解平面连杆机构的演化和运动特性时，仅仅依靠课本的文字、图形和举例，学生所接触的内容都是静态的，对空间思维能力较差的学生来说，理解起来常常感到茫然不解。为了解决这一问题，教师可以充分利用多媒体技术结合网络教学手段，为网络教学资源库添加多样的演变机构，各类机构仿真和视频能够真实地呈现各自的运动规律，从而更有利于学生课后的深入理解。此过程中，网络教学平台可以充分发挥其优势。教师应用网络教学平台可以将各类机构的运动过程展示给学生，帮助他们深刻理解不同机构的特性。除此之外，教师还可以通过网络互动平台进行进一步的归纳总结，加深学生对课程内容的理解，促使学生能够亲身体验各种机构的运动过程，从而更加清晰地了解四杆机构的特点，比如急回特性、死点位置以及在实际生产和生活中的应用。由此可见，网络教学平台的使用对于理工科课程而言，能带来巨大的好处。

网络平台教学资源的丰富对教学产生了积极影响，建设网络教学平台，学生得以获得大量的教育资源，解决了教师在授课过程中所面临的多种问题，并且培养学生的信息素养、自主学习能力、协作学习能力以及运用现代教育技术学习的能力。多元化的学习方式拓展了学生的知识视野，也激发了学生的兴趣和热情，使他们更积极地参与到课程学习中。

学生在网络教学资源的丰富中获得了更大的自主学习机会，网络作为一个信息的宝库，提供了丰富多样、形式多样的学习资源，学生可以根据自己的兴趣和需求进行选择。在网络教学资源的丰富中，学生可以根据自身需求选择合适的学习内容，从而更好地满足个性化的学习路径。不同于传统的被动接受，学生现在成为知识的主动建构者。他们可以通过在线学习材料、视频课程、互动讨论等多种形式，参与知识的创造和整合过程中。这种参与度的提升使学生在学习中更有动力，更有成就感。

传统教学模式的局限在于限制了学生的创造力和个性化发展，传统教学通常将学生置于相似的学习环境中，让他们使用相同的教材、听同样的讲课内容，导致学习过程缺乏多样性和个性化，未能满足每位学生独特的学习需求和潜能，使得学生的创造性和主动性无法得到充分发挥。网络教学平台通过异步的交流和学习，为学生提供了更大的自由度和个性化的学习体验。学生不再被迫按照统一的步调进行学习，而是可以根据自身的实际情况和学习习惯进行灵活安排。网络教学的异地性质消除了时空限制，学生可以在自己的时间和地点进行学习，避免了传统教学的固定时间和地点的限制。网络教学还强化了学生与教师之间的互动，在线交流平台为学生提供了便利，他们可以随时与教师交流、提问，及时了解自己的学习进展和不足之处，从而调整学习策略。网络教学实现了个性化教学的理念，学生可以根据自己的兴趣、学习风格和需求选择适合自己的学习内容和学习节奏。网络平台提供了多样的教学资源，如课件、视频、讨论区等，学生可以根据自己的情况进行自主选择和学习，实现真正的个性化教育。

网络教学借助网络作为信息传递的媒介，极大地促进了教师与学生之间的交流与互动。教师与学生可以通过网络平台实现实时的信息传递和双向的交流，从而使教学变得更具互动性和灵活性。网络教学还为学生创造了更多参与的机会，学生可以随时通过网络平台与其他同学进行讨论和交流，开放的交流环境鼓励学生积极参与，发表自己的观点和见解，从而培养了学生的批判性思维和表达能力。实时的交互不仅对学生的学习有效性具有重要作用，还有助于教学活动的有序开展。教师可以随时了解学生的学习进度和理解情况，及时纠正误解，强化重点，以确保教学目标的达成。

在网络教学环境中，评价和考核在促使学生学习上起到了不可忽视的作用，其本质目标是为了帮助学生更好地掌握所学知识。网络教学平台通过作业和测评系统为学生提供了一个在线练习和测验的场所，新的学习环境为多样化的评价方式的实施提供了机会。教师能借助网络教学平台，采用学生互评、小组互评、自我评价、教师评价等多种方式对学生的学习进行评估，使学生更好地认识自己的优点和不足，还能够引导他们找到提升的方向。网络教学平台也为教师提供了更多评价和反馈的机会，教师可以随时了解学生在各个知识点上的理解程度，以此为基础进行教学评价和调整。

网络教学平台的引入为教学带来了多样性，激发了学生的学习兴趣和质量，同时也为培养学生现代教育技能奠定了基础。然而，网络教学平台在教学实践中也显现出一些问题。受制于学校教学设施或经济状况，一些学生无法保证频繁登录平台学习，从而错过了与同学交流和问题解决的机会。在初始阶段的教学过程中，引入评价机制是必要的。监测学生的登录次数、登录时间、问题提出次数、解答他人问题的频率、在线交流的积极性、任务完成的及时性以及优秀作品的数量等，来激励学生积极参与学习，引导学生更专注地参与网络教学。考虑到网络教学平台的访问量通常较大，教师难以及时回复所有学生的问题，导致一些学生可能会感到失望，特别是当问题无法及时得到解答时。随着时间的推移，学生可能逐渐丧失对在线学习的兴趣，其参与度也可能逐渐减弱。

网络教学平台的设计、开发与应用成功地解决了现代远程开放课堂教学受时间和空间限制的问题。然而，这并不意味着教师在网络教学中的作用被淡化，相反，在网络教学的初探阶段，教师的作用显得更加重要。随着高校改革的深入，各个高校应进一步加强网络教学的应用，从而加速新思维、新观点的产生，充分挖掘并有效利用网络教学的优势。在未来的教学过程中，仍然不能忽视网络教学中存在的一些弊端。

第三节　互联网视域下社会教育在高校教育管理中的应用

一、微课在社会教育中的应用

如今，人们获取知识的途径变得多样化，智能手机、移动网络等移动媒体在教育领域的广泛应用，使得学习不再受时间和地点的限制，课堂内外的学习变得更加便捷。个人可以在任何时间、任何地点开始学习，最大程度地提高了碎片化时间的利用效率。该方式适用于"微"内容的学习，即短时间内获取到小块的知识。虽然移动媒体使学习变得灵活，但也不宜过分延长学习的时间。长时间的连续学习可能会降低学习效率，对学习效果产生不利影响。根据研究，人们的注意力保持时间普遍在 10 分钟左右，特别是在课堂环境中。虽然不同年龄段的注意力保持时间有所不同，但一般而言，人们高度集中精力的时间是有限的。因此，根据学生的学习特点，将教学内容进行碎片化处理，设计跨平台的微课程成为一种解决方案。微课程以其简短的时长和紧凑的内容，能够更好地吸引学生的注意力，确保学生在有限的时间内集中精力进行学习，能满足人们碎片化时间的学习需求，符合学生的学习习惯。在移动学习时代，微课程成为有效的教学方式，将知识点进行拆解，每个微课程聚焦一个特定的主题，使得学生能够更加集中地吸收和理解知识。微课程不仅在课堂内起到了促进学习的作用，也可以在课后作为复习工具，帮助学生巩固所学内容。

微课这一概念在不同的专家学者中存在着一些微妙的差异，然而总体而言，其核心意义相似。著名教授张一春提出的观点较具代表性，他认为微课是一种自主学习的形式，其目标在于达到最佳的学习效果。微课的设计是经过精心策划的信息化教学设计，以流媒体的方式呈现。每个微课集中探讨某个特定的知识点或教学环节，其时间长度相对较短，然而在内涵上却是完整的教学活动。因此，教师在制作微课时，最关键的是要以学生的视角为出发点，而不是仅从教师自身的角度考虑，体现以学生为中心的教学思维。这种理念凸显了微课的核心价值，即创造一种更符合学生需求的学习方式。微课通过提供简明扼要的内容，让学生在较短的时间内领会重点知识，从而促进更高效的学习。然而，微课不仅仅是内容的传递，更要注重教学设计的精雕细琢。教师应以学生为中心，关注学生的学习体验和理解程度，深入了解学生的需求和背景，从而制作出更具针对性的微课内容。

微课的核心构成要素主要包括课堂教学视频，并且涵盖与特定教学主题相关的教学设计、素材课件、教学反思、练习测试以及学生反馈、教师点评等辅助性教学资源。有关元素在一定的组织结构和呈现方式下相互交融，共同构筑了一个半结构化、主题式的资源单元，形成了一个小型的学习环境。微课的特质在于它的多维度资源组合，与传统的单一资源类型如教学案例、课件等相比，微课更加综合和丰富。其中的课堂教学视频是重要的核心元素，通过直观的图像和声音，直接呈现教学过程，更有助于学生深入理解。除此之外，教学设计、课件等辅助性资源则有助于学生更系统地学习和掌握知识。微课并不是简单的教学资源的堆砌，而是在传统资源基础上的创新演化，其继承了传统资源的优点，同时融入了更多元素。

（一）微课教学的优势

1. 缩短教学时间，精简教学内容

微课的核心构成是教学视频，其特点在于短小精悍，一般而言不超过10分钟。因此，微课常被称为"课例片段"或"微课例"。相较于传统课堂，微课突出问题重点，紧扣主题，更适合教学需要。

2. 资源的组成、结构以及构成情景化

微课资源的使用非常便捷。为了确保微课内容质量，通常选择突出主题，明确方向，内容相对完整。微课资源以教学视频片段为主线，整合了教学设计（包括教案或学案）、课堂使用的多媒体素材和课件，还包括教师课后的教学反思、学生的反馈以及学科专家的文字点评等相关教学资源。从而组合形成了一个结构紧凑、类型多元的主题单元资源包，创造了一个真实的微教学资源环境。微课的使用方法灵活多样，教师可以依照课程进度，选择相应的微课内容，将之嵌入教学中。学生则可以根据个人需要，灵活选择学习的时间和地点，充分利用碎片时间进行学习。微课的简洁性，突出的问题，使学习内容更加集中，便于理解和吸收。而且由于微课资源紧凑，学生可以更加专注地深入学习其中的知识点。

3.突出主题，内容具体化

每个课程都代表着一个独特的主题，或者可以说每门课程都是一个独立的议题。而议题往往源于教育教学实践中的具体问题，可以来自生活的思考，教学的反思，难点的攻克，重点的强调，学习策略的探索，教学方法的研究，教育观点的审视，以及其他实际的、真实的问题，且问题可能在教育现场中遇到，可能在课堂上引发思考，或是教学中的某个环节引发了讨论。

4.简化成果，多样化传播

微课的特点使得研究内容具体且主题鲜明，更易于表达和分享。微课的紧凑性和简短时长，使得研究成果能够快速转化为实际应用，其小容量使得信息传播方式更加多样化。

5.及时反馈，针对性较强

集中进行无生上课活动，教师能够在较短时间内获得同行的实时评价和反馈信息，这与传统的听课、评课活动相比更具即时性。这种活动在课前进行，是组内的预演，每位教师都参与其中，相互学习和互助，共同提升教学水平。与常规的评课活动相比，此方式能够一定程度上减轻教师的压力，因为教师不再担心失败，而是专注于提高教学质量。同样，评课人也无需担心提供客观评价会引发冲突或不愉快，更有助于建立更客观的评价体系。在无生上课活动中，教师可以在安全的环境中互相分享经验和见解，能够增进彼此的理解，发现并解决教学中的问题。集体性的评价和反思有助于构建一个积极的教学氛围，激发教师们的创新思维，并鼓励他们在实践中不断改进。也有助于提高教师的自信心，因为他们能够在小范围内尝试不同的教学策略，并根据同行的建议进行调整。

（二）微课教学的意义

在当前信息化技术迅速发展以及教育改革深入推行的大背景之下，实施微课教学具有比较深远的现实意义。

1.以学生角度分析

微课的便利性为学生提供了随时随地学习的机会，使得课外自主学习成为可能。微课的内容紧凑，知识点集中，学生可以根据个人兴趣和需求进行有针对性的学习。个性化的学习方式让学生感到学习充实且愉悦，在教育改革的背景下，微课教学恰好满足了减轻学生负担的要求。微课以小而精的教学模式代替了传统课堂的广泛覆盖，着重突破教学中的难点，使学生的注意力聚焦在特定知识点上，从而提升学习效率，优化学习成果。微课主要采用视频形式呈现，源于视频教学的生动形象和直观优势。相较于其他媒体方法，视频教学更易于引发学生的理解和记忆。微课教学以视频形式让学生能够实时反馈问题，还能够通过评论等方式寻求帮助。此外，学生可以在线上发表关于某一知识点的见解和体会，展开讨论与探索，促进学生之间、学生与老师之间的积极交流，进一步培养学生良好的学习习惯和沟通能力，也能提升学生的学习能力。

2. 以教师角度分析

微课的显著优势在于其简洁的课例、单一的学习内容和明确的学习目标。此特点使得学习变得高效，能够更迅速地达到学习和研究的目标。教师通过微课可以得到启发，甚至可以将一些优秀的微课案例直接应用于自己的教育教学实践中。微课教学的便捷性也促进了教师之间的交流与合作，教师能够互相借鉴、学习，从而形成更加良好的教育教学机制，提升整体工作效率。通过观摩他人的微课案例，教师能够发现新的教学点，补足自身课堂教学中的不足之处，实现互补互助的效果。微课的教学方式有助于教师专业水平的提升，使其成为学生学习资源的创造者和开发者。在微课的设计和制作过程中，教师需要关注细节、反复思考、发现问题，这促使他们在教学中持续进步和成长。微课教学也是教师自我反思的过程，教师需要审视自己的教学方法和效果，不断进行调整和改进，从而提升自身的教育素养和专业素质。微课教学为教师提供了一个共同学习和成长的平台，教师可以通过分享微课案例、交流教学心得、共同探讨问题，建立起一个互相启发和支持的学习社区。在这个社区中，教师可以从彼此的经验中获益，不断丰富自己的教学方法和策略，提升教学效果。微课也有助于激发教师的创新思维，鼓励他们尝试新的教学方式和工具，以适应不断变化的教育环境。

3. 以教育课程架构角度分析

从教育课程架构的角度来看，微课教学模式为教育带来了深刻的变革，强调了学生主体地位的提升和教师多重角色的转变。微课的设计与应用在教育课程中具有重要意义。在传统的课程架构中，教师通常是知识的传授者和课程的设计者，学生则是知识的接受者。然而，微课教学模式强调以学生为中心，要求教师从传统的知识传授者角色中解放出来，更多地充当学生学习的引导者和支持者。教师需要根据学生的兴趣和需求，精心设计微课内容，激发学生的学习兴趣，引导学生主动探究。角色的转变使教师更加关注学生的发展和成长，从而构建更具个性化的教育环境。微课的课程设计也为教育课程架构带来了新的思考，在微课教学中，课程内容被分解为小而精的知识点，使学生能够集中精力深入学习某一特定主题。教师在课程设计中需要准确把握知识点的关联性和层次，将教学内容有机地串联起来，形成一个有序且丰富的知识网络。

（三）微课的定义及其发展

"微课"的概念自从 2008 年提出以来，逐渐在教育领域引起了广泛的关注和讨论。虽然不同领域的学者和媒体对微课的定义存在一些差异，但总体来说，微课强调了学习课程的时间短暂和内容精练。微课的概念可以被理解为一种新型的教育教学模式，通过精简教学内容，将核心概念以短视频的形式进行呈现，从而使学习过程更加集中和高效，不仅突出了课程的核心概念、内容引导、学习任务等关键要素，还为微课的设计和实施提供了指导。在不同实践领域，学者和媒体对微课的应用情境存在差异。然而，微课的核心思想是将课程内容进行精练，以满足现代学生短时间集中注意力的需求。微课强调"微"之于"课"的双重意义。一方面，它指课程的精简和集中，使学生能够在短时间内获取关键信息；另一方面，它突出了教学视频的形式和长度的特点。

我国教育界在微课实践方面取得了显著的进展，多个级别和类别的教育机构纷纷展开微课实践，包括举办微课教学比赛、成立微课发展联盟等。例如，全国高校微课教学比赛、中国职业教育微课程及 MOOC 联盟、中国微课创新教育社区等都在推动微课的发展。各所学校也积极开展微课教学设计大赛以及探索翻转课堂的教学实验，以适应现代教育需求的变化。诸多实践活动为微课的普及和应用提供了有力支持，以微课教学比赛等举措，教育界在积极推广微课教学的同时，也在不断提升教师的教育教学能力。发展联盟的成立为各方合作搭建了平台，促进了教育资源共享与交流。学校举办的微课教学设计大赛和翻转课堂实验，不仅丰富了课堂形式，还促使教师不断探索创新，提高教育质量。

（四）微课在社会教育中的应用

成人学习与青少年阶段的学习存在显著差异，因此在教学设计中需要考虑到成人学习者的特点。根据诺尔斯的《成人教育学》中提出的五个基本假设，人们可以更好地理解成人学习者的独特之处。一、成人学习者具备独立的自我概念，能够自主地引导自己的学习过程；二、积累的丰富生活经验成为后续学习的重要资源；三、成人学习者的学习需求与社会角色的变化紧密相关；四、以问题为中心，希望能够将学到的知识立即应用；五、成人学习者的动机主要源自内在驱动而非外在因素。揭示了成人学习的本质，并进一步衍生出其他特点。成人学习者常常面临工作与学习之间的矛盾，同时在学习中具有强烈的社交动机，将同伴视为重要的学习资源。由于成人学习者背景多元，其学习动机也因个体差异而多样。这些特点共同构成了成人学习的复杂性，也为慕课和微课在成人教学中的应用提供了重要依据。慕课和微课的设计充分考虑了成人学习者的特点，由于成人学习者独立自主的特性，慕课和微课的自主学习模式非常适合他们，学习者可以根据自身需求和兴趣进行灵活的学习安排。慕课和微课在内容呈现上更注重实际应用，符合成人学习者以问题为中心的学习倾向。

1.强化成人教育师资队伍建设与改革

成人学习的多元化需求和广泛性内容使得成人教育专业师资队伍的建设必须聚焦在教学设计能力上，而非仅仅局限于学科和专业能力。成人教育的教学设计需要更贴近学员的实际需求，因此，教师们需要具备较高水平的教学设计能力。在此背景下，专职教师队伍的构建显得尤为重要，教师应当具备深厚的教学设计能力，能够根据成人学员的特点和需求，开发出适应性强、实用性强的教学方案。与此同时，信息技术的迅速发展也为成人教育师资队伍带来了新的挑战和机遇。成人教育教师需要具备较强的信息技术应用能力，能够灵活运用各种教育技术工具来支持教学活动，包括了设计和开发微课资源。

2.强化成人高校的教学改革

针对成人学习者的独特特点，成人高校可以采取一系列措施来优化教学体验。一方面，利用现有的慕课课程或开发微课视频资源，通过在线学习和翻转课堂等灵活形式，赋予学习者更多时间和空间上的自由度。从而满足成人学习者的碎片化学习需求，使其可以根据自身情况安排学习时间，从而更好地兼顾工作、家庭等其他角色。另一方面，移动互联网的普及为成人高校提供了新的教学机会，将微课资源发布到移动端，并结合社交元素，可以加强学习者之间的互动和交流。通过移动端应用程序，成人高校能够建立起学习者、教师以及教育机构之间的紧密联系。从而为学习者提供了更多的同伴资源，还能促进学习者之间的协作和共同成长，同时有效加强学习者对于教育机构的归属感。

二、慕课在社会教育中的实际应用

（一）慕课的基本内涵

1.内涵

慕课（MOOC, Massive Open Online Courses）是"大规模在线开放课程"的英文缩写，体现了技术和文化的有机融合，正引领着数字化学习的新浪潮。MOOC的核心特点是"大规模、开放、在线、课程"，它的定义不仅体现了技术和教育的交汇，更包含了一种全新的学习理念。"大规模"指的是MOOC没有人数限制，成千上万的学习者可以参与其中，使得知识的传播不再受限于传统课堂的座位数量，而是可以覆盖更广泛的受众。"开放"意味着MOOC对所有人免费开放，不受地域、背景等因素的限制，任何人都有平等的学习机会，开放性的特点促进了全球范围内的知识共享和传播。"在线"是MOOC的基本特征之一，学习者可以通过互联网随时随地参与学习，不再受限于传统教室的时间和地点，灵活性使得学习更适应现代人多样化的生活方式。而"课程"则强调了MOOC的教学目标和内容的结构化。MOOC不仅提供丰富的高质量视频教学资源，还结合了数据采集与分析技术，为学习者提供个性化的学习体验。从技术角度来看，MOOC的发展得益于高质量的编目视频、数据采集与分析以及具有社交功能的授课平台。技术手段使得基于网络的教学变得更加高效，同时能够支持更大规模的学习。

2. 特征

（1）开放式在线访问。MOOC 的核心特征之一是开放性，开放性代表着学术精神中的公开、民主和自由。无论学习者的背景、地域、经济水平和文化如何差异，知识都应该是共同创造和共享的，每个人都应该能够获得满足其学习欲望的机会。开放性不仅强调知识的共享，还包括了对资源的重复利用、修改和传播的权利。以开放软件为例，通常指的是具有开源代码的软件，用户可以根据自身需求进行修改。开放的模式不仅使软件的源代码得以共享，也鼓励了用户参与到软件的不断改进中来。正如 Linux 操作系统一样，它由一群代码编写志愿者构成的社区支持，不断地进行改进和升级，从而反映了开放性所带来的共同合作和创新的精神。

（2）精品化的微课资源。就现今的主流 MOOC 平台而言，核心的课程资源主要是短小精悍的课程视频。微课程通常由来自一流学府的知名教授担任主讲，名师效应成为 MOOC 广受欢迎的一个重要因素。在这些课程视频中，常常融入了一些小测验，以帮助学习者实时地评估自己的学习效果。学生可以根据自己的需要控制课程进度，随时暂停、回看等操作，从而对相关内容进行深入探究和反复利用。由于学习者的注意力往往在短时间内难以保持，有 10 分钟左右，因此，5 ~ 15 分钟的短视频恰好符合学生注意力集中的最佳时长需求。

巧妙设计的短小视频具有突出重点、要点和难点的能力，可以有效降低认知负荷，提升学习的质量和效率。将互动性测验、模拟实验操作和编写代码等元素嵌入短视频，为学习者提供了积极参与的机会，促使他们在短时间内频繁回顾和处理信息，将极大地增强学习效果。更进一步的是，嵌入的测验不仅能够实现自动评分，还能够即时向学习者提供反馈信息，从而帮助他们更好地掌握学习内容。MOOC 平台的魅力还在于它的综合性，平台整合了社交网络、在线论坛、视频会议，甚至是维基百科等资源，将专家、导师和同伴联系在一起。综合性的设计深深吸引了每位学习者的参与，使他们感到自己在一个紧密互动的学习社区中，获得了目标感、归属感以及成就感。学习者可以通过在线论坛和社交网络与他人分享学习心得，解决问题，还可以通过视频会议与专家进行面对面的互动交流，获得更深入的解答。

（3）基于大数据的分析及评估。随着 MOOC 教育的兴起，超大规模的学习访问、全球范围的协作交流以及动态创生的信息资源都成为了现实。此种背景下，MOOC教学不可避免地产生了海量且复杂的大数据。实时学习数据将被精确记录在MOOC平台中，形成了一个庞大的数据仓库。MOOC学习过程不仅包括观看视频和回答问题，还涉及学习者在社交网络、论坛和博客上与教师或其他学习者的交互，广泛的交互活动在数字领域留下了长而密集的数据痕迹。接下来，技术的介入变得至关重要，可以通过分析处理这些海量数据，使得数据真正"开口说话"。大数据分析在这里扮演着关键角色，因为它有能力揭示传统教育经验模式所无法捕捉到的趋势和模式，对于了解学习者的学习方式、对学习内容的理解、掌握程度以及成功的原因等关键问题至关重要。智能分析技术更是在大数据背景下崭露头角，旨在从学习者产生的广泛数据中挖掘出"隐含意义"，为学术过程的评估、未来表现的预测以及潜在问题的发现提供有力支持。

3. 基本类型

MOOC被人们根据不同的学习理论基础分为三类，每类都有其独特的教学理念和目标。首先是基于内容的MOOC，也称为xMOOC，它以行为主义学习理论为基础，强调知识的传播与复制。xMOOC保留了常见规范性课程的基本要素，如学习大纲、知识讲授、章节练习以及练习反馈等。此种模式相对于传统课堂教学更为熟悉，因此在全球范围内被广泛采用，成为目前最主要的MOOC形式之一。其次是基于社会网络的MOOC，也被称为cMOOC，它以联通主义学习理论为基础，注重知识的联结与学习网络的创建。在cMOOC中，学习者之间的互动与合作被强调，他们可以通过社交网络、论坛和博客等工具互相分享信息和经验。此种开放式的学习方式鼓励学习者通过合作建构知识，创造性地探索问题，并从社区中获得支持和反馈。最后是基于任务的MOOC，又称为tMOOC，它以建构主义学习理论为基础，专注于复杂技能的掌握。在tMOOC中，学习者通过解决实际问题和完成任务来获取知识和技能。此种学习模式强调学习者的主动参与和实际应用，鼓励他们在解决问题的过程中不断思考、实践和改进。尽管不同类型的MOOC在教学理念和方法上存在差异，但它们都为学习者提供了更加灵活和多样化的学习体验。MOOC可以使学习者根据自己的兴趣和学习目标选择适合自己的课程，参与各类互动活动，与全球范围内的学习者共同探索知识的边界。

（二）慕课的未来展望

MOOC 诞生至今只有短短数年，但是已经在全球教育领域引发了一场数字海啸，只有透过其现象，深入理解其文化理念、本质特征以及尺短寸长，才能够把握 MOOC 未来的发展趋势。

1.构建新的网络课程文化

大规模开放网络课程（MOOC）已然成为一种引人注目的文化现象，其内含着一系列信念、范式、规则、行为模式以及文化符号，需要受到学习者和其他相关方的尊重和认同。MOOC 的核心信念是"将世界上最优质的教育资源送达地球最偏远的角落"。为了实现这一目标，MOOC 机构汇聚了全球最杰出的大学教师，让他们负责授课，并制作出包括短视频在内的高质量教育资源，供任何人免费开放地访问、使用和传播，而且没有人数限制。MOOC 所引领的大规模参与式学习带来了海量的学习数据，这些数据可以用来评估学术过程、预测未来表现、发现潜在问题以及实施教学干预，为教育领域带来了革命性的影响。因此，MOOC 的文化特征不仅仅是教学方法，更涉及一种开放的教育理念和共同的价值观。

2.以知识为主线的课程设计

课程内容的组织和学习资源的设计始终以学科领域内的核心概念为基准，此类核心概念也被称为"大观点"，它们贯穿课程始终，构成了有机的学习体系。每节课的教学内容都围绕着一个中心概念、一项原理或定律进行有序而深入的探讨，此种设计有助于确保学习者在学习过程中能够获得系统、结构化的知识，而非零散的信息。然而，在课程设计过程中，需要更进一步地思考每节课与前后内容的关联性。课与课之间的主要关系需要被突出，以增强课程的逻辑性、连贯性和整体性。内在的逻辑联系能够帮助学习者更好地理解课程的演进，形成知识的有机结构。在课程设计中强调这种关联性，学习者在正式学习时能够更容易地将不同的短课内容联系在一起，构建出一个具有活性的知识网络。

3.构建新型教与学模式

模式是基于特定理论基础的，它呈现出现实活动和过程的一种模型或形式。每个模式都隐含着特定的理论倾向，用于表现某种对象的活动结构（静态模式）或过程（动态模式）。在教育领域中，模式被用来指导教学和学习的实践，以提供系统性的指导和支持。对于教育领域而言，教学模式和学习模式是密切相关的，尽管它们关注的视角不同。学习模式强调学习者的行为，即学习者在学习过程中会做什么。而教学模式则聚焦于教师或其他教育者能够采取哪些行动来帮助学习者进行学习。两种模式相辅相成，共同构建了一个完整的教育环境。在学与教的模式中，旨在考察促进学习的各个要素，从而为教学和学习提供指导。要素包括学习者的特点、教材的选择、教学方法、评价方式等，将这些要素有机地组织起来，模式提供了一种在实际学习情境中操作的系统方式，使教学和学习更加有条理和高效。

目前，翻转课堂学习模式备受瞩目。翻转课堂模式重新构思了学习过程中课内和课外的时间分配以及学习内容的呈现方式，核心思想是将课堂内外的角色进行重新分配，将知识的传授和个体构建主要放在课外，而将知识的内化和社会协商主要放在课内，从而真正实现学习权从教师向学生的转移。翻转课堂模式的一个显著特点是重新规划了课外时间，为学习者提供了更多的自主安排学习内容、学习进度和学习方式的机会。学习者可以根据自身的学习风格和认知特点，在课外充分利用时间，进行知识的自主探究与建构，利于培养学习者的主动性、责任心和学习的掌控感。而在课堂内，学习者将在教师和同伴面前分享他们在课外学习中的收获和体验。共享有助于在个体之间激活、共享和交流默契的知识，促进更加深入的理解。课堂时间还可以用于更加积极的项目式学习，引导学习者共同解决局部性或整体性的挑战，深化他们对学习主题的理解。

4.构建系统化的深层次学习分析

学习分析是一种利用多种与学习者相关的数据，运用多样的算法和模型的方法，精确地探究学习模式、偏好和行为绩效的过程。分析这些数据，可以准确地揭示出潜在问题，从而更好地为学习者提供高质量、个性化的学习支持与服务，包括了学习路径的推荐、适应性内容的推送等。在学习遇到困难时，系统可以及时提供帮助性的措施和建议，让学习者几乎没有时间感到沮丧和挫败。MOOC平台储存了大量关于学习行为的数据，需要经过新技术、新模型和新算法的挖掘，以揭示数据背后的深层含义。显然，这超越了常见的简单统计分析所能胜任的范围。学习分析旨在揭示隐藏在数据中的关联和模式，以便更好地理解学习者的学习方式和趋势。

5. 促成大规模互动及参与

MOOC 的显著特色之一是其大规模的互动与参与，这一特点体现在多个方面，为全球学习者提供了丰富的学习和互动机会。MOOC 平台的注册人数没有限制，并提供了网络会面的空间，为世界各地的学习者提供了参与学习与互动的可能性。开放性的特点让更多的人能够融入学习的社区，共同交流和分享。MOOC 的教学设计着重于主讲教师的权威性、学习内容的精品性、适当的学习时长、学习的自治性以及干预的有效性，共同作用，吸引着学习者保持较强的兴趣和参与度。教师的权威地位和内容的高质量使学习者愿意深入学习，而学习的自主性则激发了学习者的主动性和创造性。MOOC 的设计也力求简洁明了，网页导航清晰，核心概念组织有序，课程讲解流畅生动。设计要素帮助学习者减轻外部认知负荷，使他们能够更专注地沉浸于学习内容和活动中。MOOC 还提供了自动化评估、成长性测验以及个性化的学业报表，这类工具帮助学习者清晰地了解自己的学习状态，从而提高他们的学习效果和认知水平。在互动方面，MOOC 利用 Web2.0 技术，借助论坛、社交网络、维基创作等手段构建网络学习共同体，学习者可以通过这些平台交流思想、分享观点、解答疑惑，从而促进文化的分享和社会的协作学习。

（三）MOOC 在社会教育中的应用

MOOC 是一种课程资源和参与者都分布在网络上的学习形式，只有在课程具有开放性，参与者达到一定规模的情况下，这种学习方式才能够发挥更大的效果。随着 MOOC 概念的提出，这一术语也被广泛应用于各种不同的情境，其中一些情境已经与其最初创造时的含义有了很大的出入。通常情况下，被称为 MOOC 的在线课程需要具备以下四个基本特征，如图 6-1 所示。

开放：
任何人都可以免费参与到网络课程的学习中，对学习者没有任何准入门槛，也没有地域方面的限制

大规模：
课程在设计时要考虑到支持大量的参与者

课程要素完整：
课程包括了学习目标、教师、学习活动、时间安排、练习和作业、学习评价学习成果证明等

强调交互：
Mooc尤其重视学习者之间的交互，注重开展同伴互动和同伴之间的评价活动。

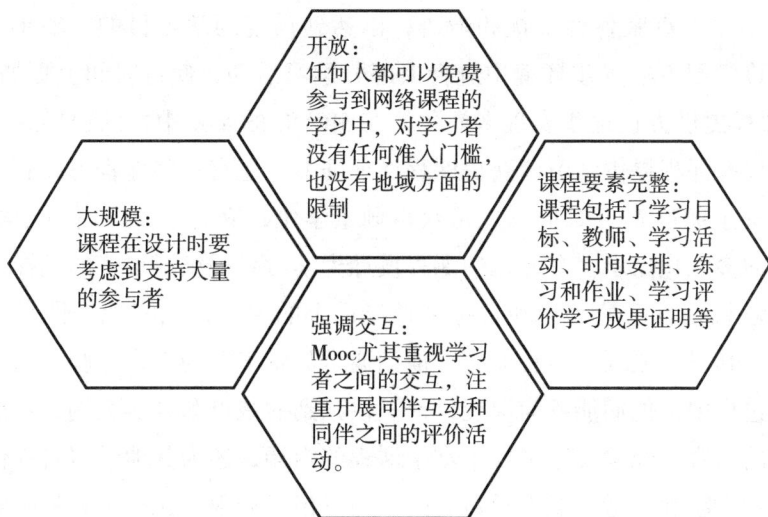

图 6-1　MOOC 在线课程的基本特征

　　MOOC 的迅速发展成为学习的全球化、个性化和多元化的生动反映，MOOC 学习模式以网络为基础，实现了全球范围内只要有网络连接的地方就能够进行学习的目标。全球性的可及性不仅为学习者提供了无限的学习机会，也促进了全球学习资源的共享和竞争。学习者可以通过 MOOC 平台获得来自各地优秀教育机构和知名教师的授课，突破了地域限制，享受到全球顶级教育资源。MOOC 的提供者来自世界各地，学习者可以根据自身的学习需求、兴趣爱好和能力水平来自主选择适合的课程。个性化的选择为学习者创造了更加灵活的学习环境，使他们能够按照自己的节奏和兴趣进行学习。而在线课程的教学设计也在一定程度上实现了学习进度和学习路径的个性化，满足了不同学习者的需求。随着知识经济时代的来临，知识的更新速度加快，职业岗位的变化更加频繁。人们不仅需要满足职业发展的学习需求，还需要适应日益现代化的生活环境，提高自身生活水平。互联网的发展为满足多元化的学习需求提供了便利，MOOC 平台能够将来自不同领域的多元化资源提供者汇聚在一起，满足不同学习者的需求。无论是追求职业发展的技能提升，还是为了满足兴趣爱好的学习，MOOC 都能够提供丰富多样的课程选择。

　　MOOC 作为一种完全在线的开放课程，对学习者的自制力提出了较高的要求。尤其对于成人学习者而言，他们往往拥有明确的学习目标，能够

在在线学习中克服各种干扰和障碍，以达到预定的学习目的。MOOC 的灵活性允许学习者在异步环境中进行大部分学习活动，使得时间上更加灵活。Mooc 课程提供方正逐步实现多元化，在 MOOC 的实践中，课程形式日益丰富。不仅有课程提供学习者获得课程认证证书，还有一些课程可以获得大学学分，甚至通过 MOOC 的形式可获得硕士学位，满足了学习者对于学习成果认证的多元化需求。多元化的课程设计为学习者提供了更多的选择，使得他们能够根据自己的兴趣和目标来选择适合的课程，以实现个性化的学习路径。尤其对于成人学习者而言，他们通常具备丰富的工作经验。在 MOOC 的学习过程中，他们能够为课程讨论提供独到的观点和真实案例，从而丰富了课程的内容。经验分享不仅丰富了课程的内涵，还为其他学习者提供了宝贵的实际经验和参考。成人学习者的参与不仅仅局限于课程内容的吸收，更涉及知识的共享和共建，促进了学习的深度和广度。

MOOC 作为一种以信息技术为支撑的教学模式，对学习者的信息素养提出了要求。学习者需要具备一定的网络使用和信息获取能力，以便有效地参与在线学习。然而，MOOC 缺乏传统面对面交流的环境，可能会影响到学习者的社交交往。深度交往和建立稳固的社会关系往往需要更多的亲近接触，而在线学习很难提供这种深度交往的机会。为了弥补这一不足，需要积极建设网络学习社区，同时应提供一些面对面交流的机会，以促进学习者之间的互动和社交。对 MOOC 在社会教育中的应用方面，有一些建议值得考虑。一、可以在政府或学校层面构建认证制度，为成人学习者提供学习成果的认可途径。二、建立相应的质量保障机制，可以确保成人学习 MOOC 的学习成果得到公正认可。有助于提升学习者的学习积极性，也能够在一定程度上弥补在线学习缺乏实体认可的问题。三、构建学习型社会是 MOOC 应用的重要目标之一，为此，需要全民学习能力和职业发展能力的提升。单纯依靠传统的成人教育机构很难满足这一需求，因此，成人高校或地方政府可以考虑推出适应 MOOC 的学习成果认证制度。四、设立一定的程序和标准，对成人通过 MOOC 获得的学习成果进行认可和评估，从而鼓励更多人积极参与 Mooc 学习。以上措施将有助于解决成人学习需求多元化、成人教育机构资源匮乏以及成人学习服务提供者混乱等问题，还有助于推动 MOOC 的可持续发展，让更多的学习者受益于这一灵活便捷的学习模式。

第七章　当代高校教育管理互联网化的延伸实践

第一节　新媒体在当代高校教育中的应用

　　媒体作为信息传递与呈现的媒介，在教学过程中充当着承载教育信息的重要工具，此种应用方式被称为教学媒体。我国高校的教学媒体经历了不同阶段的发展，从20世纪70年代末起，逐步演变出不同的形式与应用。起初，20世纪70年代末到80年代初，无线电广播、收音机、录音机等听觉媒体成为高校教学的主要工具。中国成立广播电视大学于1979年，80年代初开展电视师范专科教育，电视、录像等视听媒体进入教学领域，为教育带来了新的传播途径。电影和电视的引入，也丰富了学习形式，以动态、真实的视觉效果吸引学生的兴趣。计算机多媒体和计算机网络的崛起引发了教学模式的重大变革，媒体不仅具备多种信息传递形式，还带有人机交互功能，为教学带来了更丰富的层面。图像、声音、文字等元素的结合，使教学内容更加生动有趣。而计算机网络的出现，更加便捷地连接了学生、教师和教学资源，为跨时空的学习提供了可能。随着新媒体的崭露头角，教学方式也逐步发生转变。

一、新媒体的界定与特点

（一）新媒体的界定

关于新媒体的界定，各种观点交织在一起，让人难以下定论。美国《连线》杂志曾以"所有人对所有人的传播"来定义新媒体，广泛而包容的定义传达了信息的无限可能性。新媒体与传统媒体相对应，是在报刊、广播、电视等传统媒体之后崛起的新型媒体。借助数字技术、网络技术和移动技术，通过互联网、无线通信网和有线网络等多种渠道，以及诸如电脑、手机和数字电视机等终端设备，向用户传递信息和娱乐，突出了新媒体在技术和传播渠道方面的特点。新媒体的独特特征进一步强调了其与传统媒体的差异，新媒体具有强大的交互性和即时性，用户能够在信息传递的过程中参与互动，双向沟通为信息传播带来了前所未有的灵活性。新媒体以海量性和共享性为特点，信息能够广泛传播并迅速在社交平台上被分享和讨论。多媒体和超文本的应用使得信息能够更加生动丰富，个性化的定制和社群化的互动也让用户体验更加丰富和多样化。

（二）新媒体的传播特点

与传统媒体相对比，新媒体的传播呈现出一系列崭新的特征，这些特征共同塑造了信息传递的全新模式。新媒体传播以多媒体为核心，以全方位、多角度的方式呈现信息，基于网络的新媒体整合了文字、图片、声音和图像等元素，使受众能够更加丰富地感知事物的本质，以独特的多媒体手段，新媒体传播实现了视听交融，让信息更具生动感和感染力。新媒体传播朝着分众传播的方向发展，实现了个性化和精准传播。针对特定的受众群体需求，新媒体制定了针对性的传播策略和方式，实现了"个性化"的传播效果。一对一的传播模式使受众能够获得更符合自身兴趣和需求的信息，提升了信息传递的效果。新媒体传播具备渗透性，突破了传统时空限制。受众通过手机、网络、楼宇电视等多样的新媒体形式，能够在任何时间、任何地点参与到传播过程中，实现了随时随地的互动，渗透性的传播模式使得信息的传递变得更加无缝和便捷。新媒体传播体现出高科技的特质，技术的支持成为不可或缺的一部分。无论是网络、手机还是数字电视，都离不开先进的技术支持。高科技的特性要求受众必须具备相应的新媒体工具使用能力，也进一步促进了人们对科技的学习和掌握。新媒体传播具有强烈的交互性，反馈迅速而及时，同时受众观点得以多元化呈现。在新媒体传播中，受众不再是被动接受信息的对象，而是能够积极参与到传播过程中。交互性不仅能够加强信息的沟通和传递，还能够促进受众之间的多元化意见交流，丰富了信息的表达和理解。

二、新媒体在实践教学中的应用

（一）应用交互式媒体构建灵活的、多联结的多媒体学习空间

在触摸一体机的屏幕前，教师能够直接操控计算机，从而将学生的注意力集中于教学内容的展示，此种创新性的方法有效地解决了传统多媒体教室所存在的单向传播的问题。引入交互式电子白板以及交互智能平板等互动式媒体，课堂互动得以增强，课堂结构得以优化，教学过程变得更加灵活。经过交互式媒体在课堂教学中的实践，可以看出交互式电子白板和交互智能平板的主要应用优势。

1.注解与编辑功能

媒体工具具备注解和编辑功能，能够直接在屏幕上进行文字标注和书写。能够随时引入多种数字化信息资源，并可以对多媒体素材进行灵活的编辑、展示和控制，实现内容的个性化呈现。

2.绘图功能

交互式电子白板融合了各学科所需的丰富工具、元件和仪器图，为实验设计和学习过程增添了便捷性。以实物连线实验为例，学生在电路实验中需要绘制仪器图时，白板上的绘图功能操作简单且直观，激发了学生的浓厚兴趣，引导他们积极参与。实践参与机会能让学生亲身体验，还能够在互动中理解和巩固知识。绘图工具的应用为课程注入了创意，深刻体现了交互式教学的核心理念。学生通过自主绘制，加深了对内容的理解，培养了解决问题的能力和创新思维。与传统教学相比，交互式的学习方式相对更加生动活泼，能够激发学生的学习热情，使知识不再是单向灌输，而是与学生产生互动共鸣。

3.存储与回放功能

交互式电子白板具备强大的储存与回放功能，无论是白板上书写的文字、绘制的图形，还是插入的各种内容，都可以被保存下来，供未来教学使用。这种便捷的功能不仅为教师提供了方便，也为教学资源的共享创造了可能。保存的内容可以供日后的教学需要使用，也可以与其他教师共享，促进了教学经验和资源的交流。同时，存储的内容也可以通过打印输出，以印刷品的形式分发给学生，作为课后温习和复习的资料，提高了课堂的效率，为学生提供了更多的学习资源，帮助他们更好地巩固所学知识。

（二）应用网络教学平台，创建开放、共享的网络学习环境

在当今数字化时代，教育领域也正迎来前所未有的变革。高校应积极借助新兴科技，构建网络教学综合平台，结合多元化的功能模块，为师生创造了开放的学习环境，实现了优质教育资源的共享与有效利用。平台引入了精品课程模块，将各类优质教育资源汇聚其中，为师生提供了丰富的精品课程视频资源和课程材料。不论是精品课程的展示、研究，还是课程通知和视频公开课等内容，都能在这一模块中找到。校内的各门精品课程都得以共享，教学材料和相关内容通过平台变得无处不在。师生只需通过校园网或互联网，就能随时随地获取海量的教学资源，不再受制于时空的限制。这一创新措施不仅拓宽了教学资源的获取途径，也为教育的数字化发展带来了新的可能性。网络教学综合平台着重打造了教学资源库，为学生创设了一个开放的网络学习环境。储存了各种教学所需的素材，如文本、多媒体视频、图片和 Flash 等，还将这些资源按院系、专业、学科进行分类存储，导航清晰，使用便捷。教师可以轻松上传和更新教学资料，如包含整门课程内容的教学讲义以及 PPT 格式的课件。教师能够通过网络教学综合平台要求学生进行答疑讨论、经验交流，甚至按时提交作业，实现线上辅助学习。资源库的不断完善和更新，保证了其中资源的时效性和精确性，从而为师生提供了可靠的学习依托。教学资源库的建设并不仅限于资源的存储，更强调资源的共享与互动。学生不仅可以利用网络教学平台获取高质量的教育资源，还可以上传和分享个人独有的资源，促进资源的互通有无。跨学科合作更是实现了教学素材内容的丰富和连贯，为师生提供了更广阔的学习领域。而对于大型院

系，还可以建设子资源库，将素材进行更为精细的分类储存。资源上传时，合理设置资源的公开程度，并通过平台管理员的审核，确保资源的质量和可信度。平台还提供多重资源检索模式，方便用户迅速找到所需的内容。

（三）不断完善新媒体环境

教育界正面临着数字化时代的变革，教学模式也逐渐从传统走向多元化、互动性更强的新阶段。为了充分发挥交互式媒体和网络媒体的优势，教师需要适应这一变革，提高应用能力，以更有效地引导学生的学习。教师在教学过程中需要转变观念，加强对交互式媒体和网络媒体的应用能力。在上课之前，教师应当熟悉新媒体的各种功能操作，如电子白板等，熟练使用电子笔、工具栏等。重要的是要充分认识到这些媒体的交互性，将其融入教学设计中，而不只是当作简单的工具。教师可以通过注重互动设计，将电子白板的交互能力融入教学内容，提升课堂的活跃度和教学效果。观念的转变需要教师积极学习并不断尝试创新，以更好地满足学生多样化的学习需求。教育机构应全面开展网络辅助教学，推动教学手段的全面改革，包括加强网络课程的建设，实现教学资源的数字化和教学互动的网络化。建设教育教学资源库也是重要一环，将院系专业、教学团队、精品课程等进行系统整合。建设网络教学资源库，教师和学生可以随时获取所需的教育资源，实现资源的共享和优化利用。网络辅助教学可以使教学变得更加灵活，为学生提供更多的学习选择，促进教学方式的创新。新媒体专题培训和教学交流的开展十分必要，高校应组织教师参与培训，提高他们对新媒体环境的熟悉程度，并加强教学交流，让教师分享各自的教学经验和使用新媒体的方法。开放网络教学资源库，为教师提供资源分享和交流的平台，促进教学方法的互通有无。高校也应鼓励和支持教师在教学过程中进行创新尝试，不断挖掘新媒体的潜能。资源的丰富化也至关重要，高校积极引导师生自主获取所需资源，有效管理和聚合学校自建资源，同时推动资源的共享。网络教学资源库可以使学校将教师所创造的资源上传共享，吸引学生参与资源浏览，开阔视野。以培训等方式宣传资源库的使用方法，为教师和学生提供更多的参考和指导，提高资源的利用率和教学效果。

第二节　当代高校新媒体教学环境构建与管理

在当今教育领域，现代高科技的应用不断推动着教学模式的变革与创新，尤其是多媒体教学环境——多媒体教室的建设在高校内得到了迅猛的发展。多媒体教室的兴建显著提升了教学效益和教学质量，为传统的教学模式开辟了新的可能性。然而，如何科学地构建、管理以及保障多媒体教室的正常运行，成为当前教育管理部门亟须深入研究和解决的重要课题。

一、构建多媒体教室的原则

（一）实用性

实用有效是主要的构建目标，只有操作简单、切换自如、效果良好，才能最大限度地发挥设备的效益。多媒体教室的设计应注重用户体验，确保教师和学生能够轻松地使用各种功能和工具，无须复杂的操作步骤。设备的选用和配置应与教学内容紧密结合，以满足不同学科和不同内容教学需求。在实现多媒体教室的实用性方面，还需要定期的维护和更新，确保设备的正常运行和教学效果的持续提升。结合坚持实用性原则，多媒体教室将成为促进教育创新的有力工具。

（二）可靠性

可靠性在系统构建方案中占据首要地位，涵盖了人机安全和设备长期稳定运行等关键要素。系统的设计应始终以用户的安全为前提，确保人机交互过程中的安全性。设备的稳定运行是可靠性的核心，需充分考虑硬件和软件的兼容性，以及设备在不同条件下的表现。多媒体教室建立可靠性的体系，可以为用户提供安全的学习环境和高质量的教学体验。保障系统在运行期间稳定可靠，能降低用户在维护和管理上的成本，并为教育教学活动提供稳定的技术支持，从而为教育创新提供坚实的基础。

（三）兼容性

构建多媒体教室的原则之一是"兼容性"，确保不同厂家、型号的设备能够互相兼容，保障系统的协同运行和教学的顺利进行。

（四）先进性

设备的选型应符合技术发展方向，尤其中央控制软件应展现整个系统的先进性，以满足不断变化的教学需求和保障教育技术的持续更新。

（五）扩展性

多媒体教室的关键在于与互联网连接和调用外部教学资源的能力，这是评估其扩展性的首要标准。确保教室内外资源的畅通互联，能够更好地满足教学的多样性和创新性。

（六）安全性

多媒体教室的用途多样，不使用时时刻需要确保设备安全，并充分考虑到非教学时间的学生使用。操作台的设计需要根据设备规格进行定制，同时兼顾设备的防盗和防火特性。在安全性方面，必须确保设备的使用不会引发安全隐患，保护学生和设备的安全。还应建立完善的管理机制，确保多媒体教室的正常运行和设备的长期稳定。安全性原则的贯彻将为多媒体教室提供安全保障，创造一个安全、高效的学习环境。

（七）便捷性

为了解决教师在上、下课时频繁开关设备的烦琐问题，采用一键关机或远程控制关机的便捷操作方式。通过继电器的分时控制，根据设备操作流程设定开关时间，让教师能够方便地进行设备管理，既能提升教学效率，还可以减轻教师的操作负担。

（八）经济性

在系统设计和设备选型过程中，注重实用功能，降低总体投资成本，追求先进性与经济性的完美平衡。通过设备性能和价格的最佳综合考量，确保投资回报最大化。在满足学校教学管理实际需求的前提下，应摒弃一切不必要的华而不实之物，避免资源浪费。遵循经济性原则，能够在确保教学质量的基础上，节约投资成本，为学校提供更加经济高效的教育技术方案。合理选用设备，精心设计系统，确保每一项投入都创造最大的价值，使多媒体教室成为一个既实用又经济的教学工具。

二、多媒体教室的有效构建

多媒体教室的构建应当遵循构建原则，根据科学合理的选择设备。在选择设备的过程中，需要考虑设备的实用性、先进性、经济性等因素。同时要设计多媒体操作台，根据不同学科的需求以及拟建教室的位置、形状、大小和座位数量进行合理的设计。为了提高效率，多媒体教室的建设应相对集中，以确保设备的充分利用和管理。另外，根据不同的管理方式，多媒体教室可以分为单机型和网络管理型。

（一）构建单机型多媒体教室

单机型较为适合多媒体教室中相对来说分散的区域，或者是对设备要求较为简单的部分学科的多媒体教学。

1.电子书写屏

电子书写屏的引入在多媒体教室中带来了新的变革，其使用省去了传统显示器，替代了传统黑板的书写功能。当前市场上出现了诸如 WACOM、伯乐、鸿合等品牌的主要产品，且具备多项功能，如同屏操作、同屏显示，同时搭载各类书写笔，还有自动排版、文书批改、手写识别、动态标注以及后期处理等功能。电子书写屏的应用有效地避免了传统多媒体教室中因粉笔灰尘而导致设备故障的问题，特别是投影设备，因灰尘问题常常导致频繁的保护停机，液晶投影机的液晶板也可能因灰尘引起物理损伤。电子书写屏的引入不仅改善了教学设备的可靠性，为教师创造了更为洁净的教学环境，有益于教师的身心健康，有关技术的应用也进一步提升了教学的效率和体验，教师可以轻松书写、标注，实现即时互动。

2.中央控制器

中央控制器在多媒体教室的应用起到关键作用，选择具备手动调节延时功能的中央控制器，可以实现对多媒体设备的精确时间控制。在设定时间内，投影机、功放、投影幕布、计算机等设备可以实现自动开关，从而保障教学设备的正常运行。确保投影机充分散热，延长灯泡和液晶板的使用寿命，还能有效减少能源的浪费。延时功能利于避免多个设备在同一时刻通电或断电，降低因电流突变而对设备造成的潜在损坏风险。

3.投影仪

根据多媒体教室的尺寸，选择适应的品牌液晶投影机并配置合适的亮度和对比度是至关重要的。常见情况下，投影机的亮度和对比度与价格成正比，较高的性能意味着更高的价格，此种配置能够保证投影在不同尺寸的教室内呈现清晰、鲜艳的影像，提升教学效果。在多媒体教室中，后期耗材主要集中在投影灯泡。选择品牌投影机能够有效避免因灯泡品质不佳而带来的购置困难，从而保障教学的连续进行和设备的稳定使用。

4.扩音系统

在配置多媒体教室的扩音系统时，需根据教室的大小、形状以及声音环境的要求作出选择。为了方便教师在教学过程中更好地展示身体语言，适宜的无线话筒是必要的。目前，扩音设备主要分为壁挂式和组合式两类。两种设备都能够满足音源的扩音需求，其中壁挂式设备安装简便，适合中小型教室，而组合式则适用于更大的教室。一些学校多媒体教室采用移频增音器，使教师在短距离内脱离了话筒的束缚。然而，这种方式可能过度减弱低频和高频的音效，扩音效果可能不如人意。因此，在选择扩音系统时，应权衡各种因素，以获得最佳的声音效果。

5.操作台

多媒体教室的操作台设计必须根据设备规格进行科学合理的定制，设计时不仅应考虑设备接口的安装，以方便教学需要，还应兼顾防盗性能。为此，操作台的设计需要满足使用的便捷性，使教师能够方便地操作设备。操作台的设计还应注重安全性和实用性，为了方便教师的使用，操作台的门锁可以采用电控锁，通过中央控制器实现一键开关机的功能。使得设备可以即开即用，即关即走，大大简化了教师的操作流程。操作台的设计还应考虑设备的摆放和布线，以最大程度地提高操作效率。合理的定制和布局能使操作台有效地支持教学过程，为教师提供便捷的工作环境。

（二）构建网络管理型多媒体教室

网络管理型多媒体教室适用于多媒体教室分布相对集中的区域，能够根据各学科的需求构建具有不同功能的多媒体教室。与单机型多媒体教室不同，网络管理型教室采用网络中央控制系统，操作可以通过网络远程控制和本地控制两种方式进行，还加入了监控系统，以实现更为智能化的管理，其相关功能如下：

1. 中控系统

网络管理型多媒体教室采用网络中央控制系统，其中包括教室网络中控和总控软件。网络中央控制系统具有高度的集成度，提供了丰富的接口和强大的功能，内嵌网络接口，采用 TCP/IP 技术，可以通过校园网实现互联，从而实现了远程的集中控制。在控制方式方面，系统提供了网络、软件和手动面板三种选择，以适应不同情况下的操作需求，同时还具备延时功能，以防止在通断电时对设备造成不必要的损坏。

2. 操作台

与单机型多媒体教室相似，操作台在网络管理型多媒体教室中同样需要根据设备规格进行科学合理的设计和定制。设计时考虑了使用的便捷性，特别是安装教学所需的设备接口，并且兼顾了防盗性能。操作台门锁的特点在于其开启方式，可以通过网络远程控制进行开启，也可以在本地进行操作。具有一定的灵活性，使得操作更加便捷，同时与中控系统联动，使控制锁成为操作台门锁的一部分。实现了多种设备的联动，使得整个系统可以通过一键实现开机和关机的操作，即一开即用，一关即走，让使用变得十分方便。

3. 监控点播系统

构建网络管理型多媒体教室的关键要素之一是监控点播系统的应用，监控系统在教学管理中具有重要作用，能够实现远程监控教学情况，使管理人员能够及时了解教学动态。监控点播系统以相关控制软件能实现教师所使用的计算机屏幕内容与上课时的音视频内容的同步录制，为教学录制和资源管理提供了便捷途径。在构建网络管理型多媒体教室时，监控点播系统的即时点播和转播功能也具有重要意义。即时点播功能使得学生可以随时回顾教学内容，有助于强化学习效果；而转播功能则扩大了教学资源的传播范围，满足不同学习需求。

4.对讲系统

对讲系统在教学过程中具有显著作用，能够实时传递信息，便于教师和学生之间的交流和互动。对讲系统在教学中能够迅速发现和解决问题，提高教学效率。目前，对讲系统的实现方式多种多样。双工对讲系统和半双工对讲系统分别满足了不同场景的需求，能够使教师和学生轻松地进行双向沟通。

三、多媒体教室的有效管理

目前，高校教学过程中的基本建设得到了不断发展，多媒体教室不断增加，只有不断完善多媒体教室的管理，才能够进一步确保多媒体教学得以正常进行。

（一）多媒体教室管理制度的建设

随着教育技术与课程的深入整合，多媒体教室在教学中的需求不断上升。教师的教育技术水平参差不齐，因此，针对不同层次的教师，制定相应的管理制度显得尤为重要。根据实际情况的考量，能够规范多媒体教学的实施，确保教学效果的提升与教育质量的稳步提高。此种管理制度能够指导教师合理运用多媒体教室，确保教育技术的最佳应用，同时有效促进了教师的专业发展。

（二）多媒体教室管理系统的有效建设

在教育领域，多媒体教室的管理系统构建分为两个关键方面：教学管理系统与网络控制管理系统。在现行多媒体教室的管理方式中，人工安排常被使用，然而，随着教育技术的发展，将多媒体教室的管理逐步转移到网上预约系统已成为必然趋势。开发适合学校实际情况的多媒体教学管理系统，引入智能化预约模式，有望提升教学管理效率。从而使预约更便捷，教室资源得到更充分的利用，教学的灵活性也将显著提高。多媒体教室网络控制管理系统在多媒体设备的集中控制方面发挥着关键作用，不同厂家开发的控制系统各具特色，如 WISE 系列、"育港"系列、"鸣泉"系列等。在选择合适的系统时，应充分考虑本校的教学需求，并进行多方面的论证。使教师实现设备设定、交流沟通，并在主控室内实现对多媒体教室内设备的远程控制。简化了操作流程，也提高了教学的实时性与效率，使问题的反馈与解决更加快捷。随着多媒体教室数量的增加，传统的管理方式将面临越来越大的挑战，多媒体教室网络控制管理系统的引入可以解决因管理复杂和人员繁忙所带来的问题。

（三）管理人员的建设

以人为本，明确人才队伍建设对多媒体教室管理的作用与地位，是在加强多媒体教室硬件建设的同时，提升教学质量的重要策略。多媒体教室的管理技术队伍是多媒体教室建设的骨干力量，更是教育技术与课程整合的关键支持。鉴于高校内各学科教师对多媒体技术的了解程度不同，管理人员需要负责设备的建设和管理，还应承担起培训教师运用多媒体技术的任务，从而更好地服务教师和教学。人员建设方面，应逐步引入高学历、高层次的人才加入管理技术队伍，提升团队的整体知识结构。现有技术人员应制订培训计划，定期参加国内知名学府的培训，重点关注新技术的学习与应用，提升自身业务水平和实践能力，以应对技术的不断发展和多媒体教学的需要。在强化队伍的角色发挥方面，需要注重激发队员的工作积极性。为此，可以加强考核机制，建立全面的人员评价制度，不断提高整体队伍素质。目标是培养一支具备高水平业务素质、团结协作精神的管理技术队伍，为学校的教学科研工作做出积极贡献。只有不断优化结构、提升素质、构建高水平管理技术队伍，才能充分发挥现代信息技术的潜能。通过多媒体教室的实践应用，积累经验，不断改进和完善多媒体教室建设，更好地服务于教学目标。因此，高校应充分认识到多媒体教室管理人才队伍的重要性，致力于培养出一支精干、高效、技术娴熟、服务意识强的团队，为教育技术的融合与创新提供坚实的支持，为提升教学质量创造有利条件。

（四）管理方式的建设

使用多媒体教室的人员较为广泛，操作水平参差不齐，且使用频率较高，所以应结合不同的配置，采用相对应的管理方式，这对于优化多媒体教室资源管理显得十分关键。

1. 自助式管理

自助式管理在教育领域中的主要核心在于教师能够通过掌握多媒体技术及设备操作规程，自主管理多媒体设备，实现教学过程的高效、便捷。自助式管理模式下，教师将成为多媒体教室的管理者和操作者，从而减轻传统管理方式下学校管理人员的压力，提升教学效果。每学期初，针对使用多媒体教室的教师，根据其对设备的熟悉程度，分别进行技术培训。培训内容包括多媒体教室的使用规章制度、操作规范以及多媒体基础知识等，提升教师对多媒体设备的操作能力，为自主管理打下坚实的基础。培训结束后，合格的教师将获得相应的资格证书以及能够独立操作多媒体设备的操作证书。在自助式管理的实施过程中，管理人员起到督促和支持的作用。他们在教学开始后的一段时间内进行现场跟踪，记录教师的操作能力，以便针对性地进行再培训。管理人员还负责多媒体设备的课后维护和检查，任何问题都会及时登记备案，并确保下次课程中设备正常运行，保障教学的连续性和稳定性。自助式管理适用于那些相对分散、无法或不适合安装集中管理系统的多媒体教室，能提升教师的专业素养和操作技能，减轻学校管理人员的工作压力，实现教学管理的高效与便捷。

2. 服务式管理

在实行网络管理的多媒体教室中，装有监控系统的服务式管理模式得到广泛应用。服务式管理意味着教师不再需要手动操作设备开关，而是通过网络管理系统实现一键启动。在开课前的 5～10 分钟，网络管理系统会自动启动所有教学设备，如投影机、计算机和展示台等，从而为教师提供直接可用的设备。监控系统全程监测设备的使用情况，课后管理人员会检查设备状态并关闭设备及操作台。服务式管理与自助式管理模式都需要加强设备管理，加大巡查频率，做好记录，及时了解设备的使用情况，投影机灯泡的寿命，定期维护计算机系统等，极大地方便教师的使用，提高工作效率，体现管理服务于教学的理念。多媒体教室的构建和管理是一个复杂的系统工程，科学、先进、规范的管理是多媒体教学成功的基石。管理人员需要在实践中不断探索，加强沟通，以教学为中心，建立有效的管理机制，以最大程度地保障多媒体教学的正常运行，促进技术与课程的有机融合。

第三节 高校课外学分认证统计信息系统的设计

一、系统设计分析

（一）系统设计的目标

随着信息化校园和数字化校园的不断发展，信息系统正逐步向着规模化、智能化和网络化的方向迈进。高校学生人数的急剧增加，与此同时，涉及学生的各类信息也在呈指数级增长。在这种背景下，单纯依靠人工处理学生信息将变得异常繁重。而借助计算机系统，可以将人们从烦琐的工作中解脱出来，通过一些简单的操作即可快速、准确地获取所需信息。为了应对这一挑战，系统设计的目标在于采用基于项目的软件工程和面向对象的研究方法。系统可以实现对学生、会议、教室的全面管理以及签到的统计、汇总和报表打印等功能，将课外学分管理工作系统化、规范化、自动化，从而提高管理效率。大学生课外学分认证统计信息系统采用混合架构，即（B/S）和（C/S）相结合。开发过程采用自顶向下的开发模式，主要分为前台应用程序的开发和后台数据库的建立与维护两个方面。系统设计先的基本目标主要如图 7-1 所示。

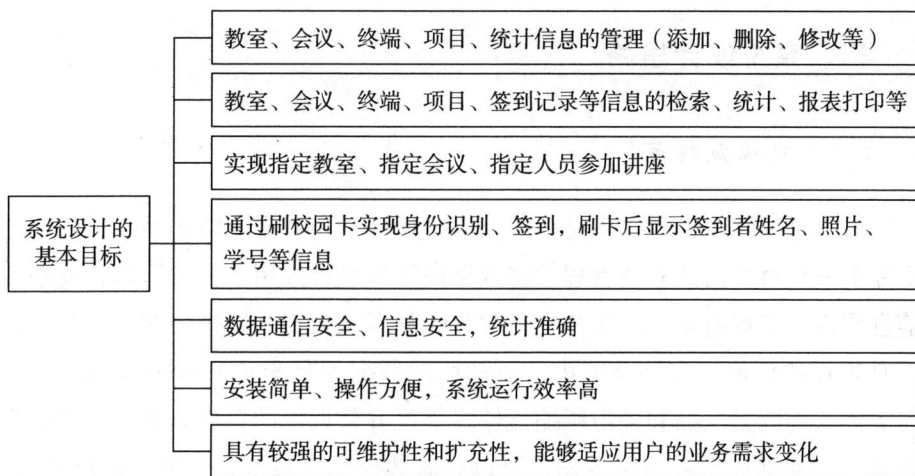

图 7-1　系统设计的基本目标

系统的设计方案可采用自上而下扩展和快速原型法的开发方法，自上而下的方法首先从整体角度协调和规划系统，从整体到局部、从长远到近期，从合理的信息流出发来设计信息系统的结构，保证系统在设计过程中的内在一致性和协调性。另外，快速原型法是通过构建一个功能简单的原型系统，然后逐步修改和完善，最终演化为成熟的系统，可以快速验证系统的核心功能，同时能够根据用户的反馈进行迭代优化。

（二）系统功能分析

课外学分系统运用特定教室和特定人员参与讲座的方式，通过校园卡刷卡签到实现身份确认和签到流程。以读写器与校园卡交互，将签到信息上传至后台，后台自动进行听课次数和权重统计，以实现成绩管理、学分分配和报表生成等功能。服务器端主要负责管理人员、教室、终端和会议等信息，提供添加、修改、删除、查询等功能，还负责系统参数的设定。在服务器端，签到情况得以综合统计，学分得以分配，相关报表能够被生成，数据也能被深度分析。客户端是系统的用户界面，主要分为教室初始化、读写器初始化、会议下载、会议信息显示、刷卡、身份识别等步骤。当学生刷卡时，客户端会与读写器进行互动，确认身份后展示签到人员的基本信息，如姓名、学号和照片等。签到信息会上传到服务器端，供后续查询和统计。

二、系统设计思路

（一）建设数据库

在信息系统中，数据库是核心要素，无法割离数据库的作用。信息管理实际上就是对数据的有效管理，将数据库管理系统应用于信息管理，能够使信息管理更加规范化、系统化和科学化，从而大大提升管理效率，充分发挥信息管理的价值。在该系统中，所选用的数据库是 SQL Server 2008，有着多重优点：数据压缩和备份压缩能够显著提升数据库的存储效率。在数据库内部实施数据压缩和备份压缩，可以更有效地储存数据，有助于优化性能，加速备份速度，节省操作时间；SQL Server 2008 引入了星型连接查询优化器，对查询性能产生了积极影响。识别数据仓库连接模式，降低了查询的响应时间，从而提高系统的查询效率；监视框架管理作为一种基于策略的管理框架，最大限度地减少了管理监视的工作。定义一系列数据库操作策略，简化了日常维护操作，从而降低维护成本；SQL Server 2008 还集成了捕获变更数据的功能这意味着可以轻松地捕获数据变更后的情况，并将其存储在变更表中，提供了改进的查询功能，还允许对数据进行管理和修改，从而使数据的追踪与管理更加便捷。

（二）接口设计

在设计和开发课外学分系统时，与校园卡管理系统的接口集成是一个重要的考虑因素。为了实现这一目标，系统采用共享数据中心模式，以保持原有各业务数据库表的不变性。触发器或者数据接口的开发，读取需要共享的数据并进行转换和汇总，最终生成一个新的共享数据库。从而确保数据的一致性和准确性，提高了系统的协同性能。Web Service 作为一种通过 Web 部署提供业务功能访问的技术，在系统集成中发挥了关键作用，为企业之间的信息交流提供了一个接口，能够突破服务器和网络带宽的限制，以较快的速度为不同平台间提供跨平台的数据服务。

（三）系统的设计与开发

1.系统设计的原则

在系统设计和技术方案设计过程中，应始终秉持一系列关键的原则，以确保信息系统的成功建设和可持续发展。

（1）实用性和可靠性原则。系统的实用性是核心，注重理论与实际相结合，确保系统满足用户的需求，不过度追求功能的复杂性。可靠性方面，考虑了硬件和软件两个层面。在硬件方面，稳定性是关键，充分考虑硬件设备性能的稳定性来提高可靠性；在软件方面，注重软件的稳定性和功能可靠性，避免设计错误和故障，确保软件的正常运行。

（2）易扩展性和易维护性原则。在系统建设中充分考虑未来的发展需求，保留足够的冗余资源，并在以后能够方便地进行系统扩展，以应对日益变化的业务环境。易维护性方面，应追求简单易行的维护操作，尽量减少专用工具的使用，确保系统在运行中的维护成本降低，数据快速恢复。

（3）先进性和安全性原则。设计不仅需要吸收先进的设计理念和经验，还应根据实际情况进行优化，确保系统设计与业务的有效结合。系统的硬件安全采用备份服务器和硬盘镜像技术等手段，以保障数据的安全性和可用性。软件安全方面，以身份验证识别用户，并分配不同权限，及时修复系统漏洞和安装杀毒软件，以提高系统的安全性。

（4）易管理和复用性原则。面向对象的方法和模块化的思想，将整个系统分解为不同的功能模块，使得系统易于管理和修改，使各个模块具备较高的复用性，可以在不同场景中重复使用，从而提高开发效率和系统的可维护性。

2.系统开发的方式

在系统开发过程中，有两种常用的方法，分别是生命周期法和快速原型法。快速原型法是一种新颖的系统开发方法，针对传统的结构化生命周期法中存在的问题而提出。其核心思想是通过构建一个能够反映用户需求的简单原型，然后逐步对原型进行修改和完善，以达到最终建立符合用户要求的系统的目标。这里的原型即为系统的模型，而原型系统则是应用系统的模型。与传统的生命周期法不同，快速原型法强调迅速构建一个能够展示系统功能的原型，以便用户能够更好地理解和参与到系统的开发中来。通过逐步修改和优化，原型系统逐渐演化为最终的系统。运用快速原型法，成功弥补了生命周期法的短板，充分展现了其缩短开发周期、降低维护成本、适用范围广、可靠性强以及便于调试等优势，快速原型法的应用为软件开发注入了更大的灵活性和创新性。

第四节　基于互联网时代下的高校课外学分实施

目前，关于课外学分的理论研究还处于相对空白的状态。一些高校如西安交通大学、广州大学、长春大学等进行了课外学分制度的实践，但是由于课外学分的广泛涉及和考核难度较大，导致目前大多数高校在课外学分的定义和设置上缺乏科学性和系统性。因此，有必要从理论和实践两个方面来深入研究和构建课外学分制度的实施和管理体系。

一、高校课外学分的研究

针对理工科高等院校专业人才培养方案的特点和学分制教学管理模式的内涵，各实践高校在落实教育部"教学改革与教学质量工程"的要求下，积极推动高等教育教学改革与发展。以培养具有强烈社会责任感和时代使命感的高级专门人才为目标，旨在培养学生适应经济、社会和科技发展的能力，以及强大的实践能力、创新意识。在实施课外学分管理的研究与改革中，高校采用了边研究、边改革、边完善、边建设的方法。这意味着从局部到整体，从部分到全面，逐步地推进改革措施的实施，确保了改革的系统性和连贯性，使得改革过程更加有序和有力。高校的本科人才培养思路秉持"厚基础、宽口径、善创新、高素质"的原则，为培养适应能力强、实干精神强、创新意识强的高级专门人才提供了指导。

（一）以更新观念为先导，研究课外学分的实施与管理

课外学分的实施与管理应当以现代教育观念为指导，如终身教育、素质教育以及创新教育。当今世界正迅速发展，科技日新月异，知识的更新速度不断加快。在市场经济条件下，职业变化频繁。因此，高等教育需要逐步摒

弃一次性教育观念，拥抱终身教育理念，将传授知识与培养能力、提高素质有机融合。要求高校树立素质教育观念，致力于培养全面发展的人才，除了关注学生的科学和业务素质，还要培养其文化素养和身心健康。课外学分的实施与管理的核心目标是全面提升学生的基本素质，需要尊重学生的主体意识和主动精神，使其成为学习的积极参与者。而实现这一目标的关键在于巩固学生的基础知识、基本理论和基本技能，为学生的深层次学习提供坚实的基础。挖掘教育的深度内涵，培养学生分析问题、解决问题的能力，激发学生的创新意识和想象力。

（二）以三大关系为核心，探究课外学分实施办法的制定

1.课内与课外的关系

在大学生的成长过程中，课内和课外的关系显得尤为重要。课堂教学和实践性教学是学生获取知识、培养能力以及提高科学文化素质的基石，而课外活动则是这一学习过程的延伸和拓展，为学生提供更广泛的发展空间。然而，课外学分的设置必须建立在稳固的课堂教学基础之上。理论教学和实践教学应成为推动课外活动的动力，而不是相互独立的元素。如果没有扎实的理论基础和实践磨炼，单纯强调课外学分可能导致学生在追求"兴趣"的过程中忽视了课程学习。因此，课堂教学与课外活动应当相互交融，统一规划，形成有机整体。在整个教育过程中，课内学分和课外学分应该相辅相成。课堂教学为学生提供了扎实的知识和理论基础，而课外活动则为学生提供了实践锻炼和综合素质的提升。两者有机结合有助于学生将理论知识应用于实际问题中，从而更好地培养他们的综合能力。为实现这种有机结合，学校应当制定合理的学分体系，将课内学分和课外学分融为一体，需要精心设计课程内容，使之与课外活动相互呼应，相互促进。

2.数量与质量的关系

在处理课外学分的数量与质量关系时，必须始终坚守质量标准。质量的高低直接决定了课外学分的导向作用，能够吸引并激励学生积极参与各类课外学习与创造活动。强调质量标准，是确保课外学分的有效性和价值所在。而在考虑数量的标准时，应当基于科学合理地设置课外学分项目。数量的标准应当充分考虑学生的实际情况和时间安排，避免过多的课外学分负担。

合理的数量标准有助于平衡学生的学业和课外活动，保证学习和发展的整体性。

3.个性发展及团队精神的关系

人才培养方案注重课程教学的整体性和培养规格的一致性，但这并不意味着不关注学生的个性发展。课外学分的设置为学生提供了展示个性和才华的机会，而这并不会损害集体观念和团队精神。设置课外学分可以为学生创造个性化发展的空间，让每位学生能够按照自身兴趣和特长去选择适合自己的课外活动，激发学生的创造力和积极性，促进个性发展。然而，这并不代表会削弱集体观念和团队精神。在课外活动中，学生也会有机会参与团队合作，培养合作意识和团队精神。事实上，个性发展与团队精神并不矛盾，它们可以相互促进，形成一个良性的循环。

（三）以分类、分级、严格考核为原则，研究课外学分的实施与管理体系构建

1.分类管理原则

在课外学分的管理中，遵循分类管理原则是十分重要的。高校针对不同类别的课外学分，采取不同的管理部门进行认定和管理，分类管理有助于确保课外学分的认定和管理工作更加精准和高效。科技创新活动、学术科研以及学术论文等，通常由学生所在的学院负责认定，确保这些活动与学生的专业方向相符，同时可以更好地与学科教学紧密结合。专利技术方面的课外学分认定则主要由科研处负责，保证专利技术的权威性和准确性，同时与高校科研发展紧密关联。学科竞赛、科技竞赛等活动的认定则通常由相应的竞赛承办部门负责，确保认定过程更加专业化，并激发学生积极参与各种竞赛活动的热情。体育竞赛、水平测试等学分的管理则由相关的课程归属部门进行，保证认定与相关课程内容紧密衔接，促进体育锻炼和学术水平的提高。校园文化活动、社会工作、社会实践等方面的学分认定，通常由学生工作部门负责，保持这些活动的多样性和广泛性，可以更好地培养学生的社会责任感。美育活动的管理则交由艺术与设计学院负责，确保认定的专业性和艺术性。教务管理部门负责对学生课外学分的汇总和审核工作，确保整个过程的透明和规范。分类管理的原则不仅使课外学分的认定更具针对性，也保障了

学分管理的科学性和公平性。有效的管理方式有助于激发学生参与各类活动的积极性，实现综合素质的提升。

2.分级设置原则

课外学分管理的核心在于实现对学生综合素质的全面培养，因此分级设置原则显得至关重要。不同类别的课外学分涵盖的内容和难度存在显著差异，即使在同一类别下，课外学分也可能因层次的不同而难易程度有所变化。

3.严格考核原则

确保课外学分制度的公平性和价值体现，严格考核是必不可少的原则。严格的考核机制可以确保学生获得课外学分的过程公正透明，避免因主观因素影响评定结果。在课外学分的设置阶段，必须建立完善的申报、论证和审批制度，以避免课外学分的泛化和滥用。申报过程应明确要求学生详细描述参与的活动内容、取得的成果等，进行严格审核，确保课外学分的真实性和有效性。在课外学分的考核过程中，也要把握质量，确保学生的参与和表现符合设定的标准。

二、高校课外学分的实践特色及发展

高校秉持全面素质教育理念，坚持"以人为本，求是创新，强化特色，协调发展"的办学思路，将人才培养置于首要位置。教育质量作为校园生活的中心，高校构建了全新的课外学分实施与管理体系，体现了高等教育的现代化。高校以培养学生的全面素质为目标，注重发展学生的创新能力和综合素养。本科生"课外8学分"计划作为体现这一理念的重要组成部分，要求学生积极参与各类课外活动，从而培养学生的创新思维和实践能力。

（一）实践特色

本体系的设计和实施反映出高校对于教育理念的深刻思考和创新实践，高校明确将学生置于学习的核心地位，强调以学生发展为中心。鼓励学生发挥自主学习的能力，激发学生的学习主动性。在课外学分的认定中，学生的自主选择和参与变得尤为重要，这是对传统教育模式的一种挑战和突破。高校积极推动教育资源的开放共享，为学生提供更多自主学习的机会。将校内教育资源向学生开放，为他们创造了自主学习的环境，学生可以根据自身的兴趣和爱好进行多样化的学习，从而培养出更具创新思维和实践能力的人才。体系中的分类、分级、严格考核原则，使课外学分实施与管理更加有序和科学。高校除了在不同类别的课外学分认定上设定了明确的管理责任部门，还根据不同类别的特点分级设置了认定标准。严格的考核制度保障了课外学分的质量，避免了泛化和滥发的情况。根据自身的特点和人才培养思路制定了相关的实施办法，确保该体系能够贴合学校的教育目标，培养出具备强烈社会责任感和时代使命感的人才，还能够更好地满足社会的需求，实现高等教育的社会使命。

（二）发展前景

1. 体现分类指导原则，体现可操作性

分类指导的原则在课外学分体系中具有关键意义，要充分考虑不同类型的课外活动和学习内容，将其划分为不同的类别，确保每个类别都有明确的认定标准。这样一来，学生和管理部门在申报和审核过程中就能更加明确地了解每个类别所需的条件，使课外学分的认定更加公平、合理。课外学分的分类需要考虑到各个方面的因素，如活动性质、难易程度、学科特点等。需要深入研究如何科学地划分不同的类别，确保每个类别都能准确体现学生的能力和实践。制定实施标准也要具有可操作性，以便学生能够清楚地了解如何达到相应的标准，从而更好地参与到课外学分的认定中。

2. 贯彻"实践、认识、再实践、再认识"的原则

课外学分的研究应当遵循"实践、认识、再实践、再认识"的原则，对其他高校课外学分研究与实践的借鉴，逐步提升到理性认识的层面，总结并制定了本校的课外学分实施办法，这个过程可以看作是一个研究的阶段性成果。之后应该将重点转向将阶段性研究成果应用到实际中，通过实际操作可以更深刻地认识到课外学分实施办法的具体效果和局限性，将进一步完善办法的科学性和可操作性，确保其达到预期效果。实践与认识相互作用，是课外学分研究的关键。实际应用能使人更好地理解在实际操作中的困难与挑战，从而进行进一步的认识和改进。这是一个不断迭代的过程，通过实践的不断探索与调整，课外学分制度可以更加贴近实际，更好地服务于学生的全面发展。

3.定期修改课外学分实施办法

课外学分的实施办法需要建立定期的修改制度，对课外学分管理制度的不断充实和完善，可以推动人才培养质量的持续提升。在这一过程中，建立定期的规范相关文件的清理和修改制度十分必要，利于保持制度的适应性和活力，确保其与时俱进。高等教育素质教育改革的深化成果应得到及时的吸收和应用，应密切关注教育领域的发展趋势，将最新的教育理念、方法和成果纳入课外学分实施办法的修订中。如此一来，可以不断丰富、充实并修改相关内容，确保课外学分制度与时代需求相契合。制度的定期修改是一种对制度有效性和可持续性的保障，随着社会的不断变化和发展，培养人才的目标也在不断调整。因此，需要确保课外学分的管理制度能够适应这些变化，保持其对学生全面发展的有效指导。

4.发扬实事求是的学术科技精神

应发扬实事求是的学术科技精神，将课外学分管理制度打造成培养青年学生追求科学、探索真知的孵化器。人们需要坚持务实的态度，注重将课外学分制度与学术科技精神相结合，使其真正成为培养学生创新能力和科学精神的平台。在此过程中，需要持续引进新的课外学分管理机制。积极借鉴国内外先进的管理经验，吸收创新的理念，不断完善现有的制度，使其更具有包容性和灵活性，为学生提供更多样化、丰富多彩的课外学分选择，激发他们的学习兴趣和创造力。

5.加强理论研究

为进一步推进课外学分管理制度的发展，需要加强相关理论研究，深化对其在大学教学管理体系中的重要地位的认识。更好地理解课外学分制度对于学生全面发展的积极影响，从而更加有效地引导教学改革。在加强理论研究的基础上，还应该完善各种配套措施，包括制定更具体、可操作的操作指南，明确各类课外学分项目的认定标准和要求，确保管理流程的顺畅运行。配套措施将有助于提高课外学分管理制度的实施效果，使其更加规范和有效。进一步推进高素质理工科专业人才培养模式改革需要体系化、科学化、系统化和制度化的支持，课外学分管理制度的引入和完善，可以更好地培养学生的综合素质和创新能力，为未来的理工科专业人才培养奠定坚实基础，使他们能够在日益复杂和多变的社会环境中脱颖而出。

参考目录

[1] 中共中央宣传部宣传教育局 . 2021 最美高校辅导员最美大学生 [M]. 北京：学习出版社，2022.

[2] 朱涵，张韵 . 新媒体环境下的图书馆知识共享 [M]. 上海：上海社会科学院出版社，2022.

[3] 汤少梁，卞琦娟，肖增敏 . 大数据管理与应用专业导论 [M]. 南京：东南大学出版社，2021.

[4] 钱爱兵，谢靖 . 信息管理与信息系统专业导论 [M]. 南京：东南大学出版社，2021.

[5] 韩永礼 . "互联网 +"背景下的教育教学发展研究 [M]. 银川：宁夏人民教育出版社，2021.

[6] 易锋，陈康 . 互联网时代资源共享型社区公共体育发展模式研究 [M]. 苏州：苏州大学出版社，2021.

[7] 刘小春 . 高校网络思想政治教育引论 [M]. 重庆：重庆大学出版社，2021.

[8] 黄瑞宇 . 新时代高校学生工作的创新研究与实践探索 [M]. 北京：中国政法大学出版社，2020.

[9] 支继丹 . 新时代中国高等教育供给质量优化研究 [D]. 长春：吉林大学，2023.

[10] 魏闫以琳 . 社交媒体时代高校青年教师理想信念教育研究 [D]. 大连：大连海洋大学，2023.

[11] 程晶晶 . 大数据时代高校思想政治教育评价研究 [D]. 太原：中北大学，2023.

[12] 黄月君 . 人工智能时代高校精准思政研究 [D]. 蚌埠：安徽财经大学，2023.

[13] 曹赵 . 高校学生信息化管理的伦理问题研究 [D]. 桂林：广西师范大学，2023.

[14] 余青 . 基于大数据的在线教育企业价值评估研究 [D]. 昆明：云南财经大学，2023.

[15] 于浩 . 教育公平：数字化转型热潮下的理性思考 [J]. 教育理论与实践，2023

（25）：59-64.

[16] 李勇 . 新媒体时代大学生网络舆情管理机制探索研究 [J]. 信息系统工程，2023
（8）：165-168.

[17] 蒋骏卿 . 大数据时代高校学生管理工作信息化建设现状及建议 [J]. 信息系统工
程，2023（8）：92-95.

[18] 刘珊，杨利婷 . "互联网 +" 背景下高校人事信息化建设与安全研究 [J]. 网络
安全技术与应用，2023（8）：83-84.

[19] 戴雪芳 . 校园信息化背景下 OA 系统在高校办公中的应用与思考 [J]. 网络安全
技术与应用，2023（8）：74-76.

[20] 匡益明 . 互联网背景下高校学生管理模式创新研究 [J]. 食品研究与开发，
2023，44（15）：240.

[21] 杨听韵 . "互联网 +" 时代的高校二级学院行政管理工作创新 [J]. 办公自动化，
2023，28（15）：24-26.

[22] 孙津津，孟影 . 新媒体视域下高校网络育人的困境与对策研究 [J]. 湖北开放职
业学院学报，2023，36（14）：163-165.

[23] 贾心宇 . "互联网 +" 背景下高校教育管理模式的变革与创新 [J]. 湖北开放职
业学院学报，2023，36（14）：35-37.

[24] 朱虹 . 互联网环境下大学生网络素养教育创新模式研究 [J]. 互联网周刊，2023
（14）：58-60.

[25] 王姝懿 . 基于互联网视域下高校学生管理工作模式的创新及实践 [J]. 办公自动
化，2023，28（14）：16-18，52.

[26] 薄淏予 . 大数据时代高校教育管理信息化实践的机遇与路径 [N]. 中国电影报，
2023-05-24（11）.

[27] 许敏悦 . 高等教育发展战略的探究及实现路径 [N]. 山西科技报，2023-04-24
（A06）.

[28] 桂小笋 . 新东方推出 2.0 版智慧教育产品 助力产教融合发展 [N]. 证券日报，
2023-04-24（B02）.

[29] 晨曦，汪永智 . 信息化创新高校学生教育管理工作 [N]. 中国社会科学报，
2023-02-23（7）.

[30] 雷扬 . 高校教育管理信息化发展策略 [N]. 中国社会科学报，2023-02-23（7）.

[31] 吴丹，丁雅诵 . 以数字变革推进教育强国建设 [N]. 人民日报，2023-02-13（10）.